警管区制研究

汪勇　著

公安院校
知名教授学术文库
总主编：樊京玉　闫继忠

中国人民公安大学出版社
群　众　出　版　社

警管区制研究

汪勇 著

前言

当前我国正处于社会转轨、经济转型的重要战略机遇期，公安工作面临着前所未有的新形势、新任务。在这种情势与背景下，警学理论需要充分发挥其在公安实践中的先导作用，不断加大研究力度，提高研究水平，应紧紧围绕当前公安工作和公安队伍建设面临的重大理论和实践课题，为公安事业发展进步提供理论支撑与智力支持。繁荣发展警学理论研究，不仅要求立足严密的逻辑思辨思维，更要求学者从中西方近现代警察的发展轨迹与警学研究脉络中寻找给养,为当今公安工作提供经验借鉴与反思依据。

在中国警察近代化的历史进程中，积累并蕴藏着丰富的文化史料宝藏，有待今人去大力发掘利用。近年来，针对民国警察史料的发掘研究有所收获，但前路依旧漫长。本书依据著者博士学位论文整理而成，之所以选取南京国民政府统治时期警政建设中一个优良的勤务制度——警管区制作为研究主题，意图首先在于其内涵与运作方式本身具有科学的价值；其次在于反映了警政对于政治的意义；最后也是更重要的在于抛砖引玉，燃起一把热火，唤起更多的学者关注中国近代警察的历史财富，还原历史真相，丰富警学理论研究成果，并通过分析此制度在当时历史背景下对于警政产生的推动作用，分析利弊得失，为当代中国警察勤务制度的科学化分析与设计提供理论与经验借鉴。

20 世纪 30 ~ 40 年代，警管区制在中国警界创设并推行，警政当局和警察学者对其产生浓厚研究兴趣。警界高层和各地推行警管区制的警界当局纷纷撰写文章，推介各地实施警管区制，总结其中的经验和教训。产生重要影响的有李士珍、酆裕坤、余秀豪、唐纵、余井塘、吴则中、张达、韩梅岑、陈幼民、计宗汉、李君坚、汤兰瑞、周蔚庭等人。同时，也出现了对警管区制进行专门研究的警察学者，如程法、韦瑞墀、陈曾钦、闻钧天、章承祖、苏寿祖、汤鹤龄等人。警察杂志和学术刊物时常刊有警管区制的文章，甚至不少刊物专设警管区制研究专题，如1936年《江苏警察》就设立过《警管区制研究专号》。其时，警管区制的理论研究与其在各地的推行实践紧密联系，同步进行。随着国民党政权在中国大陆的覆灭，警管区制不再实施，警管区制的理论研究与实践探索戛然而止，当今学术界也鲜有研究。

当今对于警管区制进行系统研究，只能依靠收集国民政府时期的原始资料，所以资料收集程度如何直接关系到本书的成败。著者在全国范围内多次探寻，长期奔波在国家图书馆、南京市图书馆、上海市图书馆、江苏省档案馆、重庆市档案馆以及中国人民公安大学图书馆等地，并从台湾地区部分大学图书馆获得相关馆藏资料，终是功夫不负有心人，获得相当丰硕的原始史料。本书正是基于上述辛劳所得，对警管区制产生的时代背景、制度基础、创建过程、发展阶段、社会评价以及历史影响等问题进行了详尽的考察。考察这一制度，分析其在历史过程中的利弊得失，对于了解当时警政制度对于国民政府政权统治的影响，警政制度建立的理论与实践基础，国民政府时期警察、政权与社会的复杂关系，及其为当今公安实践发展提供历史经验与素材等问题，均具有重要意义。

【编者注】《警管区制研究》于2012年在我社首次出版后，受到了相关领域的广泛关注，产生了较大影响。此次收入《公安院校知名教授学术文库》再次出版，为展示当时的研究原貌，准确反映学术研究的发展轨迹，我们仅对书中的个别词句进行了适当的技术调整和修改，全书内容未作大的改动，特此说明。

目录

绪论

军队和警察是现代国家武力的两大支柱。防止外来侵略，捍卫国家主权和领土完整多为军队之职责；而社会安定秩序的维护，人民生命财产安全的保障与公共危害的防治，通常被认为是警察的任务。警察部门以最有效的编排方式，合理安排警察机构及其人员，执行各种警察任务的一切有计划、有规律的活动，称为警察勤务，形成固定下来的方式方法即为警察勤务制度。伴随着中国近代警政的建设与发展，中国警察勤务制度不断完善。

中国新式警察建立之初，大量政府官员与学生被派往日本考察学习警政。据 1902 年印发的《清国留学生会馆第一次报告》统计，学习法政、军事、警察等学科的人员占当时留学总人数（608 人）的一半以上。在日本学习期间，留学生接触到一些警察勤务方面的知识，如日本警察练习所就有警察勤务方面的课程安排，包括站岗、巡逻（需要按照派出所勤务条例经常练习）等。这批从日本学习警政的留学归来人员根据所学知识，开始研究中国警政的改革问题，从而推动中国警政步入警察勤务制度的早期实践时期。这一时期，国民政府警界探索并在中国警政实践的警察勤务制度主要有守望制、巡逻制、派出所制、班勤制、部勤制等。这些勤务制度从社会治安控制方式、警力组织化管理与警力合理化配置三个层面进行设计。但总的来说，它们仍然属于对国外制度的简单移植。

20 世纪初，欧美国家相继掀起了警察专业化的浪潮，如何按照规律安排和执行警察任务成为警察勤务制度的研究重点。在对警察人力规划、巡逻分班及警力配置等问题进行系统研究的基础上，欧美国家提出了“比特区制”（Beat System）。随后，日本将该制度引进并改良为“受持区制”。无论“比特区制”抑或“受持区制”，其核心均是在科学统计的基础上，划定责任区，将警察任务与个人责任联系到一起。与此同时，国民政府时期警察勤务制度逐渐走出简单模仿时期，步入一个新的发展阶段。此时，被选派到英美国家留学的人员（如酆裕坤、余秀豪）不但目睹了欧美国家的警察专业化，还有不少人员亲身参与实施了欧美国家警察勤务制度的改革实践活动。归国以后，这些留学生将国外的“受持区制”与“比特区制”引入国内，并结合中国警政实际予以改良，先后选择南通、庐山、杭州等地进行改革实验，取得了显著成果。这些开创性的探索和实践，为中国近代警政的改革与现代警察勤务制度的建立与发展奠定了坚实的基础。

警管区制，正是在总结上述多种勤务制度利弊得失的基础上探索出的一种全新的警察勤务制度。它先期于南京国民政府建立初期在江苏省会镇江进行试验，1935 年在昆山正式试行，继而在无锡、宜兴、嘉定等地推行，逐渐遍及江苏全省。由于试行效果显著，国民政府决定将之推广到全国范围，但终因抗战受阻，仅在后方部分城市得以顺利推行。警管区是警察担任一切勤务的基本单位，每一个警员在其能力所及的区域内担任一切警务。由若干个警管区组成整个县或市的警察网，这个组合警察网的关系就叫警管区制，即由若干警管区组成一个健全的县或市警察网，实行“共守分管”的一种警察勤务制度。这种勤务制度不仅考虑到社会治安控制方式、警力组织化管理、警力合理化配置、警察任务责任制等层面，甚至还强调与保甲等其他社会力量的联合，实现社会治安综合整治的最优化效果。

警管区制在推行过程中，国民政府警界人士不断总结实践经验，并积极加以研究与反思，他们逐渐认识到，决定警管区制实施成效的关键在于警察人员素质。警察人员素质与警察招募、教育、地位、待遇等因素有密切关系，需要通过全面改革警察人事制度来改进诸因素，进而提高警管区制运行效能。基于此，李士珍率先提出推行警员制，以替代原有的警长警士制，达到全面提升警察素质的目标。将警察人事制度的警员制和警察勤务制度的警管区制两者结合起来，便形成新的勤务制度，即警员警管区制。抗战胜利后，国民政府正式确立警员警管区制，并在重庆、南京、上海等大城市全面推行。由此，警管区制进入警员警管区制的新阶段。与抗战前相比较，警员警管区制在警察人事制度上拥有更系统、更科学的警察录用标准、培训体系、薪酬待遇与工作机制，大幅度提升了警管区制的实施效果。但随着国民党政权的覆灭，警管区制在中国大陆即宣告结束。

警管区制作为一种全新的警察勤务制度，自在中国大地出现之日起，就开始经历多番波折与排异反应。无论是实施此项政策的警政官员，还是引进与研究此项政策的警察学者，抑或积极倡导实行民主宪政的民主人士，甚至普通民众都对此项制度给予了高度关注，并对此展开了一场激烈的争论。产生分歧与争论的主要内容表现在两个方面：一是警界内部对于制度设计的不同看法；二是不同政治力量基于各自价值取向而引发的政治评判。

警管区制在中国大陆延续长达十余年，其创设与推行是当时中国警政建设的重要事件，它对于中国近代警政的改革与发展、基层政权的稳固乃至近代社会文明程度的提升均产生了深刻的影响。

第一章 警管区制产生前警察勤务制度的演变与发展

第一节　清末至民国中前期警察勤务制度的探索

第二节　国民政府时期国外警察新式勤务制度的引进与实践

清朝末年，是中国社会由传统向现代转型的一个关键时期。在那段时间里，清政府面对外力的压迫和国内要求变革的形势，为继续维护其统治，自 1901 年开始，在政治、军事、经济、教育、社会等各个方面进行了一系列的改革，历史上称为清末“新政”。[①]清政府在考察了各国警察在国家政权中所起到的重要作用之后，将警政建设作为其推行新政的首选目标，如中国近代警察制度的奠基人黄遵宪向陈宝箴提出创设湖南保卫局的建议时说：“既而念警察一局，为万政万事根本。”中国近代警察的历史，正是“始于相妒，终于相师”。湖南保卫局的创办，是中国近代警察制度的开端。[②]

中国近代警察制度建立之后，中国警政逐渐向警察机构统一化、警察职能专门化与警察人员专业化发展，[③]警察教育机构逐步创办，警察法规得到制定与颁行，尤其是警政探索的触角也伸向了警务工作方式的研究与设计，警察勤务制度的演变与发展由此起步，如张永竹所述，“警察政务，经纬万端，警察学术，日精月深。在此社会环境复杂，警察事业幼稚之我国，欲其精进以应时需，必先求得推进之捷径，然后竭精以赴之，方可有济。捷径维何？即改善警察勤务是也。盖警察之本体即为勤务，其优劣辙关警务之全部；果公安当局，对于勤务制度，能殚精竭虑妥筹于先，并切实实施于后，则警务未有不臻完善者也。是以勤务制度之改善，又为推进警务之唯一法门矣。”[④]台湾警界知名学者梅可望也提及，警察行政原是一门艺术，比之如交响乐团，则警察首长犹如乐队指挥，勤务人员犹如作曲家与各种乐器的演奏者，指挥者、作曲家、演奏者的密切配合，就可以演出美妙的乐曲，首长与勤务制度的密切配合，才能发挥高度的行政效率。[⑤]随着众多人士纷纷将视角投向警察勤务制度探索与研究，中国近代警政开始迈向专业化发展轨道。警政学家余秀豪感叹道：“须知现代警察勤务，经无数的专家与行政长官之努力与实

① 萧功秦．与政治浪漫主义告别．湖北教育出版社，2001：298.
② 任惠华．中国侦查史（古近代部分）．中国检察出版社，2004：140－141.
③ 万川．中国警政史．中华书局，2006：369.
④ 张永竹．警察勤务精论．中华书局，1936：2.
⑤ 梅可望．警察学原理．“中央警官学校”出版社，1971：106.

验后，已成为一种艺术。”①

由于中国封建社会警察制度的缺失，近代警察建立之初，警察制度主要以从日本与欧美国家引进为主，近代警察勤务制度也历经了从国外照搬与全盘移植，到结合中国实际加以改良，从简单到复杂、从低级到高级的演进与发展过程。

第一节

清末至民国中前期警察勤务制度的探索

中国近代警察制度建立之初，国内开始掀起向日本学习警务的热潮。日本人被广泛聘为清廷的警察顾问，如我国最早创办的北京警务学堂，名义上由清政府管辖，实际上“学堂之经营、缔造、黜陟职员以及撰订教科等一切事务均由监督专主专理”，②雇用的职员清一色是日本人，如当时学堂的职员有：总教习，稻田穰；提调，前田清哉；教习、操科主任，倔内高一；学科教习，大田原总次、鎌田弥助、浅井新太郎、和泉正藏、小平总治、佐藤长次郎；操科教习，金子信贯；副提调，相苏清五郎；学科委教习，北江德次郎、阿部精二、田实优；操科委教习，罔田瓢；托委医务，赤羽。③

在国内雇用日本人教习警务的同时，还有诸多留学生主动要求前往日本学习警政。据资料所载，在清末留日热潮中，学习警察、法政一科的学生数目庞大，据1902年印发的《清国留学生会馆第一次报告》，学习法政、军事、

---

① 余秀豪．现代警察行政．中华书局，1948：1.

② 北京警务学堂章程．中国第一历史档案馆档案藏．

③ 北京警务学堂章程．中国第一历史档案馆档案藏．

警察等科的学生已经占当时统计人数（608 人）的一半以上。[①] 地方各省创办警察时，出国学习也成为科学设计警政的一种重要方式。1902 年，武昌警察总局创设，张之洞选派低级武官 20 名前往日本学习警政。1904 年，又续派文武官员 47 人赴日本警视厅及警察学校学习警察法规。[②] 同年，两江总督端方在督办江苏警务时把“选派人员赴日学习警务，是为当务之急”。[③]1905 年，福建省派遣 10 名粗通警务的人员赴北洋巡警学堂和日本学习警政，学业完成即归福建任职，以图振兴福建警政。[④]

在日本学习期间，留学生接触到一些警察勤务方面的知识，如日本警察练习所就有警察勤务方面的课程安排，包括站岗、巡逻（需要按照派出所勤务条例经常练习）等。这批从日本学习警政的留学归来人员，根据所学知识，开始研究中国警政的改革问题，从而推动中国警政步入警察勤务制度的早期实践时期。这一时期，国民政府警界探索并在中国警政实践的警察勤务制度主要有守望制、巡逻制、派出所制、班勤制、部勤制等。这些勤务制度从社会治安控制方式、警力组织化管理与警力合理化配置三个层面进行设计，但总的来说，它们仍然属于对国外制度的简单移植。

一、从社会治安控制方式层面进行的探索

近代新式警察建立初期，社会治安控制采取的勤务制度是守望制和巡逻制，这两种制度主要通过守望和巡逻的方式来维持治安秩序。守望是一种很古老的勤务方式，其治安控制方式主要是警戒、守卫，它一般在固定地点对事故的发生做出被动反应。巡逻是动态地对特定路线进行巡回视察，它依照特定路线主动地对社会治安加以控制。

① 姚琦．清末赴日法政留学教育及其影响．新疆大学学报（社会科学版），2003（1）．
② 皮明庥．近代武汉城市史．中国社会科学出版社，1993：97.
③ 南洋官报（第 138 册）．出版年不详：4–5.
④ 中国人民政治协商会议福建省福州市委员会文史资料工作委员会．福建省文史资料选辑（第 11 辑）：152.

（一）守望制

守望一度是警察机关最主要的勤务方式。它是在重要地点或者事故多发地段，设置岗位或划定区域，由服勤人员在一个固定位置观望，担任警戒、守卫，并受理公民报警、解释疑难、疏导交通及执行一般警察工作的勤务。守望勤务主要通过守望岗进行，近代守望岗由清廷派毓朗、陆宗舆在日本考察警政后引入，毓朗组织巡逻队，巡逻大街小巷，并仿照日本街道上木制的"巡警阁子"建立守望岗。[①]

在通常情况下，守望警士在执行勤务的过程中有以下三个注意事项：[②]

（1）警戒以及需要取缔的事项。例如，逮捕犯罪嫌疑人，对形迹可疑的人进行盘诘，对紧急事情采取措施处理，以及对其他天灾人祸的处理。

（2）指导人民。警察为社会的导师、民众的保姆，负有移风易俗的责任，对于人民生活应该加强指导；对于人民查询的事情，应该给予解答。

（3）处理人民报告事项。保护人民生命财产的安全为警察主要责任，人民的一切权利如果受到不法侵害必须诉诸法律。警察由于与民众最为接近，又负有执行国家法令与协助其他行政的责任，所以守望警士对于人民的口头或者书面报告都应该依法处理。

守望地点的广泛分布，能够起到震慑违法犯罪的效果，但它存在一定的缺陷。守望的岗位固定，警士通常不能离开岗位30步以外，容易养成一种惰性心理。同时，守望工作是一种被动的反应模式，即使发生事故，守望警士也很难知道，致使守望勤务效能较为低下。因此，随着社会的发展与科学技术的进步，交通设备与通信器材逐步改进，犯罪形式越加复杂，守望制的不足之处越来越明显。

（二）巡逻制

巡逻制，是为弥补守望制的不足而出现的。它通常指警察在所指定的路

---

① 恒如馨．中华文史资料文库（政治军事篇）（第8卷）．中国文史出版社，1996：642.

② 张永竹．警察勤务精论．中华书局，1936：197.

线内巡回视察各般状态，并随时取缔一切不合法行为的一种勤务制度。巡逻制具有机动性和遍及性，是一种动态的对社会面进行控制的方式，可以主动发现问题，广泛接触民众。

湖南保卫局是我国最早创办的新式警察机构，其创立之初，就有不少关于巡逻的规定。根据《湖南保卫局章程》的规定，保卫局的职能是“去民害，卫民生，检非礼，索犯罪”，由各级巡查行使。

根据章程规定，各级值班人员在所辖区内昼夜值班巡逻，巡逻勤务安排如下：“各分局巡查概分为2班，每日分6次，每4点钟换班。每日从正午12点起为第1班，至下午4点为第2班，至晚8点换第3班，至零点换第4班，凌晨4点换第5班，至次日早8点换第6班，到次日12点钟又换第1班。如是轮流、周而复始。每换班时，由局中派出后，在街巡查始行换回。”[①]

1902年，直隶总督袁世凯于天津创办天津南段巡警总局，总局外设5个分局，以“画区域、清户口、督率官弁兵丁昼夜巡守”。每局仿照清末陆军建若干棚，名为“巡警棚”。巡警每到一地，均要求留心熟记：“街名、巷名、某街与某巷相通，某处人烟稠密，某处荒僻无人，某处有沟是明是暗，某处有桥是否破坏，某处有妓馆、饭馆、茶楼、酒店、烟店、客栈是何字号，某处有衙署管理何事，某处有会馆、公所、学堂、教堂，某处有当店、金店、富商、官宅字号姓名。”对于管界内“曾经犯事有案者，聚赌抽头者，凶恶无赖遇事生风者，酗酒滥嫖者，素无正业游手好闲者，骤贫暴富者”以及“住所无定徘徊各处者，多数下等人聚集之处”都要留心防范，随时记入日记簿中，以为将来司法巡警使用。[②]巡警每日工作12小时，巡逻时遇有“聚会喧杂之事，演剧扰攘之所”，要及时禀报本区警察署，“请派专人弹压，以免滋事”。

相对于守望制，巡逻制有其优势，但也存在自身的缺陷。它只是单纯依照预定的路线前进，并没有综合考虑犯罪率的高低、巡逻路线的复杂化、巡逻班次的安排等诸多影响因素，使得巡逻多是流于形式。

---

① 湖南保卫局章程．湘报，第23号．

② 重订区署办事规则（1994年12月9日）．

二、从警力组织化管理角度进行的探索

守望制和巡逻制是基于社会治安控制角度所创设的勤务制度，两者均是利用散在的警察力量维持社会治安,在一定程度上能够有效地达到管控社会、维护秩序的目的，但也存在无法回避的缺陷。守望制与巡逻制中的警士执勤时处于散在的状态，属于个人勤务的范畴，无法发挥集体的优势，进而很难实现对社会治安的全时空控制。在这种情况下，为了解决散在警士的管理弱化之弊，进而发挥多人协作效能，警界官员与学者仿照欧美与日本模式建立派出所机构。宣统年间，民政部奏准将当时京师内外城的区划分为若干段，每段设一派出所，同时，在交通要道处设立多个派出所，至 1909 年内城设立派出所 204 个，外城设置派出所 136 个。并划定派出所的管辖范围，制定《派出所规定》与《巡警勤务章程》。[①]

派出所制是一种按照机构名称来进行勤务分配的制度，它利用派出所将散在的警察进行统一组织与管理，形成对社会治安的组织化控制。

派出所制引入中国以后，便得到广泛推广，比较典型的有北平市警察局、青岛市警察局、天津市警察局与湖北省会公安局。其中北平市警察局与青岛市警察局采用的派出所制较具有代表性。

（一）北平市警察局派出所制[②]

北平市警察局下设警察署（内区计 6 署，外区计 5 署，东南西北郊各 1 署，共计 15 署），署之下设置分驻所，分驻所下设派出所与守望所，即为长警的执勤地点。守望所是派出所的补充，仍属于派出所制的范畴。

北平市警察局派出所制的勤务方法为：每所置警长 2 人，1 人为主任警长，1 人为佐警长，分甲、乙两班，每隔 6 个小时轮流监督警士执行各种勤务，负本段全责。每段设置服勤警士 7 人，除每日轮流 1 人在休息外，其余 6 人分为甲、乙两班，每班每次服勤 6 个小时，分任巡逻、守望、值班 3 种勤务，

---

① 马康民．治安基层基础概论．中国人民公安大学出版社，1987：299.

② 陈冠雄．警察实务研究．中华印刷厂，1947：86.

每1小时互换1次，每警每日共服勤12小时。服勤6日，可以休息1日。统辖各派出所每路巡官2名或者3名，昼夜分5班轮换，督察长警勤务。守望所为辅助派出所守望警力不足而设，以专员管理交通为专责。其采取的勤务分配方式为七人二班制，如表1.1所示。①

表1.1 七人二班制勤务分配表①

区警察署第　段派出所长警勤务一览表															
类别	时别	甲长	乙长	甲	乙	丙	丁	戊	己	庚	户	籍	巡查	记事	
早	五六	巡		值	巡	守				休			午时分（盖章）查到 午时分（盖章）查到 午时分（盖章）查到 午时分（盖章）查到		中华民国　年　月　日
	六七	值		巡	守	值									
	七八	巡		守	值	巡									
	八九	值		值	巡	守									
	九十	巡		巡	守	值									
	十十一	值		守	值	巡									
	十一十二		巡				值	巡	守						
午	十二一		值				巡	守	值						
	一二		巡				守	值	巡						
	二三		值				值	巡	守						
	三四		巡				巡	守	值						
	四五		值				守	值	巡						
午	五六	巡		值	巡	守							午时分（盖章）查到 午时分（盖章）查到 午时分（盖章）查到 午时分（盖章）查到		
	六七	值		巡	守	值									
	七八	巡		守	值	巡									
	八九	值		值	巡	守									
	九十	巡		巡	守	值									
	十十一	值		守	值	巡									
	十一十二		巡				值	巡	守						
夜	十二一		值				巡	守	值						
	一二		巡				守	值	巡						
	二三		值				值	巡	守						
	三四		巡				巡	守	值						
	四五		值				守	值	巡	息	差				
		盖章	盖章	盖章	盖章	盖章	盖章	盖章	盖章	盖章	盖章	盖章			

① 张永竹．警察勤务精论．中华书局，1936：104.

② 张永竹．警察勤务精论．中华书局，1936：104.

（二）青岛市警察局派出所制[①]

青岛市警察局下设 6 个分局，分局下面设置 25 个分驻所，分驻所下设派出所（市区 44 个，乡区 23 个，共计 67 个）。每派出所设置 8 名警士，每日有 1 名作为备差警士。

青岛市警察局派出所制的勤务方法为：每个派出所设置警长 2 人，主任警长 1 名，佐警长 1 名，管理本段一切事务，担负完全责任。派出所设置警士 8 人，分别轮流应勤。派出所警长负责指挥本所警士，警士 8 名除 1 名作为备差，1 名休息以外，其余 6 名分为 2 班，每班由警长 1 人带领，从事本段的巡逻、守望、值班勤务 6 个小时，每种勤务执勤时间以 2 小时为限，派出所长警轮换作为备差时，需要在本段以内调查户口。其勤务分配方式为八人二班制，如表 1.2 所示。

表 1.2　八人二班制勤务分配表[②]

区警察署第　段派出所长警勤务一览表																
类别	时别	甲长	乙长	甲	乙	丙	丁	戊	己	庚	辛	户	籍	巡查	记事	中华民国　年　月　日
早	五六	巡		值	巡	守				休	备			午　时　分（盖章）查到 午　时　分（盖章）查到 午　时　分（盖章）查到 午　时　分（盖章）查到		
	六七	值		巡	守	值										
	七八	巡		守	值	巡										
	八九	值		值	巡	守										
	九十	巡		巡	守	值										
	十十一	值		守	值	巡										
	十一十二		巡				值	巡	守							
午	十二一		值				巡	守	值							
	一二		巡				守	值	巡							
	二三		值				值	巡	守							
	三四		巡				巡	守	值							
	四五		值				守	值	巡							

① 陈冠雄．警察实务研究．中华印刷厂，1947：87.

② 张永竹．警察勤务精论．中华书局，1936：106.

（续表）

午	五六	巡		值	巡	守								午 时 分（盖章）查到 午 时 分（盖章）查到 午 时 分（盖章）查到 午 时 分（盖章）查到		中华民国 年 月 日
	六七	值		巡	守	值										
	七八	巡		守	值	巡										
	八九	值		值	巡	守										
	九十	巡		巡	守	值										
	十十一	值		守	值	巡										
	十一十二		巡				值	巡	守							
夜	十二一		值				巡	守	值							
	一二		巡				守	值	巡							
	二三		值				值	巡	守							
	三四		巡				巡	守	值							
	四五		值				守	值	巡	息						
		盖章	盖章	盖章	盖章	盖章	盖章	盖章	盖章	盖章	盖章	盖章	盖章			

三、从警力合理化配置角度进行的探索

引进派出所制以后，将散在的警察力量予以集中，突出了组织的整体优势，在一定程度上实现了共同勤务的效能，但组织内部警力资源的编排仍显单一，未尽科学。警察勤务制度发展到第三阶段，便开始着眼于警力的合理化配置，即注重勤务时间的安排与警力的编配。警力合理化配置的主要方式是勤务分班制度，通过分班制对警力进行全时间安排，从而形成了班勤制与部勤制。

（一）班勤制①

班勤制是一种对守望或巡逻的警力进行编配来安排勤务的制度，其勤务方式操作比较简便，所以当时在警察机关较为盛行。班勤制的主要内容是将警力分为若干班，轮流担任守望或者巡逻任务的一种勤务制度。湖南省会公安局采取的“四班三九勤务制”与江西省会公安局采用的“半日更替制”，均属于班勤制的典型代表。班勤制根据班次与人数不同，分为三班三六制、

① 陈冠雄．警察实务研究．中华印刷厂，1947：93.

三班四八制、四班三九制、半日更替制。

1. 三班三六制：勤务分配与勤务时间分别如表 1.3 与表 1.4 所示，即将警士分为 3 班，每班勤三息六（服勤 3 个小时，休息 6 个小时）。

表 1.3　三班三六制勤务分配表[①]

时间 / 时期 班次	日间				夜间			
	六—九	九—十二	十二—三	三—六	六—九	九—十二	十二—三	三—六
第一日	甲	乙	丙	甲	乙	丙	甲	乙
第二日	丙	甲	乙	丙	甲	乙	丙	甲
第三日	乙	丙	甲	乙	丙	甲	乙	丙
说明	1. 本表假定甲、乙、丙为勤务班次 2. 警士勤务时间，每班以三小时计，勤三息六，依次轮流 3. 本表第四日周而复始							

表 1.4　三班三六制勤务时间表

时间 / 时期 班次	六—九	九—十二	十二—三	三—六
甲　班	执勤	休息	预备	执勤
乙　班	预备	执勤	休息	预备
丙　班	休息	预备	执勤	休息

2. 三班四八制：其勤务分配与勤务时间分别如表 1.5 与表 1.6 所示，将警士分为三班，每班勤四息八（服勤 4 个小时，休息 8 个小时）。

表 1.5　三班四八制勤务分配表[②]

时间 / 时期 班次	日间			夜间		
	六—十	十—二	二—六	六—十	十—二	二—六
第一日	甲	乙	丙	甲	乙	丙
第二日	甲	乙	丙	甲	乙	丙

① 陈冠雄．警察实务研究．中华印刷厂，1947：93–94.

② 陈冠雄．警察实务研究．中华印刷厂，1947：94–95.

（续表）

第三日	甲	乙	丙	甲	乙	丙
第四日	乙	丙	甲	乙	丙	甲
第五日	乙	丙	甲	乙	丙	甲
第六日	乙	丙	甲	乙	丙	甲
第七日	丙	甲	乙	丙	甲	乙
第八日	丙	甲	乙	丙	甲	乙
第九日	丙	甲	乙	丙	甲	乙
说明	1. 本表假定甲、乙、丙为勤务班次 2. 本表所定勤务时间，每班概以四小时计 3. 各班系三日一换，九日轮流完毕，第十日恢复原来顺序					

表 1.6　三班四八制勤务时间表

时间 / 时期 / 班次	六—十	十—二	二—六
甲　班	执勤	休息	预备
乙　班	预备	执勤	休息
丙　班	休息	预备	执勤

3. 四班三九制：其勤务分配与勤务时间分别如表 1.7 与表 1.8 所示，即将警士分为四班，每班勤三息九（服勤 3 个小时，休息 9 个小时）。

表 1.7　四班三九制勤务分配表①

时间 / 时期 / 班次	日　间				夜　间			
	六—九	九—十二	十二—三	三—六	六—九	九—十二	十二—三	三—六
第一日	甲	乙	丙	丁	甲	乙	丙	丁
第二日	甲	乙	丙	丁	甲	乙	丙	丁
第三日	乙	丙	丁	甲	乙	丙	丁	甲
第四日	乙	丙	丁	甲	乙	丙	丁	甲

① 陈冠雄．警察实务研究．中华印刷厂，1947：97–98.

（续表）

第五日	丙	丁	甲	乙	丙	丁	甲	乙
第六日	丙	丁	甲	乙	丙	丁	甲	乙
第七日	丁	甲	乙	丙	丁	甲	乙	丙
第八日	丁	甲	乙	丙	丁	甲	乙	丙
说明	1. 本表假定甲、乙、丙、丁为勤务班次 2. 本表所定勤务时间，每班概以三小时计 3. 各班系两日一换，八日轮流完毕							

表 1.8　四班三九制勤务时间表

时期 \ 班次 \ 时间	六—九	九—十二	十二—三	三—六
甲　班	执勤	预备	休息	训练
乙　班	预备	执勤	训练	休息
丙　班	休息	训练	执勤	预备
丁　班	训练	休息	预备	执勤

4. 半日更替制（服勤 12 小时，休息 12 小时）：其勤务分配如表 1.9 所示，以警士 6 名分编甲、乙 2 班，每日按 24 小时计算，每班 1 次服勤 12 个小时，分别担任巡逻、守望、值班 3 种勤务，每 2 个小时互相交换勤务 1 次。

表 1.9　半日更替制勤务分配表[①]

半日别 \ 番号 \ 勤务 \ 时间	十二—二			二—四			四—六			六—八			八—十			十—十二		
	守望	巡逻	值班	守望	巡逻	值班	守望	巡逻	值班	守望	巡逻	值班	守望	巡逻	值班	守望	巡逻	值班
午前	甲	乙	丙	乙	丙	甲	丙	甲	乙	甲	乙	丙	乙	丙	甲	丙	甲	乙
午后	丁	戊	己	戊	己	丁	己	丁	戊	丁	戊	己	戊	己	丁	己	丁	戊
说明	1. 本制以半日（十二小时）执勤，半日受训练或休息 2. 每班执勤时间十二小时，分任守望、巡逻、值班，每二小时更调一次 3. 凡值班警士，应在岗亭内休息，以便协助守望，并可整理一切报告 4. 本制视地方之繁简，人口之多寡，每所分设四段，各设警士六名																	

① 陈冠雄．警察实务研究．中华印刷厂，1947：98.

（二）部勤制[1]

部勤制主要在浙江各地警察局应用较多。与班勤制不同，它仍以派出所制为辖境单位，将派出所人员进行合理编配，其轮勤方法较为巧妙，更有补充勤务，以辅助午前、午后勤务的不足，巡逻与守望并重，防务较为周密。[2]部勤制对人员的安排大体有十一人三部制、八人三部制、七人二部制、五人二部制。

1. 十一人三部制：其勤务分配、勤务时间分别如表 1.10 至表 1.13 所示，取警士 11 名，除休息、备差各 1 人之外，剩余 9 人，分为 3 部组成勤务制。其勤务分配如下：

（1）11 人中，每日置备差 1 名，休息 1 名，其余 9 名分为三部，分别执行午前、午后和补充勤务。第一部接第二部勤务，其应勤时间为夜间 12 时至次日下午 1 时，共 13 个小时；第二部接第一部勤务，其应勤时间为正午 12 时至夜间 1 时，共 13 个小时；第三部为补充勤务，其应勤时间为午后 2 时至夜间 2 时，共 12 个小时。

（2）午前勤务和午后勤务第 1 个小时为集合于分局或所接受精神讲话以及接勤准备，其余 12 个小时均为巡守值勤务，即应勤之各部，1 名为巡逻，1 名为守望，1 名为当值，每个小时交换勤务 1 次。

表 1.10　十一人三部制勤务分配表[3]

日次 \ 部勤 番号	第一部 午前　勤务 夜间十二时至次日下午一时			第二部 午后　勤务 正午十二时至夜间一时			第三部 补充　勤务 午后二时至夜间二时			备差	休息
第一日	1	2	3	4	5	6	7	8	9	10	11
第二日	10	2	3	7	5	6	11	8	9	4	1
第三日	10	4	3	7	8	6	11	1	9	5	2
第四日	10	4	5	7	8	9	11	1	2	6	3
第五日	6	4	5	11	8	9	3	1	2	7	10

① 张永竹 . 警察勤务精论 . 中华书局，1936：117–134.
② 章承祖 . 警管区制 . 上海警察，1946（2）.
③ 陈冠雄 . 警察实务研究 . 中华印刷厂，1947：63–64.

（续表）

第六日	6	7	5	11	1	9	3	10	2	8	4
第七日	6	7	8	11	1	2	3	10	4	9	5
第八日	9	7	8	3	1	2	5	10	4	11	6
第九日	9	11	8	3	10	2	5	6	4	1	7
第十日	9	11	1	3	10	4	5	6	7	2	8
第十一日	2	11	1	5	10	4	8	6	7	3	9
第十二日	2	3	1	5	6	4	8	9	7	10	11
第十三日	2	3	10	5	6	7	8	9	11	4	1
第十四日	4	3	10	8	6	7	1	9	11	5	2
第十五日	4	5	10	8	9	7	1	2	11	6	3
第十六日	4	5	6	8	9	11	1	2	3	7	10
第十七日	7	5	6	1	9	11	10	2	3	8	4
第十八日	7	8	6	1	2	11	10	4	3	9	5
第十九日	7	8	9	1	2	3	10	4	5	11	6
第二十日	11	8	9	10	2	3	6	4	5	1	7
第二一日	11	1	9	10	4	3	6	7	5	2	8
第二二日	11	1	2	10	4	5	6	7	8	3	9
第二三日	3	1	2	6	4	5	9	7	8	10	11
第二四日	3	10	2	6	7	5	9	11	8	4	1
第二五日	3	10	4	6	7	8	9	11	1	5	2
第二六日	5	10	4	9	7	8	2	11	1	6	3
第二七日	5	6	4	9	11	8	2	3	1	7	10
第二八日	5	6	7	9	11	1	2	3	10	8	4
第二九日	8	6	7	2	11	1	4	3	10	9	5
第三十日	8	9	7	2	3	1	4	5	10	11	6
第三一日	8	9	11	2	3	10	4	5	6	1	7
第三二日	1	9	11	4	3	10	7	5	6	2	8
第三三日	1	2	11	4	5	10	7	8	6	3	9

表 1.11　十一人三部制午前勤务时间表之一（午后勤务表同）

时　间	精神讲话	守　望	巡　逻	当　值
十二至一	甲乙丙			
一至二		甲	丙	乙
二至三		乙	甲	丙
三至四		丙	乙	甲

（续表）

四至五		甲	丙	乙
五至六		乙	甲	丙
六至七		丙	乙	甲
七至八		甲	丙	乙
八至九		乙	甲	丙
九至十		丙	乙	甲
十至十一		甲	丙	乙
十一至十二		乙	甲	丙
十二至一		丙	乙	甲

表 1.12　十一人三部制午前勤务时间表之二（午后勤务表同）

时　间	精神讲话	守　望	巡　逻	当　值
十二至一	甲乙丙			
一至三		甲	丙	乙
三至五		乙	甲	丙
五至七		丙	乙	甲
七至九		甲	丙	乙
九至十一		乙	甲	丙
十一至一		丙	乙	甲

备注：

（1）轮流方法：午前接休息，休息接补充，补充接午后，午后接备差。

（2）轮流状态：午前 3 日，休息 1 日。午后 3 日，补充 3 日，备差 1 日。

（3）补充勤务以巡逻警戒为原则，但可以根据当地的情形，由分局报请采取其他的配置方法。这段时间，盗窃和事故发生较多，必须要增强警力，周密戒备才可以。下午 2 时到 4 时为教养时间，4 时到 5 时为精神讲话以及准备应勤时间，其他 9 小时中，以 2 人应勤，1 人休息，每隔 1 小时到 2 小时 3 人按次轮流互换。

（4）备差警士，应勤时间为上午 8 时至下午 6 时，共 10 小时。以 3 小时为调查户口和本管段内各种情况，记录下应该由警察取缔的事务，其余 7 小时应该在所里协助处理一切事务，以备临时差遣之用。

（5）休息警士：可以自行处理私事，但外出时需要将地址报明。非重要事情，不得远离警察局辖区以外，以便于有临时命令，方便召集。

（6）部勤制备差轮流休息办法：午前勤务完毕后，1 人轮为休息，原先休息的 1 人，即接补充勤务，再以补充勤务的 1 人，轮当午后勤务，而以原午后勤务的 1 人，轮作备差，原备差即接午前勤务，如此循环。每警士承担服勤前勤务 3 日，得休息 1 日，再服补充勤务和午后勤务 3 日得备差 1 日，后仍接午前勤务。每警士服勤 3 日，可变更其部勤勤务，11 日均可轮勤完。33 日则可恢复原先服勤次序。

表 1.13　十一人三部制补充勤务表

时　间	教　养	精神讲话	勤　务	休　息
二至四	甲乙丙			
四至五		甲乙丙		
五至六			丙甲	乙
六至七			甲乙	丙
七至八			乙丙	甲
八至九			丙甲	乙
九至十			甲乙	丙
十至十一			乙丙	甲
十一至十二			丙甲	乙
十二至一			甲乙	丙
一至二			乙丙	甲

2. 八人三部制：其勤务分配与勤务时间分别如表 1.14 至表 1.17 所示，即以警士 8 人组成，每日除 1 人为备差，1 人休息外，其余 6 人分作三部，依照规定轮担勤务。

第一部接第二部勤务，其应勤时间为夜间 12 时至次日下午 1 时，共 13 个小时；第二部接第一部勤务，其应勤时间为正午 12 时至夜间 1 时，共 13 个小时；补充勤务时间为午后 2 时至夜间 1 时，共 11 个小时。

表 1.14　八人三部制勤务分配表[①]

部勤 / 番号 / 时间 / 日次	第一部		第二部		第三部		备差		休息
	午夜十二时至次日下午一时		正午十二时至夜间一时		午后二时至夜间一时		上午八时至下午六时		上午八时至十一时须服户口查察等勤务
第一日	1	2	3	4	5	6	7	8	
第二日	7	2	5	4	8	6	3	1	
第三日	7	3	5	6	8	1	4	2	
第四日	4	3	8	6	2	1	5	7	
第五日	4	5	8	1	2	7	6	3	
第六日	6	5	2	1	3	7	8	4	
第七日	6	8	2	7	3	4	1	5	
第八日	1	8	3	7	5	4	2	6	
附注	1. 轮流方法：第一部接休息，休息接第三部。第三部接第二部，第二部接备差，备差接第一部 2. 轮流状态：第一部二日，休息一日，第二部二日，第三部二日，备差一日 3. 上附注之 1、2 系指每个勤务警士而言								

表 1.15　八人三部制午前午后勤务时间表之一

时 间	12—1	1—2	2—3	3—4	4—5	5—6	6—7	7—8	8—9	9—10	10—11	11—12	12—1
精 神 讲 话	甲乙												
守望兼当 值		甲	乙	甲	乙	甲	乙	甲	乙	甲	乙	甲	乙
巡 逻		乙	甲	乙	甲	乙	甲	乙	甲	乙	甲	乙	甲

表 1.16　八人三部制午前午后勤务时间表之二

时 间	12—1	1—3	3—5	5—7	7—9	9—10	10—1
精 神 讲 话	甲乙						
守望兼当 值		甲	乙	甲	乙	甲	乙
巡 逻		乙	甲	乙	甲	乙	甲

① 陈冠雄．警察实务研究．中华印刷厂，1947：68.

午前勤务分配、午后勤务分配以及补充勤务的配置与十一人三部制相同，勤务时间表如表 1.17 所示。

表 1.17　八人三部制补充勤务时间表

时　　间	2—4	4—5	5—6	6—7	7—8	8—9	9—10	10—11	11—12	12—1
教　　养	甲乙									
精神讲话		甲乙								
勤　　务			甲	乙	甲	乙	甲	乙	甲	乙
休　　息			乙	甲	乙	甲	乙	甲	乙	甲
备　　考	凡巡逻路线较长每次巡逻须超过一小时以上者得斟酌情形改为第二小时交互夜勤休息									

备差警士应勤时间为上午 8 时至下午 6 时，应在宿舍或所内帮助各部勤，处理一切事务以及作临时差遣之用。

休息警士，应以 3 个小时（上午 8 时至 11 时）为户口调查，稽查本管区诸般情况，对于警察应该取缔的事务应该详细记录下来，其余时间可以自己休息，外出时仍然需要将地址报明，除非有必要的事情，否则不能远离警察局管辖区。

部勤备差轮流休息方法：与十一人三部制大致相同，差别之处在于每部比十一人三部制缺少 1 人，所以每个警士担任午前勤务 2 日，可以休息 1 日，在服补充勤务 2 日，午后勤务 2 日，经过备差 1 日之后，又接前面的午前勤务，每个警士经过 2 天变更 1 次部勤勤务，经过 8 天又恢复到以前的次序状态。

3. 七人二部制：其勤务分配如表 1.18 所示，以警士 7 人，每日除 1 人休息以外，剩余 6 人分为两部，依照规定轮流担任勤务。第一部应勤时间为夜间 12 时至次日下午 1 时，共 13 个小时；第二部应勤时间为正午 12 时至夜间 1 时，共 13 个小时。

表 1.18　七人二部制勤务分配表①

部勤 / 时间 / 日次 番号	第一部			第二部			休息
	午夜—午后一时			正午—午夜一时			正午至二时为户口查察等时间，午后二至四时为训练时间，其余为休息时间
第一日	1	2	3	4	5	6	7
第二日	7	2	3	4	5	6	1
第三日	7	2	3	1	5	6	4
第四日	7	4	3	1	5	6	2
第五日	7	4	3	1	2	6	5
第六日	7	4	5	1	2	6	3
第七日	7	4	5	1	2	3	6
第八日	6	4	5	1	2	3	7
第九日	6	4	5	7	2	3	1
第十日	6	1	5	7	2	3	4
第十一日	6	1	5	7	4	3	2
第十二日	6	1	2	7	4	3	5
第十三日	6	1	2	7	4	5	3
第十四日	3	1	2	7	4	5	6
第十五日	3	1	2	6	4	5	7
第十六日	3	7	2	6	4	5	1
第十七日	3	7	2	6	1	5	4
第十八日	3	7	4	6	1	5	2
第十九日	3	7	4	6	1	2	5
第二十日	5	7	4	6	1	2	3
第二十一日	5	7	4	3	1	2	6
第二十二日	5	6	4	3	1	2	7
第二十三日	5	6	4	3	7	2	1
第二十四日	5	6	1	3	7	2	4
第二十五日	5	6	1	3	7	4	2
第二十六日	2	6	1	3	7	4	5

① 陈冠雄．警察实务研究．中华印刷厂，1947：72.

（续表）

第二十七日	2	6	1	5	7	4	3
第二十八日	2	3	1	5	7	4	6
第二十九日	2	3	1	5	6	4	7
第三十日	2	3	7	5	6	4	1
第三十一日	2	3	7	5	6	1	4
第三十二日	4	3	7	5	6	1	2
第三十三日	4	3	7	2	6	1	5
第三十四日	4	5	7	2	6	1	3
第三十五日	4	5	7	2	3	1	6
第三十六日	4	5	6	2	3	1	7
第三十七日	4	5	6	2	3	7	1
第三十八日	1	5	6	2	3	7	4
第三十九日	1	5	6	4	3	7	2
第四十日	1	2	6	4	3	7	5
第四十一日	1	2	6	4	5	7	3
第四十二日	1	2	3	4	5	7	6

4. 五人二部制：其勤务分配如表 1.19 所示，由警士 5 人组成，每日除 1 人轮流休息以外，其余 4 人分为两部，按照规定轮流担任勤务。

表 1.19　五人二部制勤务分配表[①]

部勤	勤务时间 \ 日次 番号	第一日	第二日	第三日	第四日	第五日	第六日	第七日	第八日	第九日	第十日	第十一日	第十二日	第十三日	第十四日	第十五日	第十六日	第十七日	第十八日	第十九日	第二十日
第一部	午夜至午后一时	1	5	5	5	5	4	4	4	4	2	2	2	2	3	3	3	3	1	1	1
		2	2	2	3	3	3	3	1	1	1	1	5	5	5	5	4	4	4	4	2
第二部	正午至午夜一时	3	3	1	1	1	1	5	5	5	5	4	4	4	4	2	2	2	2	3	3
		4	4	4	4	2	2	2	2	3	3	3	3	1	1	1	1	5	5	5	5

① 陈冠雄．警察实务研究．中华印刷厂，1947：76.

（续表）

休息	上午十时至正午为户口查察，正午至二时为其他备差，二时至四时为训练，余为休息	5	1	3	2	4	5	1	3	2	4	5	1	3	2	4	5	1	3	2	4

四、检讨与反思

（一）守望制与巡逻制

中国近代早期警察对社会治安的控制主要是通过守望制与巡逻制实现的，这两种勤务制度对当时社会治安发挥了一定的作用，但其制度本身存在一定的缺陷。

例如，民国时期学者解瑞政认为，传统的守望制度只是配备在地点重要的地方，许多偏僻街巷则没有办法顾及，作奸犯科之徒知道守望警的地点之所在，自然不会自投罗网，可以很容易躲开他们的视线，所以仅仅采取这种方式对于保障人民安全难以收到良好的成效。他进一步认为，巡逻是弥补守望的不足而出现的，而且从守望发展到巡逻是实现了由点（守望）发展到线（巡逻），由点和线的结合构成了警察网，但是其作用只能达到消极的事后救济的目的，对于警察防患于未然的目的则尚显不足。[①]江苏省民政厅当时在关于警察勤务制度的一份调查报告中指出，传统的守望与巡逻，防务不周密，守望岗亭多半点缀在热闹的街市，其余住宅区、僻静街巷以及贫民窟则无人过问，而事实上盗窃案多发生在这种僻静街巷，罪犯容易藏匿在贫民窟内，至于巡逻也因为路线太长，巡视一周往往时间过长。[②]

① 解瑞政．警察勤务的发展与警管区制．警声月刊，1946，1（2，3）．

② 刘守刚．两年来之江苏民政//中央政法学校学生实习笔记．出版地不详，1936：118.

（二）派出所制

派出所制的优点是将散在的警察进行集中管理，从而对社会进行管控，由于制度本身的粗放化，它也存在一些不足。

例如，章承祖认为，派出所制组织比较庞大，需要警力众多，仅将警力集中于某点，而不能普及面上，不适合人口稀少、居住疏落的乡村。而且每当警士交班之时，分局以及分驻所均处于空虚状态，在此时间发生的意外事变，在长警调遣方面，不够敏活机动。①

张永竹认为，对北平市警察局所实施的派出所制，不足之处是教育以及户口等勤务时间并没有明确规定，而且 7 个警察配置警长 2 人，明显配备过多，经费开支过大，在经费不充裕的地方不适合。李秀生认为，派出所制警力的配备，仅及于点，不能普及面，不适合人口稀少的乡村，同时调遣起来亦感到困难，而且警长也没有教育时间。②

（三）班勤制与部勤制

班勤制与部勤制是在守望制、巡逻制以及派出所制的基础上对警力进行精细化的合理配备形成的勤务制度，它针对警力的不同分配方式形成了多种分班制度。相较于前两阶段的勤务制度，它虽有优越性，但仍有不足。

通过对近代各种勤务制度进行调查考证，张永竹认为，传统的班勤制缺点是没有休息日与补充教育的时间规定，并且没有户口调查以及临检视察等，而户口调查与临检视察两种勤务应当是外勤主要的两种勤务内容。另外，站三息六的勤务制度要求警士连续站立 3 小时，时间过长，对警管段也没有划设。③同时他指出，浙江的十一人三部部勤制，夜间勤务人员过多，此外勤务监督缺乏，而且每部警士服勤时间过长。④

---

① 章承祖．警管区制．上海警察，1946（2）.

② 李秀生．中国警察行政．“中央警官学校”第四分校警察丛书．中华警察学术研究社平津分社，1947：11.

③ 张永竹．警察勤务精论．中华书局，1936：87.

④ 张永竹．警察勤务精论．中华书局，1936：105.

章承祖认为，各地实施的班勤制，巡逻与守望不能互助，维护地方治安难以周全，而且没有临检视察及调查户口的时间，地方情形不容易把握。班勤制的警士除上班任务以外，其余时间无所事事，遇事互相推诿，而且没有受教育学习新知识的时间以及休息时间，影响警士服务的技能与精神。随着社会形势与地方治安的日趋复杂，班勤制越来越无法适应时代的需要。[①]对于部勤制，他说，部勤制能做到巡逻与守望并重，防务也比较周密，但是这种制度比较适合城市，因为需要警力众多，不适合乡村地区。[②]

综上所述，我国警察勤务制度从社会治安控制方式的守望制与巡逻制，到对警力进行组织化管理的派出所制，又步入对警力合理化安排的班勤制与部勤制阶段，警察勤务制度不断地衍生发展。尽管警察勤务制度在当时的环境下发挥了不可替代的作用，但普遍存在如责任区划分不明确，执行勤务警士责任不清楚，警士的培训教养时间缺失等诸多问题，致使警察勤务效能未能充分发挥。

中国近代警察早期勤务制度历经的三个阶段，引进的多种勤务制度存在一个共有的缺陷，即多强调共同勤务，无法将责任落实到警察个人，进而人员的积极性无法充分发挥，造成警政效率低下的状态。因此，随着20世纪20～30年代欧美国家警察专业化浪潮的出现，中国再次派遣大量留学生远赴海外，学习新式警察勤务制度，以此进入中国警察勤务制度发展的另一个新阶段。

---

① 章承祖．警管区制．上海警察，1946（2）．

② 章承祖．警管区制．上海警察，1946（2）．

第二节

国民政府时期国外警察新式勤务制度的引进与实践

20世纪20～30年代，欧美国家相继掀起了警察专业化的浪潮，如何按照规律安排和执行警务工作成为警察勤务制度的研究重点。在对警察人力规划、巡逻分班及警力配置等问题进行系统研究的基础上，欧美国家提出“比特区制”。日本随即将其引入国内，改良为“受持区制”，这种勤务制度的核心是在科学统计的基础上，划定责任区，成功地将责任落实到警察个人。

这批由我国派遣至日本与欧美的留学生代表，不但目睹了西方国家的警察专业化过程，还有不少人士亲自参与了西方国家的勤务制度改革，如余秀豪、酆裕坤等人。这批留学生归国以后，仿照国外的“受持区制”与“比特区制”，在国内进行新的勤务制度改革，由此推动我国警政进入新的发展阶段。

一、留学生群体的选送

1929年，警官高等学校学员林凤楼，向学校建议派遣毕业生出国深造，以改善警察教育，其建议获得国民政府“内政部”批准。1930年，“内政部”举行选拔考试，何瑞彰、李謇、王泰兴、林凤楼、郑宗楷、李士林、陈兴舜、萧鸿顺、赵福承、杨福年共10人被选拔至日本留学。首都警察厅另选派了5名有警察学识和经验的人同赴日本，分别是警官高等学校第十一班毕业的尹择一、中央军校毕业的王恺澄、中央军校宪警班毕业的李国俊与乐干、浙江省警官学校毕业的楼筱琨，他们被派往东京内务省警察学校接受培训。①

---

① “中央警官学校”校史编辑委员会.“中央警官学校”校史.“中央警官学校”印行，1973：55.

浙江省警官学校校长朱家骅，采纳奥地利警政顾问辛特来（Sindler）与莫克（Muck）二人的建议，在正科第一期同学毕业时，考选成绩优秀者30人，分别派赴日本与奥地利两国留学，以期学习两国新式警政，改进国内警政状况。[①]

1930年春，由浙江省警官学校总队长施承志，代教务长范扬与政治教官余森文等组织考选委员会。参加留奥进修考试的有70余人，留日进修考试的人数更多。毛文佐、郑岩登、俞叔平、汪弼、王宗羲、马端文、华歧昌、黄东升、金卓民、杜承荣10人成功考取留学奥地利的资格。胡福相、揭锦标、徐励、李知章、沈贵德、马兆良、徐维新、李伯涛、楼国桢、姜邦桢、韦淡明、周炳荣、邢世彦、赵昭奎、屠中翰、杜时雨、包际春、贾仲照、张永竹等20人留学日本，全为公费。[②]

留学奥地利学生，先在国内补习奥文，然后进入维也纳警政学校深造，学制两年，研究刑事警察、行政警察、警察勤务、刑法、行政法以及警察战术等课程。1933年6月毕业，这批留学生赴奥地利各重要城市参观警察机构，并赴维也纳警察厅以及联邦乡村警察总署内外勤部门实习。1934年元月开始返国。这批留学生返国后，正值浙江省警官学校校长赵龙文在杭州改革警政，设立警察实验区，即被分派担任实际工作。[③]

留日学生，除考选的20人外，还有张包元自费留学日本，21人被一并保送前往日本。先在东京近郊谷成城学校中华留学生部补习日文。当时日本最高警察学府为内务省警察讲习所，考试结果为，胡福相等人获录取该所第17期肄业，沈贵德等5人另考入明治大学法科攻读。该警察讲习所修业期间为12个月。1932年，日本发动淞沪战役，中国同学便提早半个月结业，

① “中央警官学校”校史编辑委员会.“中央警官学校”校史.“中央警官学校”印行，1973：103.

② “中央警官学校”校史编辑委员会.“中央警官学校”校史.“中央警官学校”印行，1973：103.

③ “中央警官学校”校史编辑委员会.“中央警官学校”校史.“中央警官学校”印行，1973：104.

同年2月返国。该批同学回国后，被安排在各县市警察机构担任较高级工作，其中胡福相等成绩优秀者在浙江省警官学校任教。①

浙江省警官学校正科第2期学生毕业未获得政府资助，唯陈天三同学获福建省政府资助赴日本明治大学学习社会学，后入日本警察大学学习警政。正科第3期学生，有黄佑、陈宜生、冯文尧、王渭周考取公费赴德留学，在德国国家警察学校进修，并入警察研究院研究。除此之外，自1929年开始，各地青年呈请自费出国考察警政，共计13人，分别为涂思伯、程鲲、高勉道、双楫、黄涛、曾磊、李士珍、方世洪、江其琇、杨国民、王世羲、陆玄南、马锦麟。②同时，也不断有国民政府警政官员或者学者被派往国外考察学习警政，如1934年由酆悌率领的一个委员会被战争部派往英国、法国、意大利和德国考察警政，后任“中央警官学校”教育长的李士珍也先后两次被派往日本和欧洲国家学习警政。③

这几批警界官员与留学生考察或学成归国以后，将日本和欧美的警察制度、勤务、刑事技术等陆续介绍到国内，将之结合中国实际加以改良并积极予以实践，改善中国的警政。日本与欧美的新式警察勤务制度也在这一时期引入中国并得到有效实践。

二、日本“受持区制”的引进与南通早期实践

（一）日本“受持区制”的引进

所谓“受持区”，即为受命而主持之区域。④即于每一派出所下划分为若干个受持区，作为警察勤务的基本单位，每个受持区设置受持巡查1名，每名巡查负担所指定区域，负责该区域内户籍调查、身份调查、营业调查等

① “中央警官学校”校史编辑委员会.“中央警官学校”校史.“中央警官学校”印行，1973：104–105.

② “内政部”年鉴编纂委员会.内政年鉴.商务印书馆，1936：305.

③ [美]魏斐德.间谍王——戴笠与中国特工.梁禾译.团结出版社，2004：185.

④ 张永竹.警察勤务精论.中华书局，1936：27.

一切事项。[1]受持区是警士服勤的最小单位，依托于派出所或驻在所。有学者认为，“日本受持区之组成，就是派出所驻在所的现制，受持区为派出所驻在所地区责任上的分配，派出所驻在所是受持区中心的形式的组织。”[2]因此，若研究日本“受持区制”，必须研究其派出所和驻在所制度。日本的派出所与驻在所的设置标准，主要考虑地方大小、人口密度和交通状况来核定数目多少。通常情况下，在商业发达、人口密集的地方设置派出所，在岛屿村落、人口稀少的地方设置驻在所，以警士 1 人长期驻扎。警士选任的标准是从事巡查行业多年，已经结婚有家眷，且有稳定的家庭。派出所和驻在所均需要设在交通要口，方便视察和接受民众投诉。

派出所与驻在所的区划和警士勤务主要有：

1. 派出所与驻在所的区划。如果都市面积在 1 ~ 2 平方公里，人口在 6 万到 10 万，根据土地状况，可设置警察署一所。根据东京市在昭和七年的统计，全市面积为 113 平方公里，人口为 537 万人，有警察署 78 所，配有警士 1.28 万名。平均面积为 1.45 平方公里，人口 6.9 万人，拥有警察署一所，约 532 人设有受持警士一人，合警士 9 名成立一个派出所，则派出所管辖人口 4788 人。至于驻在所，多设在岛屿或者偏僻的乡区，所以其管辖区较大，管辖人口也较多，普通面积约为 5 平方公里，人口在 1500 ~ 2000 人设置驻在所一处。

2. 派出所警士勤务。派出所为受持警士执行勤务的基本单位，有的采取 6 个受持区成立一个派出所，有的采取 9 个受持区成立一个派出所。其中采取 6 个受持区组成的派出所，多采用六人二部制（见表 1.20），即将 6 个受持警士，分为甲、乙 2 部，以 3 人一组，每日交换。其中当番（执勤）3 人，分别守望、巡逻、休息，每隔 1 小时交换 1 次。其中采用 9 个受持区组成的派出所，多采用九人三部制（见表 1.21），将 9 个受持巡查，分为甲、乙、丙三部，分日勤、当番、休息三种，各占 24 小时，按甲、乙、丙三部，依次轮流。当番之日勤务也分为守望、巡逻、休息三种，3 人每小时轮流

---

① 姚琮．日本警政考察记．上海大东书局，1931：6.

② 王世义．日本受持区与江苏警管区．江苏警察，1936，1（4）.

服勤一次。

表 1.20　六人二部隔日勤务制[①]

日期 \ 勤务别	当番（执勤）	休　息
第一日	甲　部	乙　部
第二日	乙　部	甲　部

如表 1.20 所示，采用六人二部制的户口调查和临检视察在休息日上午进行。执勤日的警士，在每天上午 8 点集合在分管的警察署接受检阅，训话 1 个小时，然后将警士派往各所在的派出所服勤，方法是守望、巡逻、休息各 1 小时，相互交替。当番日的勤务时间为 1 昼夜，即从上午 9 时起到次日 9 时，共 24 小时。[②] 按日勤日的警士勤务主要是操练、武术、训育、户口调查、临检视察等。在东京警视厅各警察署派出所警士日勤从事的勤务，从上午 8 时到 10 时是武士道和操练，10 时到 12 时是科学训练，12 时之后的时间是受持巡查从事户口调查和临检视察。

表 1.21　九人三部当番休息日勤轮流表[②]

日期 \ 勤务别	日勤（受持区内之户口调查、临检视察）	当番（执勤）	休　息
第一日	甲　部	乙　部	丙　部
第二日	丙　部	甲　部	乙　部
第三日	乙　部	丙　部	甲　部
第四日	自第一日起继续轮流		

3. 驻在所警士勤务。驻在所与派出所设置的目的大致相同，然而驻在所多位于乡村岛屿和偏僻之地，只有警士 1 人负责。从表面上看，乡村面积

① 王世义 . 日本受持区与江苏警管区 . 江苏警察，1936，1（4）.
② 王世义 . 日本受持区与江苏警管区 . 江苏警察，1936，1（4）.
③ 王世义 . 日本受持区与江苏警管区 . 江苏警察，1936，1（4）.

广大，警士人数少，较派出所更难管辖，而实际情况是，乡村派出所人多为世居，邻里一般都相互了解，而且旅客很少，所以较派出所而言事务较为简单。驻在所的勤务分配，各地略有不同，如在日本神奈川县驻在所的勤务每日为8小时，日间每日巡逻两次，夜间1周巡逻3次，为了预防犯罪夜间12时到次日6时不能休息，每个月有休假3天。警士在巡逻或者公务外出的时候，需要在出行前记载其出行时刻以及前往地点，等到归来后，需要将有无事故或者事故发生的时刻详细记载下来，以备查考。[①]

（二）南通早期试验“受持区制”

“受持区制”最早由李万春于1925年引进，并在江苏省南通县进行了短期实践。该县警察事务所仿照日本“受持区”的警察勤务模式，以巡逻、守望为主要内容，试办“担当区制”。“担当区制”勤务模式也仿自日本，即于分驻所下面划分若干个“担当区”，指派长警分区负责，一般以五六个“担当区”为一组，采用六人二部制，负责“担当区”内的巡逻、守望（坐岗）以及户口调查、临检视察、接受民众呈词等勤务。1929年，李万春在总结前述实践经验的基础上，再次在南通实践“担当区制”，但感觉到“担当区”名称生疏，将其改成“巡逻区”，又因“巡逻区”不能包含警察勤务的全部内容，20世纪30年代即发展为后来的“警管区制”。[②]

三、英美“比特区制”的引进与实践

（一）英美“比特区制”的引进

据美国伯克利市警察局局长沃尔麦（August Vollmer）对“比特”的定义，“比特”乃警察制度中的基本单位。[③] 即将一个警察局所辖区，划分为若干

① 王世义．日本受持区与江苏警管区．江苏警察，1936，1（4）．
② 胡茨威．警员警官区制//首都警察厅警员培训所特约讲演集．首都警察厅警员训练所，1947：10.
③ 鄞裕坤．现代警察研究．“内政部”警察总署，1946：132.

个巡逻区，警士执勤时须在巡逻区内往复巡逻，对于区内一切事务，负责查察，所以“比特区”亦即巡逻区。在英国，“每日 24 小时警察例在彼等巡长的管理下轮流巡逻，一城市一岗位等于一郡之分所为警察巡逻区域之单位。唯岗位（Beat）名称往往可作为一分所解，有时作为一警察面积之普通名词。”①

“比特区制”在美国伯克利市警察局应用最为典型。伯克利警察局每 5 年必根据管辖地犯罪记录，作一个精密研究，将各项犯罪加以分析，并将各巡逻区发生的案件一一开列，使行政长官一望即知哪些巡逻区须特别注意。且利用斑点地图，表明各种犯罪的集中程度。其警力分配原则，使巡逻区的每名警士公平分担工作。警力分配方法通常根据以下要素：（1）三班不同巡逻区的界限；（2）各巡逻区犯罪与逮捕的数目；（3）各巡逻区每平方公里与每千人口的犯罪率；（4）犯罪密度、逮捕与巡逻区面积的关系；（5）三班间犯罪与逮捕的不同点；（6）三班巡逻区大小的不同。②

除此之外，各区负责巡逻的警士，对其所辖的巡逻区，须定期做详细报告。报告的形式不做要求，但是必须依据警士自身的判断力写成。此报告能够弥补数字分析的不足之处，并且通过阅读这些报告可以观测警士的兴趣，以此根据其个性判断其影响巡逻区治安维护的程度。以这种方法，即使警士外调，接替者也可以利用警士以前所积累的资料。这些资料主要有：（1）巡逻区的界限，巡逻面积的大小，居民的性质，街巷的总数，每街巷的建筑数目和性质、用途、高度，以及能受攻击的程度，做一个简单的绘图，涂上颜色表明高度以及空地；（2）潜伏的警察所关注的危险分子，其性质和数量；（3）犯罪的性质、密度与方法；（4）用膳的时间、告发的调查、门窗的推试以及巡逻的回数。③

伯克利市警察局的警力分配，严格根据三班的不同情形和地方需求。第一、二班治安问题不多，故只将市面分作 6 个巡逻区。第三班则不同，因夜间行人稀少，盗窃案频繁发生，而且醉酒的人较多，此时应加倍注意。所以，

---

①［英］C.C.H. Moriarty. 英国警政新编 . 陈朗秋译 . 商务印书馆，1934：130.

② 余秀豪 . 美国模范警察制度 . 中华书局，1937：51.

③ 余秀豪 . 美国模范警察制度 . 中华书局，1937：52.

巡逻区由6个增加到9个，警士也多加1倍。巡逻警长除了监督以外，还充当了不作区分的补充巡逻，遇有事情发生时，警长必须在场指挥一切。警察局管理的无线电可以让警长明了巡逻区内发生的一切。每个巡逻区的警士，一般情况下不轻易调动，以便其充分熟悉管区内的一切情况。美国伯克利市警察局全局只有59名警士，却为9万名市民服务，而且其犯罪率为全美国最低，可见，优良的勤务制度对一个区域的影响之大。[①]

（二）"比特区制"在我国的实践

1934年夏，蒋介石在庐山主持中央训练团的训练。为加强治安维护，浙江省警官学校奉命将正科第3期应届毕业生，连同在校受训甲、乙级特训班第4期学生共百余人，组成暑期实习队，担任各种警察工作，以补警力不足。该队由警校训育主任史铭任队长，教官沈溥、沈维翰为副队长，简璞任指导员，另庐山管理局局长蒋志澄，庐山警察署署长王慕曾为实习指导顾问。[②]实习项目主要为，分担特勤警卫，查察辖区户口，侦查重大刑事案件，改善环境卫生，举办军民夜校，保护名胜古迹等，效果显著。时值新生活运动在庐山推广，该队在庐山巡逻期间，以服装整齐、精神饱满、态度谦和、服务周到的面貌赢得中外人士的一致好评，一时间上海《申报》《时事新报》《新闻报》《字林西报》，以及英国《泰晤士报》纷纷加以报道，成为"中华民国"警政改革的先锋。[③]因为成绩优秀，以至于英国人在租界撤除了他们的警察管辖区而让中国人来管辖，当时正值浙江省警官学校第4期正科班招生，江西省政府主席熊式辉呈准选送20名优秀高中毕业生，湖南省政府主席何健也呈准选送20人，参加浙江省警官学校

---

① 酆裕坤．现代警察研究．"内政部"警察总署，1946：110.

② "中央警官学校"校史编辑委员会．"中央警官学校"校史．"中央警官学校"印行，1973：93.

③ "中央警官学校"校史编辑委员会．"中央警官学校"校史．"中央警官学校"印行，1973：94.

正科第 4 期受训。[①]

由于庐山实习成效显著，蒋介石电令由浙江省警官学校校长赵龙文兼任杭州市警察局局长，并于 1935 年在杭州进行警政革新实验。杭州对“比特区”的引进大体分三步进行。

第一步，成立专门的“设计委员会”[②]，进行充分的调查研究，拟定巡逻区的勤务办法。为了找出旧制的不足，对以前实行的守望制进行了充分的调研，通过调研发现守望岗位的配置，多半都位于热闹的商业大街上，其余住宅区、偏僻街巷很少有守望岗位，而这些地方往往盗窃案发生很多，很少能被破获。而且其勤务时间为旧式的站三息六制，每岗 3 人轮流，每人休息 6 小时，但是，除去上班之前的准备以及回班的沐浴饮食时间，净得睡眠时间只有 5 小时，妨碍警士健康，并且在此勤务时间支配下，警士无暇去调查户口，警士学科与教育也无法实行。在调查旧制的同时，对英美的“比特区”加以研究，其在杭州所实行的巡逻制设计如下：[③]

1. 以原有的分驻所为管辖区，视其繁简而分为若干巡逻区，巡逻区的大小以缓步巡逻一周，需要 20 分钟左右为宜，每区以警士 3 人日夜轮流巡逻，时间采取勤四息八制，每人日夜各巡 1 次，每警士每日计有 8 小时工作，夜有 8 小时睡眠时间。

2. 警士在每天日间回班休息的时候，抽出 1 小时时间作为补充教育时间，1 个小时作为调查户口的时间，同时将巡逻区分成 3 个户口段，由该区的 3 名警士分别承担。

3. 为了改变以前勤务制度中没有规定休息日和纪念日的规定，新的巡逻制规定每 3 个巡逻区当中，即 9 名警士当中，增加 1 名补充警士，作为工作 9 天之后休息 1 天使用。

---

① “中央警官学校”校史编辑委员会 .“中央警官学校”校史 .“中央警官学校”印行，1973：94.

② 该设计委员会委员有酆裕坤、余秀豪、沈觐康以及甫由日，留奥归国学生俞叔平、胡福相、张永竹、贾仲照、周炳荣。

③ 余秀豪 . 现代警察行政 . 中华书局，1948：177.

4. 巡逻线应该按照该区域重要街道和人口繁杂街道为原则，由出发点回到出发点为巡逻一周，如果街道地形分散不规则，就需要增加一条巡逻线。每个巡逻区应该绘制地图一张，上面标明了巡逻路线，出发时应当交给执勤的警士收执，如果中途没有事故发生，就按照规定的路线巡逻即可。

5. 警长的配置方面，最多 4 个巡逻区，设警长 3 人，轮流查勤。如果分住所内巡逻区在 4 个以上，则考虑实际情况，再增设警长若干人，警长每班对于其所管的巡逻区各个警士，最少应该有 2 次以上的查勤。

6. 设置巡逻箱，主要是用来辅助警长查勤不及的，可以防止警士不按规定路线巡逻，巡逻箱内应当放置签到簿一本，应当置于外人不容易发现的地方，以防损坏。每个巡逻区的巡逻箱不宜过多，以免开箱、签到、锁箱的时间过长，影响巡逻勤务。

7. 变更巡逻路线，巡逻路线固定容易因巡逻警士时间不备导致犯罪行为，可以多定一到两条不同巡逻路线，或将原来巡逻路线逆行，或将巡逻时间变更。

8. 查勤方法，一般人认为，守望有固定岗位，查勤较容易，而巡逻因为活动，不易查勤，而且每个警长需要负责 4 个巡逻区的查勤，工作量很大。其实警士的各段巡逻路线之间的距离都已经规定好，可以根据时间推算出警士大致位置，沿着该路线逆向前行，是一定能够相遇的。

9. 换班地点，换班地点应该加以规定，否则换班时，各区巡逻警士一定集中在分住所的附近，等待接班者的来临，这样会导致各巡逻区没有人负责，所以换班地点应该规定在各巡逻区一定地点，在接班来临之前不容许擅自撤回。

10. 守望岗的保留，改用巡逻制以后，对于一般的守望岗都予以撤销，但是在城区通向市外的地方，或者有其他特殊情形可以设置守望岗，用来进行盘查。

11. 交通岗勤务时间的变更，在未实施巡逻制以前，交通岗也是守望岗的一种，所以勤务时间也不分昼夜，自改用巡逻制以后，各巡逻区都有警士负责，在夜间 11 时或者 12 时，指挥交通的事情没有任务完成之后，交通警可以回去休息，直到早上 7 时或者 8 时再派出。

第二步，为了减少警政改革的阻力，从人事革新入手，并裁汰守旧与年老体衰的人员。对于警务人员的选拔，沃尔麦教授在给酆裕坤的回信中说道：

> 在你们改良杭州警政的过程中，余甚愿意你们能注意人员的挑选，其智力、气质、体格与品行，实为其中最重要条件，最好能与一心理学家商量，造成一与我国所用陆军智力测验同等价值的智力测验。但对于体格之检验，亦须十分注意，因今日有许多警察机关缺乏行政效率，皆因其人员体质不健全所致。故负监督之长官，须不时加以严格的考核，俾将一切不堪造就之人员加以淘汰。在进行此项工作时须十分小心，始可树立标准。无论警察内组织与设备如何完善，均无法俾补缺乏优良人员之损失。余现在对于杭州地方情形，虽为一门外汉，但敢相信苟能任少数受过良好训练与待遇从优之干练人员，必比数薪金微薄，未经严格挑选者为佳，余以为无论如何，倘经科学的挑选与合理的分配，则一千名警士，足以负起杭州维持治安与预防犯罪之责任有余。①

为了切实选拔优秀的基层警务人才，先从甄别长警入手，对于体格学识素质都较差的予以淘汰，裁去60余人，多余的经费用来提高警士的待遇。后又在警察局督察长胡国振的支持下，广泛任用留学归国人员，其中毛文佐、王宗羲、金卓民任民政厅警政科股长，郑岩登、俞叔平任省会警察局行政及司法科帮办，华歧昌任督察处副督察长，俞式、胡步虬、周炳荣任分局长。外勤局员、内勤组长、股长等职位，大部分由警官学校正科毕业生就任。②

基层巡官、分队长等职务，则由巡官训练班同学充任。分局以及直属单位，均设有指导员职位，并由警官学校选派充任，协同主管工作。至于警察局所缺的专门人才，则由警校择优录用，如省会警察局侦缉队长先后由管德

---

① 余秀豪．现代警察行政．中华书局，1948：91.

② “中央警官学校”校史编辑委员会．“中央警官学校”校史．“中央警官学校”印行，1973：94.

容、苏雨才充任。[①]

沈觐康时任杭州第二分局局长，在其辖区推行巡逻制数月，虽然没有显著成效，但与以前的守望相比，进步非常明显。一为警士休息睡眠时间充足，而且每10天可得休息1天，精神振作，而且警士们表示，宁愿巡逻4个小时，也不愿站立3个小时，因为巡逻时的身体活动可以在冬天的时候抵御寒冷，且巡逻环境多变，较站立能引起服勤兴趣；二为破案率大大提高，过去每月平均有窃案10余起，能破获的不过一二，自施行巡逻制以来，2月由巡逻警士破获的案件达11起，3月前15日已破获案件7起，尚未接到人民主动来报告盗窃案。[②]在杭州西湖一带实施巡逻制，两个月内，犯罪率更是下降了一半。[③]

第三步，对巡逻制加以改良，实行巡逻组合区制。据余秀豪记载，之所以改良巡逻制，是因为我国是一个惯行守望制的国家，民众有事时一旦找不到警察，就认为巡逻制不完善。为了更好地贯彻实行巡逻制，同时满足民众的愿望，周炳荣根据杭州实行巡逻数月的经验，提议采用巡逻组合区制。其方法为：将3个区联合成1个巡逻组合区，期望能够兼收巡逻与守望的利益。[④]从1935年秋，巡逻组合区制开始在三元桥分驻所试行，效果良好，后又于冬季推广到第一分局的各个地段。其制度具体操作如下：[⑤]

（1）组织人员：以三个巡逻区，组成一个勤务组合区，组合区内设置警长1人，副警长2人，警士14人（包括补充警士2人），分成甲、乙、丙3班，每班4人。

（2）交会点与巡逻线：如图1.1与图1.2所示。组合区内选择一个或两个交会点，交会点一般应该选择组合区内的重要处所，兼理交通和守卫事务，

---

① “中央警官学校”校史编辑委员会.“中央警官学校”校史.“中央警官学校”印行，1973：95.

② 余秀豪.现代警察行政.中华书局，1948：182.

③［美］魏斐德.间谍王——戴笠与中国特工.梁禾译.团结出版社，2004：189.

④ 余秀豪.警察学大纲.商务印书馆，1946：96.

⑤ 余秀豪.现代警察行政.中华书局，1948：182.

同时以交会点为枢纽，划分为两段巡逻线，巡逻线须要根据实际情况，周密规划其各段始点至终点，在城市内以30分钟到达为原则。勤务方法：每个组合区内警士分为甲、乙、丙3班，每班警士4人（补充警士除外），按时依次陆续出发，首尾衔接，按照组合区的规划和指定地点实行轮回巡视。

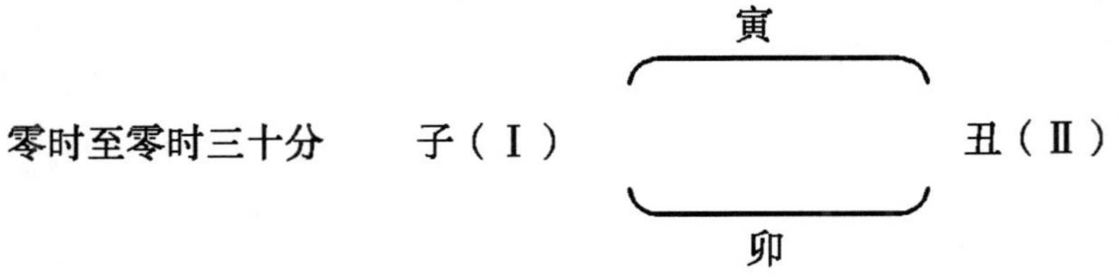

图1.1　巡逻组合区勤务图（A）[①]

说明：①（Ⅰ）、（Ⅱ）为交会点。
②子、丑、寅、卯代表四警士。
③子、丑分任（Ⅰ）、（Ⅱ）两处守望。
④寅、卯分任巡逻。

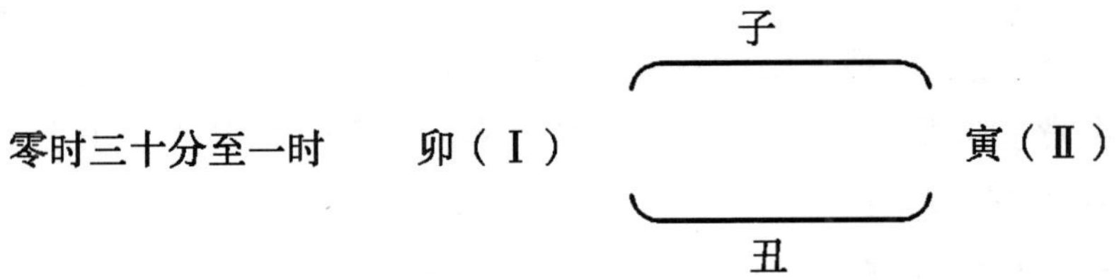

图1.2　巡逻组合区勤务图（B）

说明：①卯、寅分任（Ⅰ）、（Ⅱ）两处守望。
②子、丑分任巡逻。

（3）勤务时间与换勤方法：如表1.22所示。应勤时间为每警每次6小时，3天之内共轮勤4次，共24小时。至于换勤时间，在应勤时间的6个小时中间，每隔30分钟巡逻与守望相互交换1次，即6个小时共巡逻6次、守望6次，共计6小时。

① 陈冠雄．警察实务研究．中华印刷厂，1947：100−101.

表 1.22 巡逻组合区勤务轮流表[①]

	零时—六时	六时—十二时	十二时—十八时	十八时—二十四时
一日	甲　班	乙　班	丙　班	甲（子、丑例假）班（A、B代替）
二日	乙　班	丙　班	甲　班	乙（辰、巳例假）班（A、B代替）
三日	丙　班	甲　班	乙　班	丙（申、酉例假）班（A、B代替）
四日	甲　班	乙　班	丙　班	甲（寅、卯例假）班（A、B代替）
五日	乙　班	丙　班	甲　班	乙（午、未例假）班（A、B代替）
六日	丙　班	甲　班	乙　班	丙（戌、亥例假）班（A、B代替）

说明：子、丑、寅、卯代表甲班 4 警士，辰、巳、午、未代表乙班 4 警士，申、酉、戌、亥代表丙班 4 警士，A、B 代表补充警士。

补充警士，每日轮值勤务 1 次，计 6 小时，时间为每日 18 时至 24 时。

（4）休假：每警士服勤 6 日，休假 1 日，由补充警士代其服勤（6 天每警士共服勤 8 次，共计 48 小时，其中有补充警士代其服勤 1 次，减去 6 小时，剩余 24 小时）。

（5）户口段：户口的划分应该以每 1 警士负责 500 人至 800 人为限，每个组合区划分为 12 段（每巡逻区为 4 段），补充警士应对整个组合区随时加以普遍的检查，以防出现逮捕事项。

四、对“受持区制”与“比特区制”的反思

（一）两种制度在日本与欧美实施的特点

“受持区制”与“比特区制”是 20 世纪 20~30 年代日本与欧美国家实施范围广泛、效果显著的警察勤务制度。这两种制度的兴起，标志着发达国

① 陈冠雄．警察实务研究．中华印刷厂，1947：101.

家警政发展的先进水平，是现代警察专业化建设的重要标志。在日本与欧美，两种制度顺利实施呈现出自身的特点，体现于以下几个方面：

1.“受持区”与“比特区”划分是基于多种因素的科学设计。余秀豪说：“美国城市比特区的划分，是综合已知的犯罪分子，已知的不良少年地段，不正当营业的情形，因犯罪所蒙财产的损失，各地段负责保护财产的约数，已知犯罪的情形，逮捕的数目，车辆往来的种类，建筑物的性质，巡逻区居民的种类，地方河流、海港等地势等诸多因素。”①

酆裕坤在考察芝加哥市警政时指出：“芝加哥市巡逻区划分细致入微，该市聘请的警政专家史密斯（Bruce Smith）根据收集的各种统计资料，如警察所的番号，名称与地区界线，特殊的地势，面积的总数，公园警察所所管的面积，人口的密度，盗窃、强盗各种犯罪率等作为其排班、警力分配的原则。”②

梅可望也表达了相似的观点。他认为，美国的比特区划分以警察事务的繁简为主，面积和人口为附带考虑条件。警察事务繁简的原则，是以警察记录作为基础，根据警察记录可以推算每日每一地区发生的治安事故的平均数，进一步求得处理事故的平均时间，基于这种数字与警员每日的工作时间相配合，便可推求出该比特区的大小。简言之，每一管区的警员，每日工作8小时，即480分钟。管区内有相当数量（根据警察记录）的工作，足以使这480分钟不致虚度。“至于该区内有多少人口，面积又如何，在所不计，这种标准，行之于每个警员都有汽车的美国，自然可能有效。”③

2.“受持区制”与“比特区制”的推行有先进的勤务设备予以配套。据余秀豪介绍，美国伯克利市警察局巡逻区指挥中心，有多种类型的通信设备。街道上的红绿灯召回信号，可以随时呼唤巡逻区内任何一位警士；全市区有88个警用电话箱，警士遇到突发情况，可以随时到最近电话箱向长官通话

---

① 余秀豪．现代警察行政．中华书局，1948：195.

② 酆裕坤．警察行政学．“中央警官学校”印行，1972：106.

③ 梅可望．美国警察制度．“中央警官学校”季刊．（旧）“中央警官学校”研究部，1947：70.

请示；另外配备两向无线电设备，还有电印机、巡逻汽车等先进勤务设备。[①]

梅可望在谈论比特区的设备时提道，美国每一比特区至少有警用电话 1 架，每一警员如用车巡，必有无线电话机可与总局随时通话，重要交叉路口更有召回信号灯。[②]

3.“受持区制”与“比特区制”主要推行于城市。日本明治维新以后，城市大量出现，“受持区制”多是在日本较大的城市实施，“比特区制”更是如此。梅可望经考察美国警察后指出：“美国各级警察机关最主要者，首推市警察。主要是一方面美国过度工业化，60%的人口集中于城市。另一方面，美国的全国财富，也以城市为汇集之处，绝大多数的犯罪案件，都在城市中发生。”[③]

（二）近代中国不具备两种充分发挥作用的客观环境

“受持区制”与“比特区制”的引入，在一定程度上促进了我国警政的发展，尤其是责任区的划分推动我国近代警察勤务制度进入一个新的发展阶段。然而，与日本、欧美不同，当时的中国受制于社会背景与发展条件，并不具备适应于其充分发挥作用的条件，以致两种优良的勤务制度在其时的中国推行得并不顺利。

1. 近代中国警察局按照行政区划进行划分。近代中国警察局均按照行政区划进行划分，与政府机构存在千丝万缕的联系，如重庆市警察局，警察局的设置就依照区划原则，由区警察局局长兼任区长，警察分驻所或者派出所所长兼任镇长。[④] 国民政府行政院 1941 年公布《县警察组织大纲》第 10 条规定，区警察所应冠以所在地区名（某某县某区警察所），其管辖范围以区

---

① 余秀豪．现代警察行政．中华书局，1948：220.

② 梅可望．美国警察制度．“中央警官学校”季刊．（旧）“中央警官学校”研究部，1947：72.

③ 梅可望．美国警察制度．“中央警官学校”季刊．（旧）“中央警官学校”研究部，1947：52.

④ 李士珍．警察行政之理论与实际．中华警察学术研究社，1948：168.

署辖境为原则。[①]起初将“巡逻区制”引入我国时，单纯地考虑根据人口与面积划分巡逻区，由于缺乏警察记录与警用交通工具，在治安问题较多的地段，由于巡逻次数太少，根本无法切实做到犯罪预防的工作。[②]后根据原有分驻所为辖区推行巡逻区制，却造成警力上的平均分配，缺乏重点区域的区别对待，以致影响到勤务制度效能的充分发挥。郑宗楷深有感触：“杭州的巡逻区制，起先完全模仿，后来行不通，又加以折衷。”[③]

2. 中国近代警察职能较为繁杂。梅可望认为，就警官区警员所辖的事务来说，美国的比特区内的警员，以警察事故作为工作的唯一对象。所谓警察事务，包括警察法令的执行，安宁秩序的维持，犯罪预防及侦查，民众感情的联络，至于户口、消防、民众组训、保甲皆不在警察工作的范围之内。[④]而当时的中国，正在广泛推行地方自治与新生活运动，警察职能不仅限于治安秩序的维护与犯罪行为的打击，还掺杂了社会政令的推行、人民生活的指导等内容。尤其是警察与其他基层组织保甲紧密相连，较多地受制于地方政权的干涉。蒋介石曾提出：“用学识、能力均好的警官来组织、训练、监督、指挥保甲队团。”“以保甲、保卫（团）、保安（队）寄托于警察系统之内，以警察为保甲之重心，作保安团队之基干，藉警察制度促进保甲，以期行政组织之完密，藉警察官吏训练保安团队，以期指挥运用之敏活……务期警察、保安、保卫、保甲四位一体。庶几治安制度，渐臻画一，而警卫之真效用，予以发挥。”[⑤]可见，相比之日本与欧美警察，中国近代警察行政色彩较为浓厚，与社会其他多种因素关系复杂，无法独立发挥警政效能。

3. 勤务设备落后也是制约勤务制度发挥效用的重要因素。当初引进巡逻制时，余秀豪主张废除我国传统的守望制，当时有学者予以驳斥。因为美国

---

① 郑宗楷．警察法总论．商务印书馆，1947：173.

② 余秀豪．警察学大纲．商务印书馆，1946：176.

③ 郑宗楷．警察法总论．商务印书馆，1947：303.

④ 梅可望．美国警察制度．“中央警官学校”季刊．（旧）“中央警官学校”研究部，1947：71.

⑤ 穆玉敏．北京警察百年．中国人民公安大学出版社，2004：198.

警察驾驶无线电汽车巡逻，城市当中电话设施普遍，一旦事故发生，可以马上用电话求助警察局协助，而我国并不具备这样的条件。因此，为了便利民众报案，在中国重要街口的守望警察绝不能少。[1]后来杭州的巡逻制实验中也证实完全废除守望制并不可行，以至于后来实行的巡逻区制重新加入了守望的因素。因此，“勤务科学设备全无，岗亭既无电话，街道上又缺乏回召信号，又无车辆以迅速驰往救护”是致使他国制度在我国无法充分发挥效用的直接原因。[2]

综上所述，一个国家警政效能的发挥与勤务制度关系密切，但一个优良的勤务制度并不是其改善警政、充分发挥警察效能的充分条件，如李士珍所说：“吾人欲使警察之工作，能充分发挥其力量，并使此种力量能在‘人’、‘地’、‘时’、‘事’各方面普遍达到，势非改善勤务制度不为功。因警察之维持治安为天职，其治安成绩之显著与否，又端视勤务制度之良窳；不过此种制度之优劣，并非专指制度本身之是否健全，乃系指某种健全制度对于某种‘空间’与‘时间’是否能确切配合，所以东西各国，虽有多种完美之勤务制度，值得供吾人参考，但是否适合我国现实环境，实为一极大之问题；故吾曰，抄袭式之勤务制度，绝不能适合吾人之需求耳。”[3]

“我国各省、市现行之勤务制度，除旧式之班勤制，如‘三六制’、‘四八制’、‘三九制’外；尚有所谓‘派出所制’、‘勤务区制’、‘半日更替制’、‘部勤制’、‘巡逻组合制’、‘巡守互换制’等10余种之多，但考其内容，无不系瑕瑜参半，偏于一隅，盖适于此者，未必能适于彼，适于彼者，又未必能适于此，此为不可否认之事实，亦即我国勤务制度赞成纷乱状态之最大缘由也。且我国警察从来偏于城市，忽略乡村，故所采用之勤务制度，亦多系以城市之环境为转移，故吾人在倡立乡村警察之今日，不言确立勤务制度则已，如欲确立勤务制度，自必参酌过去，研讨将来，而订立一种富有机动性与科学化之勤务制度，使之能普遍适用于全国之任何城市及任何乡村，而

① 程德受．警管区制正解．校友通讯特载．

② 余秀豪．警察学大纲．商务印书馆，1946：97.

③ 李士珍．警察行政研究．商务印书馆，1943：91.

一矫过去纷乱错杂之弊病，以为警察勤务树立一确定不移之基础。”[①] 从国外引进的多种勤务制度，其效能的发挥需要特定的社会条件予以配合与适应，而我国处于当时的社会背景，并不具备这些制度发挥效能的土壤，无法促其优良性能的发挥。

中国幅员辽阔，当时多数地方尚处于农业社会，因此，我们所需的警察勤务制度必然要能适应我国国情，符合乡村社会需求。加上国民政府正在广泛推行地方自治，为满足国民政府基层政权稳固的需求，警察需要扮演多种角色，并且需要从广义角度行使警察职能，将社会治安综合控制理念贯穿于警政之中。

在此背景下，警界继续展开警察勤务制度的探索，以满足中国近代现实社会对于警察的需求。“然则，吾人应采用何种勤务制度，方能达到上述之目的；以过去各地实行的各种勤务制度，比较其效用，检讨其成绩，则以‘警管区制’为最适合国情，实不失为机动完善之警察勤务制度也。”在此背景下，一个新式的警察勤务制度——警管区制应运而生，自此，中国近代警察勤务制度进入一个全新的发展阶段。

① 李士珍．警察行政研究．商务印书馆，1943：91.

第二章 警管区制的创立与发展

第一节　江苏省首倡警管区制理念

第二节　昆山正式试办警管区制

第三节　江苏全省推行警管区制

第四节　全国推行警管区制受阻

20世纪30年代，通过对一系列警察勤务制度的探索，在借鉴日本与欧美警察勤务模式的基础上，结合当时中国国情，国民政府警政部门提出并推出一种最新式的警察勤务制度——警管区制。警管区是警察担任一切勤务的基本单位，每一个警员在其能力所及的区域内，担任一切警务；由若干个警管区组成整个县或市的警察网，整个组合警察网的关系就叫警管区制，即由若干警管区组成一个健全的县或市警察网，实行共守分管的一种警察勤务制度。①警管区制作为中国近代警察勤务制度的一项重要改革成果，其施政理念与勤务模式在国民政府警政建设中居于重要地位，对中国近代警界产生了广泛影响，并波及社会建设的许多方面。1935年，警管区制在江苏省昆山县正式试办，并迅速在全省范围内推行。

第一节

江苏省首倡警管区制理念

江苏省作为当时国民政府所在地，是全国的重心所在，具有重要的战略地位。各项改革与制度变迁选择在江苏省推行，能够给全国其他省份带来广泛的示范效应，从而形成“由点到面”“由先带后”的全面发展局面，警政改革也不例外。

当时江苏警政令人堪忧，警察勤务制度不合时宜，难以实现对社会的有效控制。时任江苏省民政厅厅长的余井塘在全省公安行政人员会议（1935年）上指出，鉴于“掌理江苏民政以后，甚觉江苏警察太腐败”，“各县公安局当局既不训练，又无确定经费，复不明了本身职责，以致流弊丛生，社会蒙

① 汤鹤龄．警管区制之实施．警声月刊，1947，1（6）．

害匪浅”，“认为非彻底整顿不可”。[①]警政学者程法对此状况也甚为担忧：“试就江苏警察行政状况作缜密之观察，其病态不一而足，然归纳起来，究以基本组织未健全，为其一切病态之总因。”[②]学者韦瑞墀认为：“警察当为国家行政之一部分，其主要目的，在乎公共治安之维持，或犯罪行为之侦查，而欲维持公共治安与侦查犯罪行为，固在事先之预防，即认为有影响公共治安之虞者，或认为有发犯罪行为之虞者，亦均需防范于事前，非仅应付于临时，此即为警察之维持与侦查最须注意之二件要事。而我国警政却未能顾及，实由于警察行政未依警察定义而行之。”[③]

时任江苏省主席的陈果夫在《江苏省政述要》中也阐述了勤务制度需要改革的缘由，他说：“苏省公安组织，在县公安局以下为分局分驻所或派出所，每一局所分配若干警士，共同执行所辖区域内警察职务，此种办法，通行各省，相沿已久，其缺点滋多，兹举其大者。（1）警力配备限于重要城镇，乡村之区往往不及。（2）警士集合局所，听命警官执行职务，处于被动地位，缺乏责任心理，亦不复能以自动演进之方式运行警察之任务。（3）勤务制度以守岗及形式的巡逻为主体，其余人事管理、社会调查、推行政令等事，均付诸警官之身。警士于社会情状，因多隔膜，难以发挥警察之效能。（4）基于上述勤务制度之后果，警察作用仅能处理事故发生之后，不能防于事前，消弭未形。以上四端，犹其显而易见者。故我国公安行政之改善，当以变更此种办法为首著。”[④]

针对存在的问题，江苏当局和警界学者进行了认真研究和思考。如何在繁复芜杂的环境中，排除诸多不可控制的因素，制订一个切实可行的警政改革方案，成为摆在当局面前的一道重要课题。经费匮乏，人员编制不能大幅度增加，警察人员素质低下而警察教育还不健全等现实问题困扰和制约着警

① 余井塘．整顿江苏公安行政的办法．江苏警察，1935，1（1）．

② 程法．警管区制之研究．江苏省警官学校，1936：3.

③ 韦瑞墀．中国警管区制的理论与实际．中华书局，1937：9–10.

④ 陈果夫．江苏省政述要（1933 年 10 月—1936 年 9 月）．台北文海出版社，1983：15–16.

政的良性发展，但又不可能在短期内得到解决。于是，当局将改革的目光投向警察工作本身，开始在警察勤务制度方面进行研究和探索，指出江苏警政改革的出路，就是改革勤务制度，实行警管区制。

一、警管区制的提出

陈果夫认为："本省采用日本警政之原则，试行警管区制。警管区制者，以每一个警士在一定区域内，负一切警察事务之责任。此区域谓之警管区，联合诸警管区，组成县市之整个公安行政，谓之警管区制。此制精神，在使一个警察在一个警管区内，负有一切基本责任。同时，并于联合区域内负共同联合责任。"[①] 因此，警管区制能够有效克服旧有警政的诸多缺点。

余井塘说，理想中的警察就是江苏警政的目标，即"江苏警察做到是国家的警察，是人民的警察，不但不为坏人利用，而且要为一般好人欢迎。我们要把警察做到是国家的耳目手足，是推行政令的工具，警察要做到是人民的警察，须有两种表现，积极方面要做到是为人民谋福利的社会教育家，社会事业家，消极方面要做到是人民去祸害的卫士保镖者，这样才是我的理想的警察"。实现理想中的江苏警政的具体办法"就是实行警管区制"。[②]

程法也强调："欲改善江苏的警政，而得到能治标兼治本的方法，那就非实行警管区制不可！警管区制，为警察机关最下级组织，有普遍性，有连锁性，任何地点均有警察力量可及，能使警察行政健全，能使警察行政改善。"[③]

韦瑞墀深有同感地说："依据学理上的观察，非采取警管区制，不能为目前之补救。"[④]

江苏宜兴警管区制试办负责人韩梅岑认为："警管区制，不特能使警察行政发挥其普遍性，敏活性，积极地辅导社会。且恃此使政府的一切政令，

---

① 陈果夫．江苏省政述要（1933 年 10 月—1936 年 9 月）．台北文海出版社，1983：16.

② 余井塘．整顿江苏公安行政的办法．江苏警察，1935，1（1）.

③ 程法．警管区制之研究．江苏省警官学校，1936：6.

④ 韦瑞墀．中国警管区制的理论与实际．中华书局，1937：12.

普遍于农村中发生作用，是警管区制虽为警察组织，但又不啻一最普遍、最敏活、最接近民众之行政组织。”[①]

同时，警管区制在试办过程中，其成效不断得到检验。“实行警管区制，洵属当前改善本省警察实务根本切要之图。”[②]“今日试行警管制之时期，实为我们自觉反省的绝好机会，设使警管区制重归失败，则警政之改革，将陷于困难之途径……作者对警管区制之实行，不竟抱无穷之希望。”[③]首批试办县昆山公安局局长张达认为，所谓我国欲振兴起衰，转弱为强，舍警管区制末由。[④]警管区制试办的效果，进一步验证了其能够承担江苏警政改革的重任。

二、警管区制的开端

1925 年，李万春在江苏省南通县仿照日本受持区的警察勤务模式，试办以巡逻、守望为主要内容的担当区警察勤务制度，这可认为是警管区制的嚆矢。[⑤]

1928 年 10 月 3 日，国民政府“内政部”公布施行《各级公安局编制大纲》，要求各地公安局在省会、特别市及市县政府“所在地及其他工商业繁茂地方，采守望并巡逻制”；“居民每千人以上、二千人以下划为一巡逻区，每区以警察一人转任巡逻之职务”。首次将守望、巡逻勤务单独列出，并提出各级警力的倾斜方向，这已初步具备警管区制的雏形。

警管区制的由来，可以追溯到 1932 年“一·二八”淞沪战役之时。战役爆发，由于江苏省昆山县临近上海，亦遭兵燹，损失惨重。人民群众在战火的洗礼下，思想觉悟逐渐提高。这一时期，由黄炎培先生所创立的中华职

① 韩梅岑．宜兴县公安局试办警管区制之后．江苏警察，1936，1（4）．
② 编者．弁言．江苏警察，1936，1（4）．
③ 王世义．为警管区警士进一言．江苏警察，1936，1（4）．
④ 张达．昆山县公安局五月来试行警管区制述略．江苏警察，1936，1（4）．
⑤ 编者．江苏省试办警管区制说明表解．江苏警察，1935，1（2，3）．

业教育社与昆山地方政府签订协议，规定从1928年至1934年这7年期间，在昆山徐公桥创办实验区，进行乡村改进实验，实验期满则将实验区交还地方政府。协议规定，在此7年期内，中华职业教育社的办事机构——徐公桥乡村改进会，为实验区内“改进乡村的唯一机关”和“主持改进事业的重要团体”。①

徐公桥乡村改进会发现农村许多事业的改进和推行都要依靠警察的协助，于是多方筹措，开办农村警察训练班，并招收初中或同等文化程度者若干名，加以严格的训练。由于经费困难，遂聘请中华职业教育社的几位先生为义务讲师，每周由上海至徐公桥授课，效果甚佳。在训练班结束时，与警察界专家学者多次研究商讨，定下警管区这一概念。②

随后在徐公桥实验区试办警管区，在经费缺乏且没有前例可参的情况下，成绩可嘉，使这一新生事物引起了各方的注意，并为警界所认同。后从徐公桥区扩大到昆山全县试办，“警管区制遂为一般人所注视”。③

三、警管区制的试行准备

江苏警政改革目标和勤务制度改革方向确定以后，警政当局开始为正式试行警管区制做准备，积极制订计划大纲，召开全省公安行政人员会议，在省会镇江创办警士训练所实施警士教育。

（一）制订计划大纲

1923年7月10日，江苏省政府委员会第“六七三次”会议通过省民政厅拟订的《江苏省民政厅二十三年度改进公安行政计划大纲》和《江苏省试办警管区制计划大纲》，正式准备在全省逐步推行警管区制。

① 祝彦．中华职业教育社及徐公桥试验．http：//www.china.com.cn/chinese/zhuanti/xxsb/1215838.htm.

② 黄韬．警管区制之本质与作用．警察向导，1938，1（4）．

③ 黄韬．警管区制之本质与作用．警察向导，1938，1（4）．

《江苏省民政厅二十三年度改进公安行政计划大纲》中将推行警管区制与确定公安经费作为改进公安行政的治本办法，要求“选定一县或一县中之数区，试行警管区制及其他革新办法，以谋根本改善”。《江苏省试办警管区制计划大纲》进一步明确：实施警管区制，全省分为两期，第一期以1934年为试办期，上半年施行学校训练，下半年施行实习训练；第二期从1935年起，分年推广全省。该计划大纲为江苏推行警管区制列出了明确的时间表。随后，江苏确定昆山县为首批试办县份，并陆续在无锡、江宁指定试办。同时，镇江、宜兴、嘉定等地也相继自行推行。

江苏省民政厅二十三年度改进公安行政计划大纲

一、本年度改进公安行政确定原则如下：

甲：暂不增加地方经费，谋质的改善，不急求量的扩充。

乙：确定长警薪饷按月十足发给，但训练未完成时仍支原数。

丙：乡镇警察质或量不合标准者，分别裁汰。

二、依上列原则拟定办法如下：

甲：治标办法

1. 根据二十二年度施政纲领所规定之统一编制确定经费办法，继续完成之。

2. 厘定各县公安局组织规程，明定执掌，以合实际。

3. 切实训练现任长警，充实其警察技能，不堪训练者，分别裁汰之。

4. 参酌各县地方情形，规定员警勤务，分期实施。第三、四两项施政程序另订之。

5. 厉行督察制度，并严订各级公安人员考核规程，切实施行。

6. 各县杂项警捐，应由县政府统一征收，通盘整理之。

7. 各县乡镇公安机关，无确实经费或所在地方无设置必要者，概予裁并。

乙：治本办法

1. 选定一县或一县中之数区，试行警管区制及其他革新办法，以谋根本改善。

2. 确定个县公安经费，占县赋税总额之百分率，以为革新警务之准备。

江苏省试办警管区制计划大纲

二三年七月十日江苏省政府委员会第六七三次会议通过

一、本省为谋彻底改善警政，提高警察效率起见，实施警管区制，以建立健全之警察行政。

二、本省实施警管区制，分为两期进行如下：

1. 第一期　以二十三年度为试办期，上半年施行学校训练，下半年施行实习训练。

2. 第二期　二十四年度起，分年推广全省。

三、本省为造就警管区健全之警士起见，特参照“内政部”教练所章程，设教练所于省会，以为训练警士之机关。

四、教练所所设科目及训练管理方法等，另订教育计划书。

五、本省于教练所初期教练完成时，特择一县试行警管区制，为教练所警士实习之所，其办法另订之。

六、为提高警士程度所见，警士入所资格，规定为初中毕业生，或乡村师范毕业生。

七、教练所内附设警官训练班，以为实施警管区制时警官之准备，其办法大要如下：

1. 招收曾受警官训练而品行纯正能耐劳苦者三十名训练之。

2. 训练期为两个月或三个月。

3. 训练主旨，在灌输实施警管区制之旨趣，并使其明了教练所教育计划及管理训练之精神。

八、警士受学校训练时，警官班生充警士之班长，以为学生之模范；警士受实习训练时，警官班生则任实习区之官长，受长官之监督指挥，指导警士。

九、警管区制之实验县警务行政长官，为教练所高级教官。

十、班长学警之膳津约定如下：

1. 在所训练时，班长膳津月给二十元，学警膳津为八元。

2. 在实习时，班长膳津月给酌加为三十或四十元，学警膳津酌加为十二元。

十一、警管区长警月饷增加标准，规定如下：

1. 警士月饷自十六元起，每年增加月饷二元，至二十六元止，共六级。

2. 巡长月饷自二十元起，每年增加月饷二元，至三十二元止，共六级。

十二、警管区长警学业勤务均著成绩者，得被选送警官考试，以后教练所招考初级警官，须以曾任警管区长警者为合格。

十三、警管区警察官吏，由本省呈请“内政部”定为终身职，除受惩戒去职者外，达退职年龄时，给以养老年金，其办法另订之。

十四、教练及实习之经费，预算如下：

1. 经常费每年六千三百十六元。（内除班长学警津贴二千六百元外行政费仅三千七百余元）全年七万五千七百九十二元。

2. 临时费计六千八百四十元。

3. 两共计全年八万二千六百三十二元。

4. 实习费，即以此项经费移用。

十五、本大纲经省政府委员会通过施行。

（二）召开全省公安行政人员会议

1935 年 3 月 6 日至 7 日，江苏省召开全省公安行政人员会议。余井塘分别在会议开幕和闭幕时作了《江苏公安行政现状与今后应努力的方向》和《整顿江苏公安行政的办法》两个报告。对江苏警政的现状作了详细分析，并对今后工作努力的方向特别是推行警管区制进行了部署。

在这次会议上，共收到来自全国各地的提案 199 件，其中昆山县提议警管区制应以保甲为中心案，被余井塘认为是“颇有价值可供研究的”。宝山县、川沙县提议设警管区实验区，无锡提议距警管区远的地方设巡守所等提案被余井塘称赞为“有价值可供参考的”。

由此可见，本次会议既是在江苏试行警管区制的一次动员部署会，更是一次深入探讨、集思广益的交流会，为警管区制在江苏的迅速试行奠定了坚实的基础。

（三）创办警士训练所

为造就警管区健全的警士，《江苏省试办警管区制计划大纲》中明确要求参照“内政部”教练所章程，在省会创办警士训练所。

1934 年 7 月 16 日，江苏省民政厅委派民政厅第三科科长吴则中、第四科科长张峄阳、调查员承树声及省会公安局局长傅肇仁等为警士训练所筹备员，负责筹办警士训练所，以及警管区制试办县的选择等相关事宜。① 省警士训练所筹备员经过考察，选择原江苏警官学校（1929 年创立，后因战事倥偬，经费支绌，于 1932 年停办②）旧址，开办警士训练所。③

警士训练所分两类招募和训练学员：一类为警士，入学资格为初中毕业生或乡村师范毕业生，第一期招收名额 200 名，训练期为 6 个月；另一类为警官，入学资格为曾在警官学校毕业且品行纯正能够吃苦耐劳者，第一期招收名额 30 名，训练期为 2 个月或 3 个月。④

警士训练所的建立，标志着为培养警管区制人才提供了组织保障，而规范学员入学资格也对促进警管区制的健康发展有着长远的影响。同时，为进一步加强警管区官警建设，《江苏省试办警管区制计划大纲》还明确规定，警士学习和勤务成绩均突出者，可以参加警官考试，得到晋升；警士教练所招考初级警官时，必须以曾任警管区警士为条件；警管区的警察，由江苏省呈请“内政部”确定为终身职务，除受惩罚被淘汰者，达到退休年龄时，发给养老金。⑤ 这些规定提高了警管区制警士的地位，保护了他们的权益，使其能够自觉主动地工作和学习，为警管区制的顺利推行提供了有力保障。

---

① 刘守刚 . 两年来之江苏民政 // 中央政法学校学生实习笔记 .1936.
② 陈果夫 . 江苏省政述要（1933 年 10 月—1936 年 9 月）. 台北文海出版社，1983：14.
③ 刘守刚 . 两年来之江苏民政 // 中央政法学校学生实习笔记 .1936.
④ 陈果夫 . 江苏省政述要（1933 年 10 月—1936 年 9 月）. 台北文海出版社，1983：15.
⑤ 编者 . 江苏省试办警管区制计划大纲 . 江苏警察，1936，1（4）.

（四）“学做合一”的方针

为贯彻省警士训练所“学做合一”的方针，使理论与实际紧密结合，确保学员不仅能将知识吃透彻，而且能获得实际而有价值的经验，最终培养出教养健全并适应社会的警管区制所需人才。余井塘厅长特令警士训练所第一期学员前去省会公安局第三分局进行一次临时实习，以验证警管区制的力量与各科理论的价值，并由教师专门指导学生临时实习过程中碰到的各种疑难问题。

1935 年 2 月 18 日至 4 月 7 日，省警士训练所第一期学员共 189 名（警官班学员 27 名，警士班学员 162 名）分成 7 批，轮流被派到省会公安局第三分局第五分驻所进行实习，每批实习时间为一周，且实习完毕后立即回警士训练所继续学习和训练。临时实习根据警管区制原则，将省会公安局第三分局第五分驻所管辖的何家门及吴家门一带区域划分为 20 个警管区，按教务处订制的勤务表充分实验各项勤务制度，包括在警管区内调查户口、巡逻守望、辅助保甲、推行政令等。[①]

本次临时实习，既锻炼了官警队伍，增强了实践经验，又有效地维护了社会治安，打击了犯罪分子的嚣张气焰。以户口为例，第一次户口统计为 1747 户，经过第二周的复查，再经过第三周以至第七周的严密抽查，那些素不安分的人，都陆续搬到实习区以外的地方去了。最后一次的户口统计，竟从 1747 户减至 1706 户，而这搬出的 41 户中，几乎有 3/4 是被实习警士认为行踪可疑的不良分子。这个事实，既显示了实习警士在犯罪预防方面的成效，又证实了警管区制蕴含的巨大潜力。假以时日，除犯罪预防外，服务民众，增加社会福利，收效将会倍增。[②] 增加临时实习环节，表明当局推行警管区制的严谨态度。临时实习的成效，也坚定了当局推行警管区制的信心。

通过一系列前期准备工作的顺利开展，江苏省开始正式于昆山试行警管区制。

---

① 编者．江苏省警察训练所班长学警临时实习概述．江苏警察，1935，1（1）．

② 编者．江苏省警察训练所班长学警临时实习概述．江苏警察，1935，1（1）．

第二节

昆山正式试办警管区制

江苏省民政厅指定昆山县为警管区制实验县份。1935 年 6 月，省警士训练所第一期学员毕业，警士训练所教务主任张达被任命为昆山县公安局局长，率领第一批 189 名毕业学员到昆山推行警管区制，警管区制推行工作拉开了帷幕。

一、昆山推行警管区制的基础工作

为确保警管区制在昆山试点工作顺利进行，当局做了大量的基础工作。大力宣传警管区制政策，调查摸底昆山户口底数，为推行警管区制开创了先决条件。整肃警察队伍，调整机构设置，为推行警管区制打下了坚实的基础。

（一）大力宣传警管区制政策

昆山县公安局散发省厅告民众书，又编印试行警管区制告民众书，阐述警管区制的意义与功用，并略述今后工作的方向。[①] 通过宣传，有效打消民众的顾虑和误会，创造了良好的试办环境。

（二）清查户口底数

张达上任之初，将调查户口底数作为当时首要的工作。县局印发调查户口告民众书，详述警管区制与保甲的关系以及此次调查户口的意义，因措施得当，广大民众丝毫没有产生误会，户口调查工作于 1935 年 7 月底顺利完成。全县共计 57528 户，其中男 137948 人，女 117601 人，合计 255549 人。[②]

① 编者 . 昆山县公安局设施概况 . 江苏警察，1935，1（2，3）.
② 编者 . 昆山县公安局设施概况 . 江苏警察，1935，1（2，3）.

（三）调整昆山县公安局机构

昆山县公安局在试行警管区制之前，其编制为三等局："设有总务、行政、司法三股，一个督察处，一个侦缉组，四个分局，三个分驻所，十六个巡守所，一支水巡队。共有陆警官佐 31 名，长警 274 名，伕役 16 名，水巡官警 49 名，人员总计 370 名。每年经费预算 69242 元。"①

为顺利推行警管区制，参照二等局编制对昆山县公安局进行改制："分设总务、行政、司法三科，一个督察处，特务队及侦缉组各一个。全县设四个分局，三个分驻所，一支水巡队。共有水陆警官 26 名，卫生技术员 1 人，雇员 12 人，长警 260 名，伕役 48 名，人员总计 347 名。1935 年上半年经费预算 4.2 万余元。改制之后，增加官佐 6 名，减少长警伕役共计 29 名，每月增加经费 900 余元。"如图 2.1 所示。②

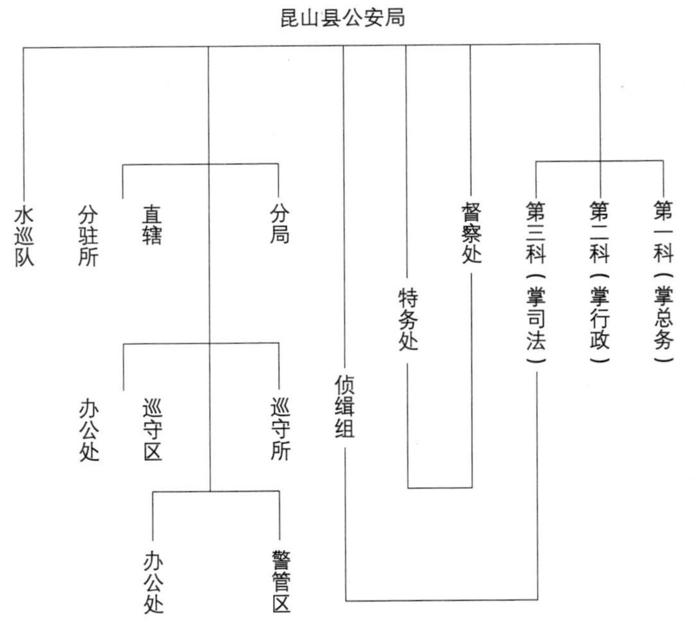

图 2.1　昆山县公安局组织系统图

① 张达．昆山县公安局五月来试行警管区制述略．江苏警察，1936，1（4）．
② 张达．昆山县公安局五月来试行警管区制述略．江苏警察，1936，1（4）．

昆山县公安局的机关组织，仍然与普通各县公安局相同，并没有赋予任何优越条件，其目的在于昆山县推行警管区实验成功后，其他各县公安局能够继续直接运行，不会再出现额外的困难。

（四）整肃人员

江苏省民政厅确定昆山县为警管区制试办县后，即派人员到昆山县公安局考核所有官警的学识能力，作为考评依据。张达上任后，将不称职者一律淘汰，并在青年警士中择优送省警士训练所培训，原昆山县公安局没有被更替调遣的警察仅 60 余人，同时派警士训练所的学员分别补缺，通过对昆山县局人员的调整，使昆山县公安局以往的陋习一扫而空，所有人员均能“努力于本职”，[①] 整个公安局呈现出一派朝气蓬勃的新气象。

二、警管区制在昆山的正式试行

昆山警管区制的试行主要包括五个重要内容，即警管区的划分、保障、勤务分配、勤务内容与勤务督察。

（一）警管区的划分

如图 2.2 所示，昆山县共分为七大警区，每区设分局一所或直辖分驻所一所，由县公安局监督指挥各管辖区域内一切公安行政事项。昆山县共设分局四所，直辖分驻所三所。具体如下：

第一分局设在菉葭浜镇，所辖区域为县自治区之第三区；第二分局设在茜墩镇，所辖区域为自治区之第四、五两区；第三分局设在张浦镇，所辖区域为县自治区之第六区；第四分局设在巴城镇，所辖区域为县自治区之第八区。第一分驻所设在城区，所辖区域为县自治区之第一区；第二分驻所设在蓬閬，所辖区域为县自治区之第二区；第三分驻所设在正義，所辖区域为县自治区第七区。分局设分局长 1 名，巡官 1 名，书记 1 名。直辖分驻所与分

① 编者．昆山县公安局设施概况．江苏警察，1935，1（2，3）．

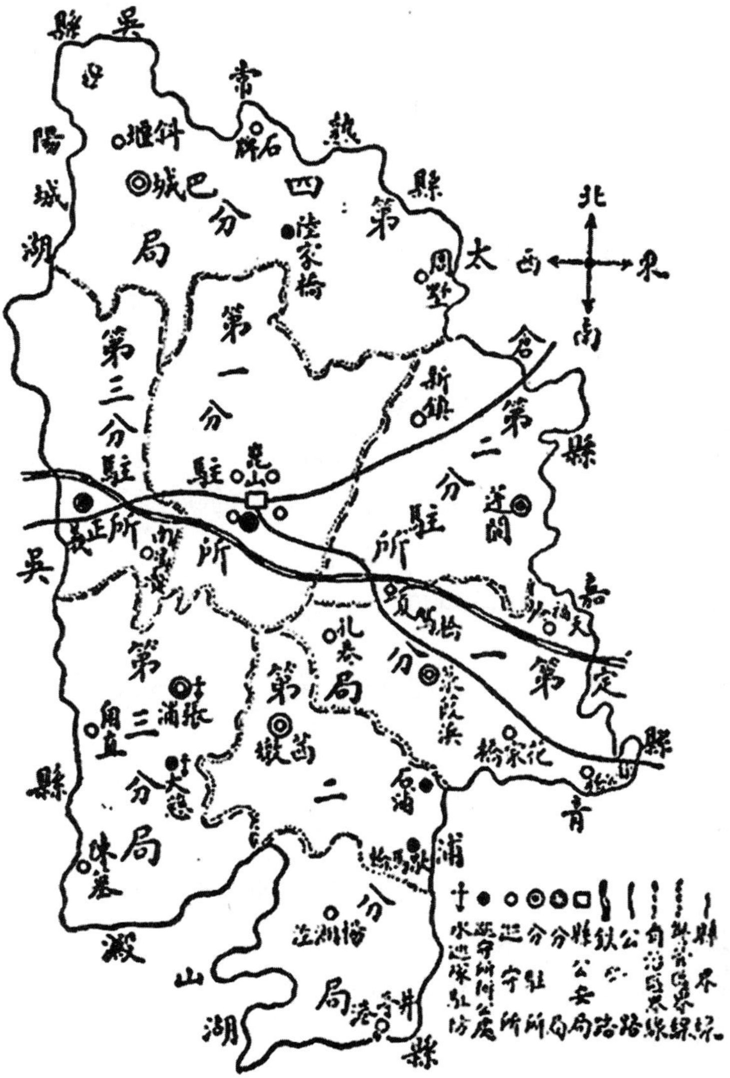

图 2.2　昆山县公安局警区分配图

局的职权相同，只是因为组织略小，名称不同而已。

在分局及直辖分驻所之下，配备巡守所、巡守区办公处等执行勤务场所。其中，巡守所由 3 个至 4 个警管区组成，设警长 1 名，负责监督。全县巡守所共 17 处；巡守区办公处由 2 个警管区组成，不设警长，全县巡守区办公处共 14 处。

警管区办公处是管区警士的办公场所，设置地点利用各该管区内之学校乡公所或保长办公处，以方便联络。警管区警士的膳宿，临近各局、所的，尽量集中于各局、所。有距离较远往返不方便的，则住宿于管区办公处，自理膳食（包饭）。

昆山县共分为141个警管区。按照保甲组织，参酌面积、人事、交通各点，在各大警区内，划分为若干警管区。

昆山县公安局警管区的乡镇划分、长警姓名与办公地点可见表2.1。

警管区所辖的户口数。每一警管区所管户口从200户至700户以上不等。具体如下：管辖200户以上的警管区有19个；管辖300户以上的警管区有58个；管辖400户以上的警管区有38个；管辖500户以上的警管区有18个；管辖600户以上的警管区有6个；管辖700户以上的警管区有2个。

警管区所辖的保数。划分警管区时严格以保甲组织中的“保”为基础，以不分裂“保”的单位为原则。具体如下：包含1保的警管区有14个；包含2保的警管区有18个；包含3保的警管区有53个；包含4保的警管区有41个；包含5保的警管区有12个；包含6保的警管区有2个。

警管区所管辖的面积。对此没有确切统计，大致属于城区或人口稠密、事务较繁的地方，在2～3平方公里至5～6平方公里之间，乡村的在7～8平方公里至16平方公里之间。然而，也有因自然及交通关系，不得不超过20平方公里以外的，该警管区太大，巡视1周，需要六七个小时。

表2.1　昆山县公安局警管区乡镇划分、长警姓名与办公地点一览表①

局所别	乡镇地名	警管区番号	本警管区长警姓名	办公地点	备注
第一分局	菉葭浜镇河西	一	吴伏生	菉葭浜镇公所	
	菉葭浜镇	二	黄汉杰	龙王庙	
	菉葭浜镇周巷桥	三	杨焕章	金太太庙	
	菉葭浜镇河东	四	童子秀	菉葭浜镇公所	

① 昆山县县政报告．出版地不详，1936：31-40.

（续表）

第一分局	泗桥镇	五	张学海	泗桥乡乡公所	
	花家桥镇	六	魏延珊	浦塘小学	花家桥有巡守所一
	金城乡三苏口	七	邹希贤	祁巷小学	
	西子乡	八	周少虹	西子乡乡公所	
	西子乡	九	宋与元	孔巷巡守所内	孔巷有巡守区办公处
	安亭镇	十	徐同生	城隍庙	
	安亭镇	十一	黄元培	大王庙	
	徐公桥乡	十二	卞以泽	唐家角小学	徐公桥有巡守所一
	固巷	十三	孙彬	观澜小学	
	天福镇	十四	许汝洁	天福庙巡守所内	天福庙有巡守所一
	泗桥乡	十五	蔡兆虎	曹村庙	
	吴泾	十六	王劾唐	泗桥乡乡公所	
第二分局	茜墩镇	一	张俊义	茜墩城隍庙	
	茜墩镇支浦乡	二	徐元时	南刁市庙	
	茜墩镇少卿乡	三	陈周南	何家浜甲长办公处	
	少卿乡	四	李永明	景泾蝗庙	
	玉溪乡	五	刘文淑	吴家桥土地庙	吴家桥有巡守区办公处一
	玉溪乡	六	王开明	汤墩庙	
	支浦乡	七	蒋必鑫	吴王阁小学校	
	支浦乡	八	陆增祥	刁家桥支浦乡乡公所	刁家桥有巡守区办公处一
	歇马桥镇	九	李宗武	歇马桥巡守所	歇马桥有巡守所一
	歇马桥镇	十	周增苞	陆家桥小学	
	石浦镇	十一	黄迪钊	石浦镇公所	石浦有巡守区办公处一
	石浦镇	十二	张丽云	小潭	
	杨湘泾镇	十三	刘肇梁	杨湘泾巡守所	杨湘泾有巡守所一
	杨湘泾镇	十四	刘纯德	碛礇村小学	
	杨湘泾镇	十五	刘维领	第七保长办公处	
	榭丽乡	十六	刘伯清	榭丽小学	榭丽有巡守区办公处一
	榭丽乡	十七	朱承先	沈安泾小学	
	度城乡	十八	李新明	度城乡楼丽庵	度城有巡守区办公处一
	白米乡	十九	王迪让	白米泾小学	
	井亭镇	二十	孙永谕	井亭港巡守所	井亭港有巡守所一

（续表）

第二分局	井亭镇	二十一	沈寿昶	张家埭甲长办公处	
	井亭镇	二十二	陆鸿书	周荡村小学	
	逸水乡	二十三	王一元	小港村南港小学校	
	逸水乡	二十四	刘云汉	逸水乡关圣庙	
	神童乡	二十五	李少仁	神童泾小学	
	金莊乡	二十六	高培仁	金家莊耶稣教堂	
第三分局	张浦镇	一	孟而昌	分局内	
	张浦镇	二	董圣训	逸泾公庙	
	周巷	三	周毓麟	周巷邬宅	
	周巷	四	王芷青	施條小学	
	张浦镇	五	梁超	大直农教馆推广区	
	大慈	六	方昌生	大慈	
	大慈	七	卜奎夫	施家泾	
	杭上	八	周铭	杭上	
	角直	九	裴庆光	角直巡守所内	角直有巡守所一
	角直	十	卢从贤	北库	
	角直镇孟子浜	十一	潘英章	椿里	
	渡头乡	十二	祁孝资	渡头乡乡公所	
	渡头乡	十三	薛竟成	安头	
	陈墓	十四	薛志正	陈墓巡守所	陈墓有巡守所一
	陈墓	十五	黄佑仁	阮家浜小学	
	陈墓	十六	高星照	周家浜小学	
	孟子浜	十七	刘万邦	孟子浜小学	
	张家库	十八	权泰伦	马援莊小学	
	尚明甸乡	十九	李乐韶	尚明甸小学	尚明甸有巡守区办公处一
	尚明甸乡	二十	李广环	虹泽小学	
	张家库	二十一	赵亚夫	张家库小学	
第四分局	巴城镇	一	纪叔书	第四保保长办公处	
	巴城镇	二	江晔	第五保保长办公处	
	巴城镇	三	王树经	第九保保长办公处	
	三塘乡	四	裴超杰	旧新塘乡乡公所	
	环湖乡	五	周知非	斜堰巡守所	斜堰有巡守所一
	环湖乡	六	张振武	第七保保长办公处	

（续表）

第四分局	北六乡	七	胡学先	武城潭保长公所处	
	北六乡	八	陆惠昭	黄泾乡公所	
	石牌镇	九	黄金荣	石牌巡守所	石牌有巡守所一
	石牌镇	十	董若章	第四保保长办公处	
	新圩乡	十一	程杰慷	第一保保长办公处	
	新圩乡	十二	诸葛焕	第五保保长办公处	
	三塘乡	十三	唐立亚	关曹	陆家桥有巡守区办公处一
	周墅镇	十四	孟子琛	来邵	
	周墅镇	十五	陈庆忠	周墅镇	周墅有看守所一
	周墅镇	十六	李世俊	周墅镇	
	苇舟乡	十七	张嗣鼎	第一保保长办公处	
	苇舟乡	十八	李宪甡	第五保保长办公处	
	晚香乡	十九	张性澄	第二保保长办公处	
	晚香乡	二十	韩渊	第六保保长办公处	
第一分驻所	玉带镇	一	张登歧	大街救火会	
	玉带镇	二	乔芝芳	大街救火会	
	玉带镇	三	张承先	高板桥救火会	
	玉带镇	四	腾兆鹏	第一区公所	
	玉带镇	五	戚绍贵	果老弄珍馐公所	
	玉带镇	六	唐人达	果老弄珍馐公所	
	南濠镇	七	李维繁	东南门巡守区	东南门有巡守区一
	南濠镇	八	刘云明	东南门巡守区	
	学宫镇	九	徐乃铎	分驻所内	
	学宫镇	十	李登	小西门巡守所	小西门有巡守所一
	学宫镇	十一	沈锡钧	小西门巡守所	
	致和镇	十二	吴延祺	高板桥救火会	
	致和镇	十三	吴明亮	东门大桥救火会	
	山南镇	十四	王襄九	西塘街下塘	大西门有巡守所一
	山南镇	十五	刘德润	后浜下塘浙江会馆	
	青墩乡	十六	刘青琳	青墩乡公所	
	青墩乡	十七	王家珍	青墩乡公所	
	汉坡乡	十八	卞克敏	东门巡守所	东门有巡守所一
	汉坡乡	十九	徐承远	东门巡守所	

（续表）

第一分驻所	汉坡乡	二十	邹在仁	城湘泾	
	北濮乡	二十一	李时之	小西门巡守所	
	北濮乡	二十二	张爱伦	小西门巡守所	
	乐安乡	二十三	王鸿池	乐安乡乡公所	
	乐安乡	二十四	陆长彬	乐安乡乡公所	
	小濮乡	二十五	侯懋林	小濮乡中严村	
	小濮乡	二十六	蒋广之	小濮乡中严村	
第二分驻所	蓬閬镇	一	高连生	大通寺	
	蓬閬镇宝晞乡	二	陈松圃	蓬閬东桥	宝晞有巡守区办公处一
	蓬閬镇	三	顾正尧	蓬閬镇葛仆庵	
	双林乡	四	潘正华	宝晞村城隍庙	
	宝晞乡	五	吴迎宾	宝晞土地堂	
	双林乡	六	周存祥	双林观音庙	
	双林乡	七	徐浩	北双林	
	腰溇	八	石珊霖	清水港猛将堂	
	腰溇	九	丛永康	潘墓庙浜庙	
	腰溇	十	王若铭	新镇	新镇有巡守所一
	包家桥	十一	贺维新	包家桥旃壇林庙	
	包家桥	十二	何再馀	包家桥陆盘庙	
	包家桥	十三	李成荫	沙葛王家村	王家村有巡守区办公处一
	沙葛	十四	张立纯	沙葛村正法堂	
	沙葛	十五	郭肇环	沙葛莫家湾	夏驾桥有巡守所一
	沙葛	十六	刘步云	沙葛石头湾	
	沙葛	十七	高绪栋	夏驾桥镇土地堂	
	夏驾桥	十八	曹广伟	夏驾桥邵泾村	
第三分驻所	正義镇高墟乡	一	扈沪	分驻所内	
	正義镇	二	杨世英	分驻所内	
	正義镇	三	潘荣高	分驻所内	
	高墟	四	蒋显颖	第五保保长办公处	高墟有巡守区办公处一
	高墟	五	白月琴	第五保保长办公处	
	绰墩	六	孙瑞	绰墩小学	绰墩有巡守区办公处一
	绰墩	七	宋庆三	绰墩乡保长办公处	
	南星渎	八	李庆淇	南星渎巡守所	南星渎有巡守所一

（续表）

第三分驻所	南星渎	九	储长山	大沪小学	
	南星渎镇式莊乡	十	毛荣森	张巷小学	
	式莊乡	十一	马道徵	景村小学	
	式莊乡	十二	吴熙俊	姜巷小学	
	白渔潭乡南星渎镇	十三	陈颖茹	北城观音庙	白渔潭有巡守区办公处一
	白渔潭乡	十四	马家騤	东生田观音堂	
总计	一百四十一				

（二）警管区的保障

1. 关于经费保障。昆山县公安局年度经费预算支出为 77196 元。但是，事实上难以满足需要。因此，长警的饷额，不能按照原定标准发放，一律减成支给。同时，作为鼓励员警努力工作、提高警管区制效率的年功加俸办法，也因为预算限制而无法实行。

2. 关于设备保障。由于昆山县公安局年度经费中没有单独列出设备费，勤务上必须使用的重要设备，“皆付诸阙如，实为试行新制之缺陷”。[①] 没有配备或没有充分配备的重要用具主要有以下几类：一是关于警察技术上必需用具类，如指纹用具、摄影用具、救护用具等；二是关于警察交通上的必需用具类，如轮船、自行车、电话等；三是关于武器类，如步枪、手枪等。

此外，如户籍卡片，仅各警管区备有全份，县局及分局、分驻所均无此项设备。长警服装，虽然进行了改善，但在威仪方面，考虑得还欠周详。各巡守所及警管区警士驻在所，大多假借地方公共屋宇，地点不都设在扼要的地方。分局及所内大多缺乏应有的装修，必须配备的家具也因为经费关系，大多没有配齐。

3. 关于培训保障。昆山县公安局注重训练在提高官警素质中的作用。训练办法分为补充训练与常年教育两种。补充训练，专门针对特务警察及水巡队长警，分别集中在一定地点，进行一个月的基本训练，课程侧重术科，学

① 吴则中．昆山县试办警管区制视察报告书．江苏警察，1936，1（4）．

科则择要请授之。常年教育，主要针对省警训所毕业的长警。县局每月指定温习原来学的课本，责成分局长或巡官，督令逐日阅读1小时，依颁行笔记格式，择机阅读精要、感想或心得，月终呈由分局长或巡官，核转县局考核。警管区警士，每日练习刀、拳术、摔跤、倒立、铁棍、兵操等项约两个小时，并规定各部分长警于每星期四，集合会操一次。又另订攻防计划，令各部分遵照，不时演习，以备非常。同时，还开设流通图书馆，购买书籍，订阅报章、杂志，分发到各个分局、所轮流阅读；组织读书会、业余时间运动会等，促使每个警察身心健康、学行兼优，能够胜任警察职务。

（三）警管区的勤务内容

昆山县公安局根据警政工作轻重缓急、难易程度，制定了《昆山县公安局二十四年度中心工作实施大纲》，对1935年昆山县局警政工作一一细化，并设定时间表分批完成，其工作内容及实施情况主要包括以下几点：①

1. 保安。制订勤务支配表，处理内勤及户籍事务；轮流守望巡逻；在各城镇设巡逻箱，查询、监视、侦察不安分分子，预防各种犯罪；训练水警，修理巡船，整顿水巡队，审查重要河港，将全县划定为12条水警巡游线，加强巡逻，打击湖匪；制订收集匪情与人民报警办法；联合全县水陆军警，制订联防办法；与周边县份会商守望、检查、会哨办法。

2. 正俗。倡导良俗；涤除恶习；打击赌博；取缔淫戏；查禁不良图书；逐步取缔迷信。

3. 卫生。印发推行公共卫生告民众书；拟订《昆山县公安局1935年厉行公共卫生实施纲要》；组织卫生劝导团；举行各行商店卫生检查，不合格者依法取缔。

4. 户口。印发为调查户口告民众书；调查户口，接续调查船户及公共处所寺庙教堂的户口；办理关于婚嫁、出生、死亡、继承、迁徙、分居、收养、来往、失踪、营业开张、营业闭歇等人事登记；会同区公所，举行户口异动查报讲习会。

---

① 编者．昆山县公安局设施概况．江苏警察，1935，1（2，3）．

5. 营业。拟订《昆山县公安局营业登记简则》，办理商业营业登记；拟订摊贩登记简则以及饮食店、旅店、理发店、浴堂等行业管理规则；取缔危害公共安全、败坏风俗、有违卫生的营业。

6. 交通。设立交通岗、游动岗进行交通疏导；订立自行车暂行管理条例；劝令商店住户拆除交通障碍物；着手制定水上交通管理条例。

7. 消防。调查民众自发组织救火会的实际情况；拟订整顿救火会计划以及火警救护规则。

8. 推行新生活。宣传指导新运动促进会。

9. 协助保甲。协助区公所对甲长进行军事训练。

10. 整顿拘留所。修理拘留所的房屋，清洁打扫卫生，使犯人不致生病；实施感化教育，使犯人悔过自新；劳动改造，使犯人养成勤劳的习惯。

11. 口头报告。制订口头报警办法，报案人口述被害事实以及案件细节，由值班警士记录后，迅速依法办理。

12. 处理案件。对人民违警案件，侧重劝导训诫；严格查缉盗贼以及烟、赌、娼。

综上所述，当时警管区警士的工作内容不仅是维护社会治安，还涉及对人民进行教化，推行新生活运动，保持公共卫生等社会生活的各个方面，符合警管区警士执行国家一切法令的制度设计。

（四）警管区的勤务分配

如表 2.2 所示，昆山警管区采用二四勤务制以及四八勤务制，前者即执行勤务 2 小时，休息 4 小时；后者为执行勤务 4 小时，休息 8 小时。[①] 同时，各分局根据当地状况，制订出灵活的工作细则。

说明：以 5 个警管区组成 1 个巡守区而设计。警士勤务支配，每隔 5 日轮逢 1 人休假。

---

① 王世义 . 日本受持区与江苏警管区 . 江苏警察，1936，1（4）.

表 2.2　警管区警士勤务支配表

<table>
<tr><td></td><td colspan="9">项　　目</td><td>备考</td></tr>
<tr><td rowspan="6">昼</td><td rowspan="3">八至十二</td><td colspan="2">内勤坐岗</td><td colspan="2">交通守望</td><td colspan="2" rowspan="2">往所管区办事</td><td colspan="2" rowspan="2">往所管区办事</td><td rowspan="3"></td></tr>
<tr><td>8—10</td><td>10—12</td><td>8—10</td><td>10—12</td></tr>
<tr><td>甲</td><td>乙</td><td>乙</td><td>甲</td><td colspan="2">丙</td><td colspan="2">丁</td></tr>
<tr><td rowspan="3">十二至四</td><td colspan="2">内勤坐岗</td><td colspan="2">交通守望</td><td colspan="2" rowspan="2">往所管区办事</td><td colspan="2" rowspan="2">往所管区办事</td><td rowspan="3"></td></tr>
<tr><td>12—2</td><td>2—4</td><td>12—2</td><td>2—4</td></tr>
<tr><td>丙</td><td>丁</td><td>丁</td><td>丙</td><td colspan="2">甲</td><td colspan="2">乙</td></tr>
<tr><td rowspan="3">黄昏</td><td rowspan="3">四至八</td><td colspan="2">交通守望</td><td colspan="2">查察巡逻</td><td colspan="2">内勤坐岗</td><td colspan="2">休息预备</td><td rowspan="3"></td></tr>
<tr><td>4—6</td><td>6—8</td><td>4—6</td><td>6—8</td><td>4—6</td><td>6—8</td><td>4—6</td><td>6—8</td></tr>
<tr><td>甲</td><td>乙</td><td>乙</td><td>甲</td><td>丙</td><td>丁</td><td>丁</td><td>丙</td></tr>
<tr><td rowspan="6">夜</td><td rowspan="3"></td><td colspan="2">守　望</td><td colspan="2">巡　逻</td><td colspan="4" rowspan="2">休息睡眠</td><td rowspan="3"></td></tr>
<tr><td>8—11</td><td>11—2</td><td>8—11</td><td>11—2</td></tr>
<tr><td>丙</td><td>丁</td><td>丁</td><td>丙</td><td colspan="4">甲　乙</td></tr>
<tr><td rowspan="3"></td><td colspan="2">守　望</td><td colspan="2">巡　逻</td><td colspan="4" rowspan="2">休息睡眠</td><td rowspan="3"></td></tr>
<tr><td>2—5</td><td>5—8</td><td>2—5</td><td>5—8</td></tr>
<tr><td>甲</td><td>乙</td><td>乙</td><td>甲</td><td colspan="4">丙　丁</td></tr>
<tr><td rowspan="3"></td><td colspan="3">8—12</td><td colspan="2">12—2</td><td colspan="4">下　午</td><td rowspan="3">戊甲乙丙丁每隔五日逢一人休假</td></tr>
<tr><td colspan="3">往所管区办事</td><td colspan="2">往分局或分驻所受训练</td><td colspan="4">休　息</td></tr>
<tr><td colspan="3"></td><td colspan="2"></td><td colspan="4"></td></tr>
</table>

（五）警管区的勤务督察

昆山县公安局规定由各分局、所制订勤务基准表，并据此来制订勤务支配表，并送到督察处审核，确保勤务支配适当和方便监督。

督察处在每日下午 5 时至 7 时，通过电话听取分局、所、队的每日工作报告，分别记录。并规定员警填记工作日报表，以考察每日工作的勤惰。

制定《昆山县公安局查勤规则》，加强对警管区警务的督察。查勤规则的主要内容如下：

1. 查勤人员。包括局长、督察长、督察员、各科科长、各科科员、各分局所队主管官及巡官、警长等。

2. 查勤次数。局长随时抽查；督察长每月遍查各分局、所、队勤务 1 次；督察员承督察长的指派随时出发查勤；各科科长每月抽查分局、所、队的勤务 1 次以上；各科科员每月抽查分局、所、队的勤务 1 次以上；各分局、所主管官每月遍查辖境内各巡守所的勤务 2 次以上，并抽查警管区分局巡官，查巡守所 4 次以上，并随时抽查各警管区；警长每周遍查所辖各警管区的勤务 1 次以上。

3. 查勤方法及程序。查勤人员须穿着制服并携带铅笔、记事簿以便记事；查勤人员经局长指定密查者得穿着便衣；县局派出的查勤人员须携带查勤证；查勤人员到达各分局、所、队应遵照勤务簿记载法署名盖章；查勤人员在外遇有重大事故时，应速报县局，其寻常事件则径行通知各该分局、所、队处理；查勤人员遇有行踪可疑的人应即跟踪侦查并饬各该分局、所、队区官警密查；查勤人员遇有官警等不守规则者，即照章指示纠正并查询其姓名呈报局长核办。

4. 查勤注意事项。督察长及督察员注意事项：各官警对于警务的推行及其管辖境内的一切情形；各官长、长警查勤是否周到确实及其配置巡逻守望是否适合，勤务基准表、支配表是否合理；枪械、服装、物品的保管是否得法；紧急集合的准备及防卫攻击的练习情形；各官长对于长警学术科的训练情形；各官警的勤惰情形及其自修进度；各官警对于户口能否记忆，对于坏人情形是否熟悉；凡耳闻目睹关于警察事务均需查报。各科科长、科员除应稽查关于本科的事项外，并须注意其他一切勤务。各分局、所主管官及巡官除应稽查各长警内外勤务外，并须注意下列事项：考询抽查警士所管的户口；抽查巡逻箱；各长警身体的强弱；各警长是否指挥有方；各警士对于警长是否绝对服从。各警长的注意事项：抽查户口；各警士的勤惰；各警士有无不正当行为；枪械、服装、物品是否整洁；各警士身体的强弱；各警士执行职务及对待人民的情形；管辖地段内的情形；凡耳闻目睹关于警察事务均需查报。

5. 查勤报告及程序。查勤人员如遇紧要事件应用电话报告局长以得到迅速处置；县局出发的查勤人员在每次查完后，撰写书面报告呈局长核阅；各分局、所主管官每月底应将所有查勤报告列表呈局长核阅；查勤报告呈局长核阅后交各科及督察处办理；各分局、所、队主管官每月底应督饬各局长将勤务簿切实统计并送督察处，核呈局长就勤惰情况进行奖惩。

三、昆山警管区制实施情况的考察

昆山县试行警管区制半年之后，江苏省民政厅特派专人前去昆山县进行实地考察，检验其推行效果。1936年1月9日，吴则中奉命与承树声、张锡祖去昆山县考察。为取得翔实可靠的第一手资料，考察队伍分成3路进行，最后形成《昆山县试办警管区制视察报告书》，呈给江苏省民政厅进行参考。① 该报告内容充实，分为引言、警区及警管区、县公安局及分局之组织、警力之配备、防务及警备线、经费与设备、训练、员警服务情形及工作概要、结论9个部分，包括考察结果以及改进意见等。主要内容包括以下几个方面：

（一）关于警区和警管区

1. 关于警区。吴则中认为，昆山县警区的划分以及各分局地点的设置比较合理。而第二分局设置在偏于北部的茜墩，距离南部的井亭港、杨湘泾区域较远，不容易进行控制；第二分驻所设在蓬阆，因与太仓接壤，并非重要地带，第二分驻所巡官张炳坤也提议将其迁往浜晞镇，具有一定的道理。

2. 关于警管区。吴则中认为，划分警管区以保为基础，可以保障警保联络及办事便利。但是，警区面积往往受保的牵制，发生交通不便或管理困难的现象。建议将保作为划分警管区的基础而不是标准。警管区的划分标准应以警士的精神和体力为唯一的前提。通过对昆山县警管区的考察，他认为警管区设在人口稠密、事务较繁（如城区及重要城镇）地方的，应以户口多寡为主要标准。而乡村人事简单、变动较少，可以面积大小为主要标准。根据昆山县实验结果，初步确定了警管区划分标准：在城市，每管区户口，不得超过200户，面积不得超过4方里；在乡村，每管区户口以300户至500户为度，面积以9方里至16方里为度。

---

① 吴则中．昆山县试办警管区制视察报告书．江苏警察，1936，1（4）．

（二）县公安局及分局、所的组织

1. 关于县公安局内部组织。吴则中认可其与普通各县公安局相同的设置，并认为可以为在其他县推广警管区制提供便利。但是，县局直辖的特务队仅有 20 人，平时警力捉襟见肘，加上水巡队散驻在外，调动不便，一旦遇到突发事件，则缺少应急力量。且县局直属警队在分局驻防，分局无法调遣，以致互相推诿责任。建议将特务队与水巡队混合编组，集中于县局，进行水陆技能培训，并配备船只和自行车，平时派一半警力巡逻，另一半警力在局内备勤，作为县局的机动力量。

2. 关于分局、分驻所。吴则中认为，分局、分驻所组织若消极地维持现状，则其人员可以应付。但是，在警管区制下事繁人少，将不易应付，建议采取以下办法补救：一是从增加警员能力方面考虑，分局、所书记应由长警提升或调用。官长有谙熟警务的人员协助，可以提高行政效率，长警练习局、所内部勤务，可以获得实际经验。二是视事务的繁简，增设内勤警长警士，分掌分局所内务，专司整理考核。

（三）警力的配备

关于警力的配备，吴则中认为，县局或分局、所，应酌情增加警力，确保后备力量充足，灵活运用。分局、分驻所下的巡守所及巡守区办公处，一律改称巡守所，以确保整齐划一。具体包括：

1. 凡人事较繁之地，联合 2 个至 3 个管区组成巡守所为普通原则，但巡守所至各管区，最远距离不能超过 6 里。各管区警士办公食宿均在所内，不再另设警管区办公处。这样，所内常有 1 人驻所，并可接受人民报告，相互转达。个人执行内外勤务皆可依时轮流。到分局受训，也可分别抽调。警士食宿集中，管理较便，距离缩短，不致耗费精力。

2. 凡人事较繁，地处重要之所，如重要市镇或警备线上的出入口等，有必要执行巡守勤务的，联合 3 个以上管区组成巡守所为普遍原则，但巡守所至各管区的最远距离不得超过 8 里。如果地点重要，管区警士执行巡守勤务仍感不敷分配，则酌情设立特警辅助。各管区警士食宿办公均在所内，不另设警管区办公处。

3. 凡地形特殊，管区孤立（如在湖中的金家庄），不能合驻之地，须警士单独办公者，称为某地驻在所，原有警管区办公处一律取消。

4. 警长负有直接监督指挥所处警士执行勤务的责任（责任重要，应在分局、所办事细则内详细规定其职权）。其分配标准也因事因地而异。以每名警长管辖巡守所 3 所至 5 所，能够在 3 天以内，巡视所管辖区 1 周为度。选择所辖居中的巡守所作为驻在地，但有巡守勤务的巡守所（如 3 个以上的管区所组成的巡守所或者警备线上的重要地点），必须驻有警长 1 名，方便指挥。

（四）防务及警备线

关于防务及警备线，吴则中认为，昆山县试办警管区后，经过严密清查户口以及切实办理人事登记，县境以内发生危害的原因能够得到监视或消除。只是县境的出入口缺乏防守设备，导致巡守方面没有切实得到联络。因此，外来危害防不胜防，这是昆山县警备线尚未完成的结果。根据该县地势，拟订下列警备线，作为参考。

1. 东路：以菉葭浜第一分局为主干，天福庙、徐公桥巡守所与蓬閬第三分驻所连为一线。

2. 西路：以正義第三分驻所与南星渎巡守所连为一线。

3. 南路：以张浦第三分局，角直、陈墓巡守所、茜墩第二分局、歇马桥、杨湘泾、井亭港各巡守所连为一线。

4. 北路：以巴城第四分局，与斜堰、石牌、陆家桥、周墅各巡守所连为一线。

警备线内河道较多的，该管分局应与驻防水巡队随时取得联络，并另备轻便巡船 1 艘至 2 艘，长警练习驾驶，起到水陆并进的效果。阳城、淀山诸湖及吴淞江的主要入口，与邻县交界的重要地点，应商洽省水警及邻县密切联络。并在要隘的地点，酌设巡守所另配特警若干名或酌驻巡船数艘，确保安全。昆山路的出入境交界点以及境内苏奕路的两端，也应酌设巡守所，方便维护交通。

（五）经费与设备

关于经费与设备，吴则中认为，昆山县试办警管区制，经费比较紧张，也缺乏执行勤务的重要用具，并择其重要程度一一罗列。他认为，对于长警佩剑，应必须设法购置或补充。对于其他修理或建设的项目，视筹经费情况，酌量缓急，分期办理。所需费用，请该县政府遵守省民政厅命令，积极办理房捐。公安局局长拟具办理预算，呈省核准后，即支取房捐进行办理。

（六）警士训练

关于训练，吴则中认为，昆山县公安局试办警管区的警士，原来已经受到基本教育，其常年教育应该照此办理。该警管区直接长官必须研究指导方法，也应有施行的标准。方法如下：

1. 关于警管区长警。关于警管区长警除原来读书方法继续实施以外，县局将警察执行勤务时碰到的复杂情形及难题，不断印发给各个警管区长警，命其根据所学，提出切实可行的解决办法，并将其回答内容上交到县局，将以此结果作为考察长警的一种方法，同时可以起到集思广益的效果。

2. 关于各分局所的长官。警察运用保甲的办法，辅导某项社会事业进行的程序，以及长官应如何妥善指导其管辖的长警严密有效执行警察勤务，长警执行勤务发生错误的地方及如何补救等，都有研究的必要。县公安局应该规定研究的办法，同时收集各省、市、县警察机关较有启发性的警察论著，分发学习，相互借鉴。

（七）员警服务情形及工作概要

关于员警服务情形及工作概要，吴则中认为，昆山县警察能够勇于任事，廉洁奉公，得益于曾受省警训所的严格训练。为确保警士意志坚定、安心工作，应实行年功加俸的办法，作为激励和保障。昆山县公安局的工作情况虽然不是尽善尽美、无懈可击，但能在短短的6个月中，以较少的警力在较大的范围内取得如此成绩，是一件很不容易的事。县公安局若能在每一项计划推行之前，进行系统的研究，作出比较具体的方案，使所属警察能够了解该计划的目的和作用，那么警士将自觉遵循，不会出现分歧。同时，督察人员也能随时督促指导，而不是推卸责任。警管区制的主要警察作用，消极言之，在于预防危害；积极言之，在于辅导社会事业。因此，警管区警士，对于该区内人事变动及有关改良乡村的一切事项，均应随时随地巡逻注意。各级官长更应集中精力研究此项问题，制定更加详尽的实施方法，切实符合当地实际，而不会出现一曝十寒的遗憾。

总之，吴则中认为，昆山县试行警管区制以后，警察行政的效果已有相当的表现。昆山县各项社会调查如人事登记、营业登记等，因为警管区制的普遍性，都能够充分地实行。这对于国家行政有着很大的益处。虽然该县设备还比较缺乏，如果各项配备齐全，一些问题即可迎刃而解。因此，对于警管区制担负健全警察作用的使命并奠定国家行政的基础，是毫无疑问的。

昆山县作为当局推行警管区制的第一个试办县，其推行情况和成效受到警政当局的高度关注，也成为警界学者研究警管区制的焦点。总体来看，众人对警管区制在昆山试行的情况评价很高。时任昆山县县长的彭百川认为："自试行新制，划定警管区……凡有户口之地，既有警士管辖，且组织严密，纵横连错，警力运用，敏妙绝伦。加以智识较优，勇于任事，推行政令，深入民间。今昔相较，确有天渊之别。"[①] 张达认为，昆山自试行警管区制后，"平时划区为治，遇事呼应通，责任分明，力量充沛。故于除螟、赌博、卫生以及协助保甲、合一政教诸要政，莫不令行禁止。"[②] 同时，也有人对昆山警管区制提出了中肯的意见，如昆山试办的直接实践者周知非认为，管区划分过于扩大，应重新划分管区，以适合所规定度数为标准；设备不完善，应增加事业费，添购警械及所需物品；人民文化程度低下，应创设民众学校或协助社教机关，施行强迫识字运动，推动福利行政，提高农村文化之水准；本身缺乏经验及新知识灌输，应创刊或介绍有关警察学术读物。[③]

昆山县警管区制试办的成效及从中总结的经验教训，为警管区制在江苏全省的推广提供了重要的参考与借鉴价值。

---

① 彭百川．昆山县试办警管区制之感想．江苏警察，1936，1（4）．

② 张达．昆山县公安局五月来试行警管区制述略．江苏警察，1936，1（4）．

③ 周知非．我对于实验警管区制之感想及改进意见．江苏警察，1936，1（4）．

第三节

江苏全省推行警管区制

昆山县试办警管区制，效果显著。鉴于此，江苏省民政厅又于 1935 年 9 月第二次招收学警 200 名及退职警官 60 名，以无锡为第二个警管区制实验县，调训原服务于无锡警局的官警，以第二次训练期满的官警分发服务。第三个警管区制实验县为江宁县，第三届学警 300 名，训练期满后，连同在校训练已 2 年期满的正科学生 40 余名，全部分发至江宁实验县试办。除上述三地为江苏省正式试办警管区制外，宜兴、嘉定、青浦、省会等地亦自动在局部试办。警管区制成效显著，星星之火渐成燎原之势。限于篇幅关系，仅对其中具有代表性的宜兴、嘉定、省会和无锡四地推行警管区制的情况作一介绍。

一、宜兴县试办警管区制

1934 年 8 月，宜兴县公安局根据改进公安行政计划大纲，重新调整机构设置，将和桥、张渚、杨巷、鼎三四个分局改设分驻所，裁撤湖夫派出所，周铁桥、官林、徐舍等派出所均为直辖派出所；提高长警资格待遇，裁撤老弱，补充新警并加以训练，修理枪械，预备选择一个区实验警管区制。经呈奉核准，9 月改组整理，按照计划进行。[①] 警管区制实验全面展开。

（一）警管区的划分

宜兴县公安局选择第一警区北半部一带区域，进行警管区制实验，共划分 13 个警管区，其划分标准有 3 条：一是城市地区约以 500 户以下设 1 个警管区，乡村地区约以 1000 户以下，纵横 3 里至 4 里设 1 个警管区；二是

① 编者．江苏省水陆公安机构沿革述略．江苏警察，1935，1（2，3）．

参照各乡镇的界限划分警管区的界限，以便警察行政和地区自治互相协同；三是警管区警士驻在所以设于各乡镇公所为原则。[①]

（二）警士的招募和训练

宜兴县公安局招募了一批中级以上学校毕业的学生，经过两个月的训练后，派到各个警管区工作，担任警管区的警士。

由于培训时间较短，警士在警察知识的掌握和工作方法的运用上还有很多欠缺。为了弥补不足，在警管区试办的初期，对警士的配备采取一面工作一面训练的原则，即在实际工作中，加以实际的指导训练。其具体方法如下：第一，将警士编为13组，每组2人，每个警管区配备警士1组。第二，每组警士采取轮番负责的办法，每周以1人在警管区工作，另外1人回县局，更迭轮流，周而复始。第三，每周在警管区工作的警士，负责警管区内的一切警政事务。第四，每周被更替下来回县局的警士，在回县局时需将警管区内已完成、未完成的工作一一移交给回区的警士。回县局后，还要将所做的工作一一向长官报告，以便长官加以批评指导。第五，回到县局的警士，在不去警管区工作的时候即为训练周；在警管区工作的警士，在不回县局时为实际工作周。

在警管区制试办的初期，采用这种警士配备的方法，韩梅岑认为有以下优点：一是起到一面训练一面实习的效果；二是工作环境时时变更，有利于增加工作兴趣，调节疲劳；三是可以起到相互监督、相互比较的效果。

尽管如此，韩梅岑还认为，警士往返于县局和警管区之间，确实不方便。同一个警管区内，由于两名警士工作方法上的不同，待人接物的态度也不一样，有时会造成工作上的不顺畅以及责任的推诿。无论如何，限于警管区警士训练时间太短，只好暂时采用这种办法。等经过三四个月之后，警士的工作经验增进了，再确定一个警管区由一个警士负专责。

---

① 韩梅岑．宜兴县公安局试办警管区制之后．江苏警察，1936，1（4）．

（三）警管区工作计划

韩梅岑在制订警管区工作计划时，确定了两个大原则：

第一，先从便利民众和协助民众的事项做起，这是为了赢得民众的信任，建立警察的信誉。

第二，以积极的工作（如社会事业、农村建设、社会教育等）为主，以消极的（如一切干涉取缔事件）为辅。[①]

根据这两项工作原则，把协助办理保甲、便利民众（代书代算等）、正风保俗、社会教育（问字处、民众夜学、通俗演讲）、提倡合作、农事改良、社会卫生等工作分配到每个月，每月定出一个中心工作，逐步推进。在工作推进当中，同时作了一次普遍的村民访问。

（四）警管区工作考核

宜兴对警管区工作的考核督促，主要通过以下三种方式：

（1）要求警管区警士每天写工作日记，每周写工作报告。工作日记，每月月末上交审核 1 次（官长到警管区视导时，随时审查）。工作周报表，每两个月审核 1 次，审核后，将审核结果通报所有警士。

（2）实地视导。警长每周至少普遍视导 3 次；巡官督察员每周至少普遍视导 1 次；局长行政股员，每两周至少普遍视导 1 次。视导时，除了对警士的工作随时加以纠正指导外，还要在视导后填写视导报告。

（3）举行工作检讨会。每两周举行工作检讨会 1 次，检讨过去工作的心得和错误，指导未来工作的方针和方法。

（五）试办警管区制后的成效

试办警管区制 1 年后，韩梅岑对其成效做了全面总结，主要有以下四点：

（1）获得了民众的信任，建立了警察的信誉。过去的宜兴警察，一直被社会所唾弃，自警管区制试办以后，各警管区里的民众，减少了厌恶警察的心理，萌生了爱戴警察的思想。民众们呼警士为“先生”，警士在一个警

---

① 韩梅岑．宜兴县公安局试办警管区制之后．江苏警察，1936，1（4）．

管区里有“为之君”“为之师”的地位。

（2）行政机构发生了相当的敏活效能。宜兴在设有警管区的各乡镇办理保甲，办理得比较快、比较切实（大部分工作都得到了警士的帮助），其他禁烟、识字、征工等工作，也大半是警管区警士协同工作的，在这几个乡镇中，表现出行政机构相当的敏活，是收效于警管区制。第一区区长储育民先生曾几次转述未设管区制乡镇长的意思，要求增设警管区，这表示在乡间推动政令，需要警察的力量。

（3）情报得普遍，侦查得周到。宜兴县公安局警管区的警士，分驻在各乡镇，星罗棋布，俨然如一个情报网的组织，平日责成他们将各种社会情形制成情报，深感到情报的运用灵活周到，侦查案件的敏快切实。

（4）纠纷讼争的调解。因为警管区的警士受到民众的尊重和信赖，所以遇到纷争都是到警管区去理论，各个警管区每天都要调解 1 起甚至 3 ~ 4 起纠纷。同时，在设有警管区的区域，查获了不少的烟案，破获了许多窃案，证明烟、毒、盗窃在警管区不易潜伏。

（六）试办警管区制后感到的缺点

韩梅岑指出，宜兴县公安局在试办警管区制的过程中，感到存在一个大的缺点，便是 1 个警管区单由 1 个警士负一切责任，警力有些不足，尽管这个警士的能力是比较好的。在勤务分配上，单单的 1 个警士，顾到白天，便顾不到夜间。在防务上，警管区的工作甚为繁多，每日只有警士 1 人，举一人全力，尽整日夜时间，犹恐不胜。

宜兴县通过试办警管区制深刻感受到，在中国社会实行该制度是非常必要的，无论是在理论还是实际上，都有充分的理由。不过，在当时中国社会组织不健全、秩序不良、国民教育低下、莠民充斥、封建实力雄厚的情况下，迫切需要比较大的警察力量，所以每 1 个警管区，以 1 个警士负责，未免过于微薄，这在极有秩序、极有组织、根本不十分需要警察力量来维持的社会里，这样配备可能可行。所以，按照中国的社会状况，按照警管区的工作情形，每 1 个警管区至少应配备警士 3 人，一切工作才易推进，区与区的联络才易周密。[①]

宜兴县推行警管区制总体上与昆山县类似，但也有其鲜明的特点。这集中体现在1个警管区配备2名警士并轮流负责的制度设计，并且提出当前社会情形下每一警管区至少应配备警士3人的建议。

二、嘉定县试行警管区制

嘉定县地处江南，接连沪市，京沪铁道横贯东西，锡沪、沪太等公路直穿南北，交通便利，全县土地面积1200方里，人口26余万，文化发达，人物庶富。[②]其试办警管区制情况如下：

（一）筹措经费，招募训练警士

嘉定县公安局的经费，本来比较充裕，但因被挪用，以致经费紧张。当时勉强筹得补习所经费，为每月130元，即开始招生进行训练，然后一边训练，一边筹措经费。后因为县政府整顿警捐，统一收支，增加施行警管区制的经费，经费问题稍得缓解，即开始本着“重质不重量、加饷不加额”的原则办理。训练合格警士的待遇，超出本省规定同级长警的饷额标准。

因为嘉定县长警的文化程度很低，“上年（1934年）8月间经予甄别，计不识文字者居48%，老弱尤多，无可造就”[③]，于是采用逐期淘汰的办法，另外招考初中毕业程度的学警，严格训练，先后共办理两期，历时9个月，共培养合格警士80名。教官除主任一员为聘任外，其余则请县政府高级职员义务担任，采用本省警训所及浙江省警校巡训班讲义为教材。在第一期学警训练的过程中，正值警力缺乏，盗窃案件频发，于是更改教育计划，按照“做学合一”的宗旨，进行临时实习。将学警4人到7人编为一组，指定组长1人，派往警力匮乏的乡村，划定区域联合巡逻，以此来维护治安。此外，

---

① 韩梅岑．宜兴县公安局试办警管区制之后．江苏警察，1936，1（4）．

② 陈幼民．嘉定县公安局试行警管区制概述．江苏警察，1936，1（4）．

③ 陈幼民．嘉定县公安局试行警管区制概述．江苏警察，1936，1（4）．

还要求实习学警将每天执行勤务的情况以及本人的想法，写成报告，由县局统一汇合进行评析。县局派教官巡回各乡村，对学警进行指导，仅3个星期，盗贼就销声匿迹，人民群众特别满意。

（二）警管区制的推行步骤

限于经费和人才都比较缺乏的客观情况，嘉定县警管区制采取逐步推行的办法。

第一期学警实习结束后，被派往第二分局的南翔镇试办警管区制。当时正在进行编查保甲第二期，于是协同区公所办理调查户口及缮订门牌事务，并依据保甲编组的情况，划定警管区26个，暂时设置3个巡守所，施行办法如下：

（1）派警士辅助保甲进行清查户口工作，并划定每2保到5保为一个警管区，指定1名警士负责该区警务。

（2）依据当地地形，将3个或4个警管区设为一个联合巡守区，选择重要地点设立巡守所，由这些警管区警士负责联合巡守。

（3）每一联合巡守区，指定警士1人为负责人，必要时加派1名警士进行辅助。

（4）制订勤务时刻和巡逻路线，务必使时间、空间均能相互衔接，周密布置。

（5）规定警士对户口、卫生等工作取缔、查报和救护、辅导社会事业的责任，增加行政效能。

（6）在适合及重要地点建造巡守所，其式样按照北平、杭州两地的马路派出所形式建造；而乡间巡守所，可附设于学校内，以达政教合一的宗旨。

（7）另外组编车巡队，在乡间进行往返巡逻，弥补警管区警力的不足。

1935年7月，第二期学警训练结束后，被派往第一分局所属的四城镇四郊乡继续推行警管区制，推行办法与第二分局大致相同。第一分局警管区划分以保甲为原则，只是城市保的户数较多，并且按照顺序编组，在重大的街道还比较齐整。但是，到小巷住户，以保编组则不容易互相联系，于是改变办法，以保甲为连用，同时并不拘泥于“保”的地域。

（三）勤务分配

嘉定县公安局对于警管区警士勤务，制定工作纲要，以清查户口为基本工作，以强迫识字为中心工作，以临检巡守为日常工作，按日考勤。只是因为各巡守所警士人数多寡不一，故勤务分配，亦视巡守所人数多寡而定。表2.3为嘉定县公安局第一分局州桥巡守所勤务分配表。

表2.3　嘉定县公安局第一分局州桥巡守所勤务分配表

嘉定县公安局第一分局州桥巡守所勤务分配表自十一月一日施行	替代别／勤务别／时间别		受训	执勤	守望	巡逻	临检视察	抽查户口	强迫识字	休息	勤务番号对照表	姓名	翟耀先	胡鼎	杜元宸	文光安	附记
	白天	五至六		甲			己			戊丁丙乙		1	甲	乙	丙	丁	此种分配表，以六天为一轮回，每天由一人轮天休息十七小时，并有半数人受训二小时
		六至七		甲			己			戊丁丙乙		2	乙	丙	丁	戊	
		七至八		甲			己			戊丁丙乙		3	丙	丁	戊	己	
		八至九		乙	甲				己	戊丁丙		4	丁	戊	己	甲	
		九至十		乙	甲				己	戊丁丙		5	戊	己	甲	乙	
		十至十一		乙	甲				丁	己戊丙		6	己	甲	乙	丙	
		十一至十二		丙	乙				丁	己戊丙		7					
		十二至一	己甲丁	丙	乙				戊								
		一至二	己甲丁	丙	乙				戊								
		二至三		丁	丙			戊己	甲	己							
		三至四		丁	丙			戊己	甲	己							
		四至五		丁	丙				乙	己戊甲							
	黄昏	五至六		戊	丁				乙	己丙甲							
		六至七		戊	丁				丙	己乙甲							
		七至八		戊	丁				丙	己乙甲							
	夜间	八至九		甲		戊				己丁丙乙							
		九至十		甲		戊				己丁丙乙							
		十至十一		甲		戊				己丁丙乙		1	戊	己			
		十一至十二		乙		丙甲	戊			己丁		2	己	甲			
		十二至一		乙		丙甲	戊			己丁		3	甲	乙			
		一至二		乙		丙甲				己戊丁		4	乙	丙			
		二至三		丙		丁乙				己戊甲		5	丙	丁			
		三至四		丙		丁乙				己戊甲		6	丁	戊			
		四至五		丙		丁乙				己戊甲		7					

（四）警管区勤务设备

嘉定县警管区设备当时主要有以下两种：

1. 册簿类，如户口调查表、户口异动登记簿、营业检查簿、调查不良人登记簿、烟民名册、不识字人调查册、人民自卫枪炮调查册、勤务日记簿等，每管区警士各备一册。

考勤簿、勤务时间簿、命令抄录簿、电话记事簿、长官监督指示簿、报告簿、枪械保管簿、公有财产登记簿、各种统计图表等，每巡守所各备一份。

2. 警械用具类，如步枪或手枪每人 1 支、警笛每人 1 只、捕绳每人 1 条、手电筒每警 1 只、计时钟每巡守所 1 具、电话机每巡守所 1 具、自行车每联巡区 5 辆，办公桌、双人铺、茶具等每巡守所若干。

（五）警管区查勤办法

陈幼民认为，警管区制是一种散在制，尽管警士训练之后自治能力有所提高，但如果没有有效的监督，警士不能加强自我约束，相比于集中制危害更大。所以，嘉定县针对控制和监督警士的工作，制定了《嘉定县公安局警管区查勤办法》，主要内容如下：

1. 督察员每周应巡视各个巡守所和警管区至少 2 次，在每个巡守所应进行几个小时的详细考察，对工作进行指导纠正。

2. 股员、局员每周应该巡视各巡守所至少 1 次，除指导一般警务外，对属于其主抓的警务更要详加指导。

3. 巡官每天需要巡视各个巡守所或警管区 1 周，对警士能否认真执行勤务以及对事情处理是否妥当，加以指导。

4. 警长对其负责的警管区内警士的工作，每天至少要考察 1 次。

5. 卫生警长每天巡视警管区 1 周，见到应该取缔的事项，就命令该警管区警士办理。

6. 各级查勤人员在工作时需要穿制服，携带查勤簿互相签字，并将所指导的事项记录下来。

7. 每次查勤后，要将查勤簿上交，以备考核。若有呈请奖惩或需要改进的事项，需要呈报局长审核办理。

（六）试行警管区制过程中存在的几点困难

在试行警管区制过程中，陈幼民认为存在以下几个难题：

1. 警士人选困难。试行警管区制的最大困难，莫过于长警人选问题。警士须有独立治事的能力和吃苦耐劳的精神，其德行、学术、体质三者都强才能胜任。嘉定县公安局此前招考学警，以具有初中学识程度、农人的身手、愿意过士兵生活者为主要条件，但因待遇、生活、环境种种关系，大多数人见异思迁，不愿久于职位。嘉定县公安局前后办过两期，感觉事倍功半，这种训练事业，县局不可能单独负担。

2. 警士管理困难。警管区制为散在制之一，管理殊属困难，虽然说警士训练有素，应该有自治能力，但人情恶劳而好逸，倘日久玩生，精神涣散，其危险性殊有甚于集中制。故考勤一事，须特别注意，但县局督察人员不多，监察甚难。

3. 警士待遇困难。警管区警士学识程度，既定为中学毕业，则待遇自应提高，才能安心服务，但各县公安经费均甚支绌，目前支付尚感困难，年饷功加更属不易。

4. 警士处理事务困难。警管区警士既负一个管区之责，自应授以相当的权力，以便处理一切轻微事务。但是，处理事务常发生两重困难，即对外与乡镇保甲长发生权限上的争执，内部自身则感觉本身力量单薄而呼应不灵。

总之，陈幼民认为，我国警政办理30年来，至今既没有确定适合国情的警察理论，也没有适应地方的警察勤务制度。有的人认为警察是单纯的治安组织，有的人认为警察是消极的工具。试行警管区制，从理论上认为警察是国家行政的重要机件，以实现三民主义为任务，以积极辅导社会、消极排除障碍的勤务为手段，借此彻底改革警政。①

三、省会试行警管区制

1935年2月，省警士训练所派学警到省会公安局第三分局进行临时实习，颇有成效。4月，省会市局指定第二分局各分所、第三分局五分所改为警管区制。3个月后，试行结果良好，第三分局三、四、六分所接踵改行警管

① 陈幼民．嘉定县公安局试行警管区制概述．江苏警察，1936，1（4）．

区制。[1]有关情况如下。

（一）对现状进行调研

试办警管区制前，对省会第二分局进行了调研。调研内容包括以下几点：第一，考察原有岗位的性质状况，参酌需要的限度，进行撤并与更改位置；第二，调查各分所辖境内的事务繁简，以及户口的多寡，拟定警管区、巡守区、联巡区的数量及划分；第三，对各条巡逻的路线和时间进行调整；第四，编制拟定勤务上需要的各种表格和手册。

经过调研，发现有几点需作改进：第一，原有的岗位守望，多数仅能作繁盛区域以及马路地带的点缀，比较偏僻的街巷以及居民住宅区岗位很少，所以每当发生盗窃案的时候，总是无法当场破获。第二，推行守望制，不能使警察网络遍布于辖境全部，以致防务不周密，警力的支配不经济。第三，旧有勤务制度中时间分配不科学，站三息六制，使警士劳逸不均、体力消耗过大，直接影响警士的健康。在休息的6小时之中，除上班前的准备及下班后的浴洗、饮食及其他零碎时间外，所得睡眠时间仅有5小时，再加上有其他特殊任务，睡眠严重不足，长此以往，精神非常萎靡。第四，调查户口工作，仅委派给少数户籍警承办，其普遍性和精确性难以得到保证。而直接肩负治安职责的守望警士，反而对其管辖区内户口的情形一无所知，已经与调查户口的初衷相背离。第五，为防止交通的危害而设置的交通警，可以依据路况拥堵的程度而设置。[2]

（二）警管区的划分

在充分调研的基础上，设计了如下警管区制推行方案。

警管区划分，以地段的繁盛与否即人口多寡为标准，暂定100户至200户为一警管区，设办公处于该区适当地点，执行法令，受长官的指挥监督，管理该区内一切警务。

---

① 惠晋．江苏省会公安局勤务制度概况．江苏警察，1935，1（2，3）．

② 计宗汉．江苏省会公安局第二分局试行警管区制．江苏警察，1936，1（4）．

合7个警管区为一巡守区，合设办公处所为适当地点。每区设警长1名，警士7人，轮流负守望或巡逻并调查户口的职责，同时执行一切法令，确保公共秩序安全。

联合3个至5个巡守区为一个联巡区，以巡官1名统率所属，负全区治安的责任，并设特务警或差遣警数名，分别担任日常特务工作。其办公地点仍在原来的分驻所内。

（三）警管区勤务分配

省会第二分局与第三分局两分局对于警管区制的勤务分配，方法大体相同，均采用七人三部制，即每个巡守区共有7个警士，管7个警管区；以警士6人分为3班，日夜轮值巡守，守望位置必设置于本巡守区街道冲要或适中地点，巡逻时必依规定路线往来梭巡，执勤时间采用四八制，每班2人，一巡一守（如上半部时间甲巡2小时乙守2小时，下半部时间为乙巡2小时甲守2小时）。巡守交换时，以巡就守并须将经过情形简明互述。在这种情况下，平均每天每个警士执勤8小时，训练及调查户口2小时，休息6小时，夜间睡眠8小时，并且每星期每个警察都有一整天的休息，既可充分休息也可料理个人私务①。表2.4为省会公安局警管区勤务基准表。

表2.4　省会公安局警管区勤务基准表

江苏省会公安局第　分局第　分驻所警管区勤务基准表				
部勤时间	第一部	第二部	第三部	第一部
日次＼勤务番号	（上午）6—10	10—2	2—6	6—10
第一日	1　2	3　4	5　6	1　2
第二日	7　1	2　3	4　5	7　1
第三日	6　7	1　2	3　4	6　7
第四日	5　6	7　1	2　3	5　6
第五日	4　5	6　7	1　2	4　5
第六日	3　4	5　6	7　1	3　4
第七日	2　3	4　5	6　7	2　3

① 惠晋．江苏省会公安局勤务制度概况．江苏警察，1935，1（2，3）．

（续表）

备注	（1）本表合7人为一巡守区分任巡守勤务，不分昼夜，由警士6名轮值，1名休息。 （2）执勤警士每日巡守8小时，退勤后于各警管区调查户口2小时。 （3）大休息警士自上午6时至12时留守所中整理一星期中之户口变动，12时至晚8时放例假8小时，有眷属者得准其回宿一宵，翌晨6时以前到所。 （4）本表因图简省未将警长勤务列入，按每巡守区各置警长1名，分任巡查岗位、巡逻及勤惰并抽查境内户口。

关于巡逻勤务，省会公安局作出详细规定。巡逻路线的设定，以每巡守区的范围能普遍逡巡为标准，以防范周密为原则。巡逻路线不限于1条（如第二分局规定3条路线），这样随时随地可以看见巡逻警出没，可使宵小之徒有所戒惧。巡逻警巡逻的时间为2小时。要能依规定路线逡巡全区3遍为原则，绝不可偷闲，如在途中遇有排解纠纷、取缔卫生、处理案件等临时事件，必记于日记簿，下班后送呈巡官盖章，以资考察，否则一经查出，即以迟签、漏签论，并予相应处分。每个巡守区，选择道路冲要的地方，设置巡逻箱，内放巡逻签或签到簿。这样可以弥补警长查勤的不足，防止警士偷闲巡逻舞弊。每个巡逻警所带物件，除与普通警士共同外，还应额外配备挂表1只，手电筒1只，日记簿1本，铅笔1支，橡皮1块，捕绳1根，以备随时正常应用。①

（四）警管区勤务考察

省会公安局为警管区监督考核机关。省会公安局制定了详细的考察办法，有效克服警士偷闲疏忽的不良习惯，并制定《长警功过赏罚规则》，规定赏罚方法，调动警士的积极性。考察主要规定如下②：

警长对其所管巡守区内的警士，每日夜至少查勤4次以上。查勤时间的分配，由分局斟酌实际情形规定；该管区巡官，每天应查岗2次，查巡逻1次；

① 惠晋．江苏省会公安局勤务制度概况．江苏警察，1935，1（2，3）．

② 惠晋．江苏省会公安局勤务制度概况．江苏警察，1935，1（2，3）．

分局内勤巡官及局员，每星期查岗、巡逻各 1 次至 2 次不等；分局长随时外出抽查；总局督察处不分昼夜常派稽查前往检查岗、巡逻，督察员、督察长则不拘时间前往抽查。

（五）警管区制的优点和缺点

惠晋认为，警管区制具有明显的优点，包括：第一，如警管区制警士巡逻守望各 2 小时，互相交换，则劳逸平均，精神不致萎靡；第二，站立时间缩为 2 小时，普通警士常患有足疾，可以免除痛苦；第三，有调查户口时间，外勤各警明了本段户口，一旦发生盗窃案件，则胸有成竹，缉捕易于着手；第四，有受训练时间，可将日间休息 8 小时内，划出 1 小时至 2 小时训练学术两科；第五，有整个休息日的规定，在此时间可以充分休息或料理私人事务。

同时，惠晋认为，警管区制也有缺点，第一，警区警士巡逻时如不全力注意四周环境，无异于走马观花，难收成效，欲矫此病，须各级官长巡察严密；第二，警士利用外出调查户口机会，往往探听居民家庭私生活情形，甚至有少数警士乘机调戏妇女。这有赖于警察接受良好的训练，并且品行端正。

（六）试行警管区制的成效

省会试行警管区制后，第二分局分局长计宗汉以及惠晋等都对取得的效果给予了极高的评价，主要包括以下四点：

1. 长警服务精神振作。过去警察因无充分休息睡眠时间，执勤时往往呆立街头或竟倚枪瞌睡（于晚间此情形尤多）。试行警管区制后，长警均能充分睡眠，适度休息，故精神饱满状态前所未有。况且巡逻守望，轮流交替，动静可以调剂，四周环境，既非固定，见闻自可日新月异，诸如此类，往往可以提高服务的兴趣。

2. 调查户口比较精密。以前户口调查工作，完全依赖于分所户籍警士，一般警士忙无头绪。警管区制以普遍调查户口为中心工作，且各警士各管一个地段专责，故居民之职业、经济、品行、个性、行动、社交及其是否良莠，均已深印于脑海之中，在预防和侦查犯罪行为上有很大帮助。

3. 利用巡逻破获案件增多。居民失窃多数在夜间，因此固定守望不易发觉。实行新制后，境内巡逻警出没无常，借此力量，破获窃案者为数不少。“新制实行至本年度 12 月 10 日止，窃案由巡逻警当场人赃并获或事后侦查破获者，计 54 起，未破获者仅 3 起，反观未实行警管区制前，4 个月窃案统计 27 起中，警士破获仅占 7 起，未破获者多至 15 起，不仅可表现警管区之优于守望制，且人民无形中已得益匪浅矣。”①

4. 治安责任共同担负。以往一个分所地面治安之责，悉交与巡官一人，长警下班以后，即可不闻不问，但改行新政后，各个警士均各有其责任。一旦本地段发生事件，除巡官外，警长、警士亦连带负有责任，如此划清责任，以后办事也顺利得多。

省会公安局在推行警管区制工作中，最大的特点就是对警管区勤务进行了更加细致的研究和配置，在勤务种类、执勤时间等方面进行更加科学的编排，收到了良好的效果。

四、无锡县试行警管区制

1935 年 9 月，民政厅第二次招收学警 200 名及退职警官 60 名，同时将全省各县曾在警校本科学业的现任警官 60 名调省训练，成立警官补习班。训练期满，省政府决定，以无锡县为警管区制第二实验区。随即以第二次训练期满的学警与招考的警官补习班警长分发至无锡县警察局服务。无锡县警察局原有长警 800 余名，实行警管区制后仅 500 余名，裁汰近 300 名。

李君坚根据亲身推行警管区制的经验，撰写了《警管区之理论与实际》一文，发表在《警声周刊》第 2 卷第 12 期上。现将无锡县推行警管区制的有关情况总结如下。

（一）警管区的划分方法

关于警管区的划分，李君坚认为，应全面考虑人、地、事三者的情况综

① 计宗汉. 江苏省会公安局第二分局试行警管区制. 江苏警察，1936，1（4）.

合决定。“人”，指警士人数多者，划区可以稍小，反之划区须大。“地”，指地大则划区不宜过小，反之划区可以稍小。“事”，指人事繁杂的地方，划区不宜过大，反之划区可以稍大。同时，又必须考虑警士的能力。若划区大，虽然可减省经费，但是过大则经常导致顾此失彼、力不胜任。总之，划区不能有固定不变之标准。大概在人事繁杂、户口稠密的地方，每个警管区，以管辖户口 200 户至 500 户为限，地区大小可以不计。在地广人稀、人事简单以及偏僻的地方，每个警管区，以辖地面积 4 方里至 12 方里，管辖户口自 300 户至 700 户为限。同时，最好不打破原有的保甲组织，这样才能与自治组织取得密切联系，达到警保合一的目的。

（二）警管区办公处、驻在所与派出所的设置

李君坚认为，集合 4 个到 7 个警管区，选择适中地点设立派出所。设警长 1 名，负责管理指导警管区警士的责任，遇有警士因病或事故请假时，可代理其职务，警长亦可以兼理警管区，这样可以节省经费。派出所直接受分局分驻所的管辖。

每个警管区设立办公处。其管区与派出所较近者，其办公处可附设派出所内。距离稍远者，应另设办公处于其管区的适当地点。晚间仍住宿派出所内，在规定办公时间内，则赴办公地点办公。距离较远者，应设置警管区驻在所，白天办公，夜间睡眠均在该处。驻在所警士，应以年稍长而有家室者为宜。因事离办公处时，其家属暂行代理其职务，可便利不少。

警管区办公处及驻在所地点，能利用当地寺院、学校或镇办公所房屋尤佳。这样，既办事方便又可减省房金支出。

在分局、分驻所附近的派出所，可附设在分局、分驻所内。

警管区制中分局、分驻所的地位，已非警察执行机关，而成为警察监督机关，其内部组织可以稍微简单。

（三）警察网与警戒线配置

李君坚认为，由于两个派出所交界处的警管区以及各个警管区互相交界处，在实施勤务时，相互交错配置。要使每一地、每一人、每一物必有警士

管辖，必须要联络周密。一地发生事故，全警区各地立刻感觉，共同协力处置。譬如由细绳结成之网，触动一处，必全网震动。警察网的配置，必须达到此种程度。

在实施警管区制的区域内，择其街道重要地点，如川河湖泊的港口、山岳平原的要道及与邻县市交界的地方，本县市区与区交界的地方，特别设置警管区，选择能力、胆力较优的警士，驻守彼地执行警察事务。可以随时侦查来往行人、船只。遇有形迹可疑者，加以检查注意，并通知附近各警管区共同注意，以免宵小混入。如果一人力量单薄，也可与附近各警管区联络服务。这就是警戒线的配备。

（四）勤务支配的原则

李君坚认为，警管区制与其说是制度改革，不如说是勤务方法变更。警管区制勤务支配，必须有机动性。根据因地制宜、因事制宜、因时制宜与因人制宜这四个原则来决定。

所谓因地制宜，指城市与乡村，工厂区与商业地，环境不相同，警察的应付也就不能采取相同的手段。

所谓因事制宜，指警察在人事复杂、人事简单的不同环境下，其处置方法也不能相同，如多酗酒斗殴、多盗窃案件、赌博风盛的地方，作适当的勤务支配。

所谓因时制宜，如夏天酷暑，妨害风化的事件甚多，冬日避寒偷盗的事独多，因此警察支配勤务时，也应适合时令的不同而采取适当的方法。

所谓因人制宜，指应根据各人天赋能力的不同，所能负担的工作也有轻重之分。人都有其所长，如某人处世精细，某人对于职业心理学颇有研究，某人办事能力甚佳而胆力甚壮，因此在支配勤务时，也要顾虑人的能力，尽量能各尽所长。

李君坚认为，各警管区的勤务基本表应先由分局分驻所制定，勤务支配表由派出所警长依照基本表规定的原则，逐日审定。

（五）警管区制的勤务种类

李君坚认为，警管区制的勤务种类，大概可分为基本勤务与一般勤务两种。[①]

1. 基本勤务，包括以下 11 类：

（1）调查户口。包括户口的调查、复查、抽查及人事登记与异动查报，每日至少应抽查 10 户以上。

（2）调制管区详图。该图比例应稍大，应包括山岳、河川、桥梁、森林、寺庙、学校、机关、公所、重要建筑物及巡逻线等。

（3）社会调查及统计。调查统计管区内的失业者、残废者、失学儿童、壮丁，并制图表作比较。其数字增减状况，作为救济扶助或取缔禁停的根据。

（4）生产调查统计。调查统计本管区内每年产米、产麦、产豆、蚕桑生产，并列图表作比较。于上年增减的状况，探求增减的原因，作出适当的处理。

（5）民众访问与民众服务。目的是使各警士与其管区内民众增加接触的机会，详知各户的家庭环境，并代民众解决各种困难问题或代写书信等。

（6）办村服务。例如，向农民讲解时事问题及普通常识，协助农民驱除害虫，提倡用科学方法增加生产等。

（7）调查不良分子。在调查户口或访问民众时，暗中调查不良分子，平时加以注意监视，定期召集谈话等。

（8）协助保甲。平时应与保甲长取得密切联络，警察与保甲组职务必打成一片。

（9）协助民众教育。例如，办民众识字班，设立壁报，举行卫生清扫宣传、防疫宣传等，已有此种组织者与社教机关紧密合作办理。

（10）协助兵役。讲解国际大势，分析敌人侵略我国过去与现在的事实，以激起其抗敌情绪，对于国民的责任、兵役的意识、抗避的罪恶，作一一说明。对于兵役一事，事前的宣传与事后的强行救济，均依赖于警察的努力。

（11）协助禁烟。根据现有法令，宣传工作多使用强力手段。

---

① 李君坚．警管区之理论与实际．警声周刊，1938，2（12）．

2. 一般勤务，包括以下两类：

（1）内勤。包括各种簿册报告表的填写与整理；枪械、子弹、服装、公物的登记与保管；受理人民报告（如填记口头报告记录表）；外勤事项的计划及准备事宜等。

（2）外勤。包括守卫、守望、交通指挥与整理、巡逻、管区巡视、便衣侦伺、检查卫生、随时事件的弹压、重要场所的保护、逮捕及搜查等。

（六）警管区制的查勤方法

李君坚认为，警管区制警士分散在各处，各个执行警察事务，警务考核较难，因此长官查勤次数宜多。考核方法必须周密，赏罚必须分明。无锡县警察局规定，所长应每日巡视各派出所 1 次，抽查各警管区 10 个以上，查交通岗至少 1 次；巡官应每日巡视各派出所 1 次至 2 次，抽查各警管区 10 个以上，抽查户口 10 个以上，查交通岗 2 次以上。

勤务的考核方法。各派出所、各警管区办公处及驻在所分别设置勤务簿，警士出动离所或勤务返所，或在服务时所见所闻及处置情形，均须记载，官长警长查勤到达，亦须签名。共签法如下：警士 ×× 于上午 ×× 时巡逻离所；警士 ×× 于上午 ×× 时 ×× 分抽查户口离所；警士 ×× 于上午 ×× 时 ×× 分检查卫生离所；警士 ×× 于上午 ×× 时 ×× 分查勤到所；警士 ×× 于上午 ×× 时 ×× 分巡逻完毕返所——巡某线；附注：×× 时 ×× 分到达 ×× 见 ×× 户 ×× 将瓜皮弃置途旁已予以严重警告并责令扫除；巡官 ×× 于下午 ×× 时 ×× 分查勤到所。

各警管区每 5 天或 10 天将勤务簿送交派出所警长，为初步统计。

派出所警长于每月之终，将已统计的勤务簿送交分局或分驻所，为第二次统计。

根据勤务支配表规定，某人 1 个月内应值何项勤务几小时，与勤务簿上统计结果核对，即知超出或漏勤的结果。

分局或分驻所每 3 个月或 6 个月将已统计而有结果的勤务簿及勤务统计报告表一并呈送县局，发交督察处复核，决定赏罚。同时统计官长查勤的情形，一并签发呈局长核实办理。

对于巡逻勤务的考核，除根据勤务簿统计外，还设置巡逻签名簿。在路线的适当地点，设置巡逻箱，簿即置于箱中。如该处有机关公所，可将此簿挂在屋内，不必设箱，委托该处人员代为照顾此簿。警士巡逻经过或官长查勤达到，必须签名，并在簿上记明时刻。由派出所警长将此簿于月终时一并送呈分局或分驻所，与勤务簿互相对照。核实时间是否衔接，以考核其是否按照规定服务。

（七）警管区制警士的待遇问题

李君坚认为，警管区制警士的待遇应稍提高。无锡县警察局警长、警士的待遇实行年功加饷办法，具体如下：①

1. 警士待遇。警士待遇分为以下三种：

（1）学警，即警管区警士，在训练时期，月支津贴 8 元；在实习时期，月支津贴 12 元；在正式服务时期，最初月支 16 元。以后，按年加 2 元，至 26 元止。

（2）提升警管区警士，即在原有警士中择优提升者，一律月支 13 元，但服务满一年成绩优良者，升补为正式警管区警士。

（3）特务警，也在原有警士中选择，程度较前者稍差。其职务如守卫、传达、拘留看守、临时弹压以及司法警察勤务。支饷分五级。最初月支 10 元，以后逐年加 1 元，至 14 元止。

2. 警长待遇。警长待遇分为以下两种：

（1）学警警长，在学警中择优选充。训练及实习时期，待遇与警士相同。正式服务时，最初月支 20 元，以后每年加 2 元，至 32 元止。

（2）特务警长，在原有警长中择优提拔。支饷分 5 级。最初月支 14 元，以后每年加 1 元，至 18 元止。

总之，李君坚认为，警管区制并非单纯由我国自己发明，也不是抄袭他国而来，而是采取他国制度的优点且参照本国实际，几经审慎商榷而制定的。

---

① 李君坚．警管区之理论与实际．警声周刊，1938，2（12）.

警管区制试办实验结果显示出诸多优点，[①]正因如此，警管区制颇受当局青睐，乃至能够从江苏试办推广到全国。

第四节

全国推行警管区制受阻

江苏省试办警管区制以后，由于成效显著，民国政府已经开始着手在全国范围内推行。但是，由于抗战爆发，导致警管区制的推行受阻，但在后方部分城镇警管区制仍然在推行。

一、制定警管区制全国推行总体规划

（一）公布《各级警察机关编制纲要》，提出全国推行警管区制规划

民国政府“内政部”依据行政院《整理警政原则》第 3 项“各级警察机关之设置与组织，务求划一”的规定，拟订了《各级警察机关编制纲要》。并于 1936 年 7 月 25 日呈请行政院二七一次会议决议通过，公布施行《各级警察机关编制纲要》，废止 1928 年 10 月公布的《各级公安局编制大纲》。

施行《各级警察机关编制纲要》，是国民党政府在即将爆发的日本侵华战争前一次重要的对警察体制进行整合的运作，企望达到对警察机构设置划一。《各级警察机关编制纲要》明确规定“各级局所警察勤务以采用巡逻制为原则，并得划分警管区，为警察担任勤务之基本单位。关于巡逻区之配置，警管区之划分等事项，由各该警察机关酌量地方情形定之，但需呈报主管机关核准”。

① 李君坚．警管区之理论与实际．警声周刊，1938，2（12）．

《各级警察机关编制纲要》的出台，标志着民国政府在全国推行警管区制正由设想走向现实。

（二）公布《省会警察局组织暂行规程》，在省会等主要城市普遍推行警管区制

1936年12月26日，民国政府“内政部”公布《省会警察局组织暂行规程》《市警察局组织暂行规程》《县警察机关组织暂行规程》。其中，《省会警察局组织暂行规程》中明确规定，省会警察局需就管辖区人口面积、交通及其他社会情况划分若干区，每区设置警察分局；警察分局在辖区内酌设警察分驻所及派出所，并划分警管区，以巡官长警分负该管职务。

制定《省会警察局组织暂行规程》，这是民国政府在省会（当时全国主要城市）普遍推行警管区制的重大部署。除江苏省会镇江已经推行警管区制外，临时首都重庆、陕西省省会西安、福建省省会福州等也在积极推行警管区制。

二、警管区制因抗战受阻

自1936年警政整理原则提出之后，“内政部”即积极从事各级警察机关编制的建设。1937年7月，日本发动全面侵华战争，抗日战争全面开始。时局动荡，使得许多抗战前的重要建设因而停顿。正常的警政建设方案无法继续实施。战区各省、市、地方警察机关，因战略关系奉令转进整理，或补充部队，或充任游击，或编为省政府特务队，或改编为警察队，均已无法维持平时之正常组织编制。各地警察人员或因公殉职，或地区沦陷，或转进战场，正在进行的警察组织建立工作陷于瘫痪。[①]

全面抗战开始后，“内政部”即参酌全国警察的实际情况，根据战时需求，拟订了《战时警察方案》，明确战时警察的主要任务在于清查户口、

① 赖淑卿．国民政府警政制度之建立及其发展（1925—1948）．台湾“国立政治大学”硕士论文，1992：101.

镇压暴动、空袭警戒、组训民众、汉奸间谍的防止、外国使领侨民的监视保护；此外并应协助办理征工、征兵、征发的调查和执行、物料统制及救护与破坏的协助。1938年9月，“内政部”为统一办法起见，又颁布施行《战区警察处理大纲10条》，作为战区警察机关处理的依据。该大纲规定，战区各级警察机关，在管辖区域为战区时，应体察情形，迅将所属员警，按照固有人数，改编为警察队。在奉命撤退之前，应预行精选机警干练员警，潜伏所辖区域内，担任敌情报告工作。于奉令撤退以后，省会警察局编成之警察队，以驻守于省政府临时所在地为原则，市及工商业繁盛地方的警察局编成的警察队，应驻守属境或指定地点，县警察机关编成之警察队，应驻守于县政府临时所在地或其他指定地点，并听受上级官长及防军司令长官的指挥调遣。其各市、县及工商业繁盛地方的警察队，于本管区全部沦陷时，应随同各上级官署，移驻于邻县属境，或合并于其他警察机关，或交由军事机关改编为游击队或别动队。而事实上，各地警察机构随局势的演变，无法完全按照上述原则相应处理。①

可见，战时警察的工作任务发生了明显变化，警察功能迅速缩减，各地警察组织实际上并不完整，大多数县份仍仅设警佐来负责地方警察业务，而无法担负地方治安的维持。②警管区制的全国推行迅速陷入困境。

三、后方实施警管区制情况

尽管抗战时期在全国范围内推行警管区制的条件和环境并不允许，但当时警界高层对推行警管区制的主张并没有发生变化。

1941年3月21日，国民政府行政院拟订公布施行《县警察组织大纲》。针对《县各级组织纲要》中对县级警务和警察机关设置考虑不周、职能和责

① 赖淑卿.国民政府警政制度之建立及其发展（1925—1948）.台湾“国立政治大学”硕士论文，1992：101.

② 赖淑卿.国民政府警政制度之建立及其发展（1925—1948）.台湾“国立政治大学”硕士论文，1992：111.

任不明确，导致各地难以执行的情况，制定该大纲，作为对《县各级组织纲要》的完善和补充。《县警察组织大纲》规定，实行警保联系、警管区的警察所长得兼区军事指挥员；乡镇警卫股主任由训练合格的巡官或警长充任。1941 年，“内政部”颁布《整理警政计划》，重新确立警察体制，要求各县在区署所在地恢复设立派出所，特务警察、保安警察、政务警察、侦缉队等一律归属警察局管辖。按保甲区域划分警管区，设立保警，与保甲户口制度相结合，实施警察勤务。1942 年 7 月 25 日，“内政部”公布施行《县警察机关设备标准通则》，对县警察局、警佐室、警察所、警察分驻所、警察派出所或乡镇警卫股、警管区或保警卫干事的办公警务用房、车辆马匹、制服、枪械、交通岗亭、各类登记簿册、图表等设备标准等作出规定，并附《县级警察机关设备标准等第表》。

后方根据各自实际情况，对推行警管区制进行了布置和实施，如 1942 年 12 月，浙江省三十一年度警政检讨会在云和县召开，确定后方各县警察机构设置规定，规定自次年起，县属各区一律设警察所，区警察所以下划分若干警段。警段设分驻所或派出所。每一警区按原有保甲区域，划分若干警管区；按照“千人一警”的标准，增加警察编制。现将大后方主要地区推行警管区制情况作一论述。

（一）重庆推行警管区制

重庆作为临时首都、西南重镇，国民政府重要机关相继迁到这里。与以前相比，警察工作显得尤为重要。重庆警管区制实施情况与江苏有所不同，主要体现在：

1. 警管区划分：重庆市每一警管区的户口约 900 户左右（以第三分局段牌坊分驻所的警管区为例），[①] 与江苏警管区管理的户口相比较多。

2. 警管区警士数量：每警管区配备多人，数量不等。有的为 9 人，[②] 有

① 章承祖．警管区制．上海警察，1946（3）.

② 重庆市警察局第七分局呈请增设长警九名在川东师范市府新成马路添设警管区一个．重庆市档案馆藏，0053-20-348.

的为 10 人，[1] 共同负责管区内事务。同时，警管区另专设户籍警，警管区警士不担任户口调查。[2]

3. 警务分配[3]：

（1）值休时间：每一警管区置警士 10 名，每日轮流 9 名值班 1 名休息。班次时间为：第一班（0：00 ~ 4：00）、第二班（4：00 ~ 8：00）、第三班（8：00 ~ 11：00）、第四班（11：00 ~ 14：00）、第五班（14：00 ~ 17：00）、第六班（17：00 ~ 20：00）、第七班（20：00 ~ 24：00）。其中第三、四、五、六班为值三休六，第一、二、七班为值四休八。

（2）勤务更换：勤务更换分为 10 人双岗警管区与 10 人单岗警管区。

10 人双岗警管区，每于第三、四、五、六四班，为两守一巡，每小时互换勤务或执勤地点一次。第一、二、七三班，因事务较简，将次要守望岗警士的守望勤务，改为巡逻，与原巡逻警联合巡逻，每 1：20 或 2：40，轮值首要守望岗，守望勤务一次。以第二班（4：00 ~ 8：00）举例如下：

4：00 ~ 5：20——执勤警士 3、6、9 三人，于 4 时出动，9 前往首要守望岗，接替守望勤务。3、6 则前往巡逻交替点，接替联合巡逻勤务。

5：20 ~ 6：40——6 前往守望岗，接替守望勤务，3 在巡逻交替点稍待，等 9 到达后即开始联合巡逻。

6：40 ~ 8：00——3 前往守望岗，接替守望勤务，9 在巡逻交替点稍待，等 6 到达后，即开始联合巡逻。

7：50——9 至次要守望岗，6 至巡逻交替点稍待，等第三班执勤警士接班后，再返所。

10 人单岗警管区，每于第三、四、五、六班，为一巡一守，以每小时互换勤务一次，第一、二、七班，因事务较简，将守望岗警士的守望勤务改为巡逻，与原巡逻警联合巡逻，每 1：20 或 2：40，轮值内勤值班 1 次，以内勤值班比首要守望岗，守望岗比次要守望岗，换勤方式与 10 人双岗警管

---

① 重庆市警察局现行警管区制度说明 . 警察旬报，1937，1（19）.

② 章承祖 . 警管区制 . 上海警察，1946（3）.

③ 重庆市警察局现行警管区制度说明 . 警察旬报，1937，1（19）.

区相同。

1939 年 12 月，为确保指挥便利，重庆市警察局重新划分警管区域，将原有 6 区重新改划为 12 区，增设为 12 个分局，① 分局以下设若干分驻所。

（二）湖南省澧县试行警管区制

1937 年 1 月 25 日，湖南省澧县县政府就县城第一区试办警管区制，向湖南省政府呈拟公文。湖南省主席何键、民政厅厅长凌璋同意该县试办警管区制，并提出四点指示：（1）巡守所应依照部颁警察机关组织规程，改称派出所，以昭划一；（2）警饷定额过高，恐非各县财力所及，可遵最近省令，转行部定饷额，暂以 10 元为准；（3）所拟招收初级中学或师范毕业学生充当警士警长，素质固佳，但警察事务繁杂，如仅施以 1 个月的训练，能否普及警学常识，亦须慎重考虑；（4）该县财政局预备费究有若干，能否开支此项经费，亦应切实声明，并将该项区制组织拟一正式预算呈核。

（三）西安推行警管区制

1938年秋，民国政府陕西省民政厅为适应战时需要，提高警察行政效率，督饬省会警察局将原有官警进行调整，实行警管区制，将 7 个分局划分为 7 个警管区，各分局内，每 150 户至 200 户划为一警管区，每一警管区由 1 名警士担任一切警务，负责管理之专责，每一警管区内择一核心地点设派出所；西安全市共设派出所 39 处。②

（四）福州推行警管区制

1943 年，福州市警察局制定《警管区实施计划》③ 和《警管区派驻警士规则》④，在全市范围内推行警管区制。具体内容如下：

---

① 重庆市警察局改设分局计划书草案 . 重庆市档案馆藏，0053.20.348.

② “内政部”警察总队 . 警察向导，1939，1（7）.

③ 警管区实施计划 . 警声月刊，1943，8（4）.

④ 警管区派驻警士规则 . 警声月刊，1943，8（5）.

1. 警管区划分标准。

（1）以每一保为一警管区，唯如因警力单薄，可酌量情形，以警士 1 名负责 2 个警管区。（2）两保地势未毗连，适应当地情形与事务繁简，酌量均分。警管区由分驻所派遣警士 1 人驻在，暂设驻在所于保办公室内。派驻警管区警士其膳食住宿仍须集中分驻所以便管理。

2. 警管区勤务配备。每一警管区派驻警士 1 名，专责区内各项任务执行。每日须有 3 个小时以上时间驻区服务（3 小时中以 1 小时为处理公文及户籍登记，以 2 小时为巡察及抽查户口），每人每日工作时间不得超过 9 小时。以 4 个警管区（一人兼管两区者例外）负责一个守望岗为配置标准。巡逻警管区应不定时行之。①

3. 警管区勤务。警管区警士除依照部颁警长警士服务规程执行各项任务外，应特别注意下列任务：（1）彻查户口，人事登记；（2）预防危害，禁烟毒、赌博、娼妓，改良风俗，注意卫生，维持秩序；（3）彻底执行各项营业取缔；（4）防止犯罪，检查汉奸，回答民众疑问；（5）执行平价，侦缉奸商囤积居奇及经济反对封锁事项；（6）编训义务警察；（7）扶助自治事务与协助保甲长训练；（8）推行新生活运动；（9）实施精神总动员；（10）其他指定应办及交办事项。②

4. 警管区警士驻在所设备。（1）簿册。包括接受案件报告登记书、居民临时来往寄居登记簿、户口手册、警察手册、命令记录簿、出勤签到簿、工作日记簿。（2）器具。包括办公桌椅及文具、公文柜。③

5. 警管区驻在警士勤务考察。（1）驻在所应设置考勤箱，警士于出动前向警长或巡官索取出勤簿带至驻在所，于退勤时投入箱内，考勤箱每三日由警长打开一次，验明号码，记取数字，记录于考勤表上。（2）有考勤责任的人应逐日至驻所处向驻在警士施行考询。索阅户口手册，令其默诵某户口家庭状况验其是否熟悉；索阅各项登记簿查阅其登记是否翔实；索阅警察

① 福州市警察局警管区派驻警士规则．警声月刊，1943，8（4，5）．

② 警管区实施计划，警管区派驻警士规则．警声月刊，1943，8（4，5）．

③ 警管区实施计划，警管区派驻警士规则．警声月刊，1943，8（4，5）．

手册，视其有无价值记录，并提出记录记载事项令其叙述最近处理之情形。（3）凡有考勤责任的人员逐日应轮流至各警管区巡视下列事项：街道是否整齐清洁，有无污秽堆积；抽查户口是否确实；有无巡警违法事件未予取缔。将随时发现事实记入警士手册的特定页上。①

（五）后方其他地区继续实施警管区制

在一些文献的零星记载中，可以发现当时大后方仍有不少地方继续实施警管区制，如 1944 年江西省在推行乡村警察的同时，还推行警管区制。②同年，云南省政府将各县原设的政务警察，饬改隶县警察机关管理，已经归并 52 个县。同时，为预防非常事件，云南省省会警察局在警管区内设分担核心工事派出所 13 个，核心工事交通岗亭 14 个，碉堡 4 座，并给现有警察配备武器，进行防守警戒。③同年，山西省政府对全省警察机关进行整顿，着重裁减员额，提高素质。同时，在本省吉县等县推行警管区制，要求提高官警待遇，提高工作效率。④

综上所述，警管区制作为国民政府警政改革的一项重要制度与措施，首先在昆山试办，继而在江苏全省进行推广，并逐渐普及全国范围。

警管区制作为一项改革措施，能受到国民政府警政当局与警察学者的青睐，源于同旧制比较，它具有鲜明的特点和功用。陈果夫、余井塘、程法、韦瑞墀、张达、陈幼民等均有所论述，其中学者程法的观点最具代表性与系统性。他认为，警管区制具有六大功用："一、警管区制，警士各有专责，并能各个发挥警察之作用，较诸现在公安局所采用之共同负责，收效为大。二、警管区制，组织严密，职务分明，既不能相互推诿，亦无因循敷衍余地。三、警管区制，勤务方法繁多，各就其使用之范围以为连用，非如现制之专以守望、巡逻为勤务也。四、警管区制，于城镇乡村，均可变化运用，不若

① 警管区实施计划，警管区派驻警士规则．警声月刊，1943，8（4，5）．
② 国民政府行政院．国民政府年鉴（第三回），1946.
③ 国民政府行政院．国民政府年鉴（第三回），1946.
④ 国民政府行政院．国民政府年鉴（第三回），1946.

现制之偏于城市，而不适用于乡村。五、警管区制，有普遍性，任何地点均有警察力量可及，且较现在设施为经济。六、警管区制，有联络性，故使匪徒不能随意出入；有敏活性，故运用灵活而无稽滞呆板之弊。”①

警管区制的优点显而易见，但在推行过程中，也存在一些不足，遇到不少困难。张达、韩梅岑、陈幼民、李君坚等作为试办地公安局的负责人与直接参与者，均有切身体会，如陈幼民认为，警管区在推行中面临四大难题，即“警士人选之困难、警士管理之困难、警士待遇之困难、警士处理事务之困难”。②

余秀豪在充分肯定昆山试行警管区制取得成效的同时，也提出了五点需要注意的事项：“一、因任务太繁重，且须积极工作，警士除初中毕业，受过严格的警察训练外，更应继续予以补充训练。二、警察既具上述的资格，又须有事业心，自要厚其待遇，或实行年功加俸，及注意一切福利事业，否则难望其安心工作。三、所管面积不要太大，以免精神不能顾及，户口调查与保甲之办理，须十分认真。同时警管区之划分，除户口外须根据犯罪之性质、数量、地点、社会情形与其他种种物质与人事上警察危险分子。四、因为一散在制度，且在乡村地方，交通联络与运输设备，宜求完善。五、宜置相当警备队，俾遇变出非常时，可立即出发，策应各区。”③

由此可见，警管区制作为一项优良的勤务制度，有效地提高了警政效率。然而，通过抗战前部分省市的试行与抗战时后方城市的继续实施，发现了诸多问题。其中最主要的问题在于，警士素质有待提升，警士待遇尚需提高。这些问题在一定程度上限制了警管区制作为一种相当完善的勤务制度效能的发挥。在此背景下，李士珍提出以警员代替警士，实施警员制，改革警察人事制度，全面提升警察素质，提高警察待遇与警察地位。自此，警管区制进入一个新的发展阶段——警员警管区制。

---

① 程法．警管区制之研究．江苏省警官学校，1936：2–3.

② 陈幼民．嘉定县公安局试行警管区制概述．江苏警察，1936，1（4）.

③ 余秀豪．警察学大纲．商务印书馆，1946：178.

第三章 警管区制与警员制

第一节　警员制的提出

第二节　警员制和警管区制的结合

第三节　警员警管区制的推行

1935年，江苏省率先推行警管区制，进而推广至全国，在一定程度上提高了警政效率。但是，在警管区制实施过程中，也发现了一些问题。由于当时的警察人事制度不够完善，导致警察素质不高，警管区制没有取得预想的效果。抗战爆发后，警管区制推行受阻，但在大后方的一些省市仍继续推行警管区制。20世纪40年代初期，国民政府在各地推行警管区制过程中，在对警管区警察人员提高素质的同时，开始探索完善基层警察人事制度。鉴于各地推行警管区制的实践经验，以及对警察素质低下实际状况的反思，国民政府内部一些警界人士逐渐认识到确立警察人事制度的重要性，主张推行警员制，以达到提升警察地位、待遇和提高警察素质的目标。抗战胜利后，国民政府正式确立警员制。警员制和警管区制结合产生了警员警管区制，并于战后正式推行。

第一节 警员制的提出

警员制的提出源于基层警察量少质弱、素质不高、地位待遇低下，特别是警管区制警察素质不高，不利于警管区制的推行。为了提高警察素质，配合警管区制的推行，不少地方在加强警察人员培训的基础上，进行了警察人事制度方面的探索。警员制概念随即被提出。

一、警员制产生的背景

警管区制在江苏等地推行过程中，产生了警管区警士不贴近群众、鱼肉百姓、触犯群众利益的问题，引起了学者和警界人士的关注和反思。

（一）缺乏严格的警察教育

吴则中对江苏警管区进行考察后，认为江苏警察素质不高的原因在于“缺乏充实的教育，也可以说因为一般的观念，对于警察作用大都从狭义方面认为仅负责维持治安之责，把他当作军人一样看待。我们不是说军和警有什么高下之分，因为军和警的作用和立场根本不同，所以教育或者训练的方式，也就根本不同。无论在理论方面或者事实方面，可以看到训练一个警察，比训练一个士兵多少要繁杂一些。一个合格的警察，不但要有健康的体魄，刻苦的精神，纯良的品性，娴熟的技术，还要有充足的政治常识，才能发挥他的作用，配做推行国家行政的机体。”①

同时，他认为，培训是造就高素质警察的重要手段。“中央本来规定着一个省警察人员的来源，应由省设警官学校造就合格的警官，并设警士训练所，造就合格长警，供给各县应用；同时各县并应设立长警补习所，分期抽调现役长警，施以补充训练。吾苏以往尚能本此意义，一贯行之，或可不致形成今日的四不相。以往的缺陷，似太偏重警官教育，十八年间，曾办有警官学校，至二十年即告停止，而警士训练所，办理未几，即成昙花一现，以致各县所需警士，不能不自由招募。去岁，考查各县现役长警，除老弱已予以淘汰外，不识字者，约占百分之七十，退伍士兵约占百分之五十，警察知识很缺乏，同时各县虽间有设立长警补习所，或以长警程度过低，不易训练，或以积习已深，难期造就，且补习所本身，亦因经费教育等关系，不能有良好的成绩。余厅长有鉴于此，一面创设省警察训练所，分期造就知能充足的员警试办警管区制，以为彻底改革的实验。一面预定相当的时期，实施全省普遍的训练，分全省为若干训练区，设立区警察训练所，甄别各县具有相当学力足资造就的现役警士，分期抽调，予以严格的训练。”②

（二）警察待遇低

李士珍分析了导致警察素质低的原因，是由警察经费欠缺以及警察待遇

---

① 吴则中．江苏的警察教育．江苏警察，1935，1（1）．

② 吴则中．江苏的警察教育．江苏警察，1935，1（1）．

低下造成的。李士珍认为，国民政府警察工资和普通雇工工资相等，甚至还不如雇工工资高，使得社会优秀人才不愿意从事警察工作，警察也不可能安心工作，忠于职守。“至言吾国警察之素质，其与提高待遇，亦殊有密切之关系。现今国内除极少数城市与一、二实验区警察之薪饷，勉能维持生活外，其余各地警察可谓与普通雇工之工资，无甚差别。其低微者如云南宣城县之警饷，竟只一元。他如安徽、河南、河北、贵州等省，亦有只至二、三元者，是又较之雇工工资为不如矣。以与雇工工资相等甚至不及雇工工资之待遇，自不足以吸收社会之优秀分子，使其为警察界服务及安心向上与忠于职守。如此尚安望其能达领袖所期望于吾警察界者——实愧为‘民众之导师，训育之保姆’！”①

表 3.1　各省官警薪饷表②

项别 / 省别	官俸		警饷		备考
	最高额	最低额	最高额	最低额	
江苏	300	20	25	4	最高省会，最低各县，以下同
浙江	300	28	20	6	
安徽	300	28	15	2	
江西	300	20	16	4	
湖北	300	24	22	7	
湖南	320	20	18	6	
四川	120	7	16	4	
山东	310	30	15	8	
山西	280	20	16	5	
河北	320	8	18	2	
河南	259	8	20	2	
陕西	74	20	13	7	
福建	300	16	20	5	
广东	450	35	50	14	
广西	140	25	52	7	
云南	110	7	8	1	
贵州		12	3		
宁夏	180	18	12	6	

① 虞亚梅．李士珍拟改进中国警政建议计划三种．民国档案，2004（1）．
② 虞亚梅．李士珍拟改进中国警政建议计划三种．民国档案，2004（1）．

（续表）

甘肃	114	22	16	8	
青海	50	5	4	3	
察哈尔	340	12	17	7	
绥远	400	20	20	6	

为了解决待遇问题，在缺乏国家保障的情形下，只能加大对地方税费征缴的力度，从而增加了农民的税收负担，引起地方不满。陈培元还指出了警管区制实施与新农村建设之间存在团体利益冲突。他指出昆山县试办警管区制之后，公安经费陡增，比之前经费增加数倍。并为此要求增加农民缴纳的房捐税额。[①] 警管区制的实施加重了农民负担，阻碍了新农村建设的发展。与新农村建设发展农村事业、改善农民生活的目标背道而驰。破坏了警管区制在农民心目中的良好印象，阻碍警管区制本身的推行。[②]

（三）旧式警察作风盛行

昆山县在进行警管区制实验时，发生警管区警察局局长偷盗和杀人的案件。昆山县第一分局局长黄某盗卖路石，还杀死乡民。吴则中说："当我考察该县警管区制时，各分局成绩尚佳，但第一分局的成绩，未免相差太远。因第一分局局长黄某，出身旧式警察，对于警管区制是门外汉。他仍有武断独行，作威作福，鱼肉乡民的习气，不能与民众接近，所办警管区徒拥虚名。最近该分局长盗卖路石和勒死乡民两案，轰动全县。而县长和公安局长，不加查实，竟被蒙蔽，致受舆论制裁。该分局长大失民众信仰。所办警管区，功亏一篑，这不能不归于上峰督责的不严。"[③] 从这件案例中可以看出当时部分警察人员欺压百姓，以及整个警察机制的不健全。

① 陈培元．警管区制与新农村之建设．民间，1936，3（10）．
② 陈培元．警管区制与新农村之建设．民间，1936，3（10）．
③ 陈培元．警管区制与新农村之建设．民间，1936，3（10）．

（四）警察工作敷衍塞责

陈培元指出，昆山县警管区警察还存在一些其他问题，如警管区警士不愿意贴近群众，不尊重农村风俗习惯，办事敷衍塞责、蒙蔽群众等。“学警受了知识，每不屑与农民接近，致多隔膜。学警不明当地社会习惯，常和农民发生误会。学警出校后，较自由，故在荒僻农村，易有越轨举动。农民智识低微，学警工作得敷衍与蒙蔽”。[①]

（五）警察贪污腐败

韩文焕认为警察无能、贪污腐败、舞弊，平时不仅不能发挥安民的作用，而且还会扰民。发生事情的时候不仅不能起到维护一方平安的作用，而且还会毒害百姓、临阵脱逃、一走了之。警士素质低下，有贪污、舞弊、傲慢、粗暴等各种恶习。[②]

基层警察存在的贪污腐败、工作作风差、作威作福、鱼肉百姓等问题，是由于警察缺乏严格教育，身份地位卑微，待遇低下等多种原因造成的，需要进行彻底的警察人事制度改革。

二、李士珍力主警员制

为了改变基层警政的落后面貌，1943 年，国民政府“中央警官学校”教育长李士珍在他草拟的《五年建警计划》以及此后的《十年建警计划》中，最早提出了建立警员制，即建立以警员取代警士的人事制度改革。[③]他主张从待遇、身份、地位、教育等方面建立起一套警员制度，从根本上解决警察素质不高的问题。

李士珍力主推行警员制主要内容包括：（1）将行政、外事、交通等警士改称为警员；（2）将警员定为初级委任职，其资格必须是初中或者高中

① 陈培元．警管区制与新农村之建设．民间，1936，3（10）.
② 张仲轩．特约演讲集．首都警察厅警员训练所印，1947：115.
③ 虞亚梅．李士珍拟改进中国警政建议计划三种．民国档案，2004（1）.

毕业；（3）提高警员待遇，必要时由政府酌予津贴；（4）建立警员教导队，分甲、乙、丙三种，以训练警员；（5）确定警员任务。[①] 简而言之，警员制是以高素质的警员逐渐替代原有低素质警士的一种警察人事制度。其内容包括确定警员任职资格、级别、待遇、任务以及确立警员训练方式等。

李士珍首创警员制理论，并在抗战末期，毅然决然力促实现，呈准成立警员教导总队于四川酆都，为警政复员储备大量初级干部人才。直迨神圣抗战获得最后胜利，国土重光，复员伊始，京沪警政首长，高瞻远瞩，盛赞此说，联名建议中央，先从京沪两地试行，力谋实验改进，再行普及全国，中央也早经深鉴及此，迅即明令赞许，准予试行。[②]

第二节

警员制和警管区制的结合

抗战胜利之后，随着国民政府警察制度的完善，作为警察制度重要组成部分的警员制得以确立。国民政府开始落实警员制，自此警员制开始由理念转化为实践，出台了推行警员制的相关法令依据，提出了实施方案，制定了推行计划，框定了总体规模，对警员制的推行进行了总体的制度安排。

一、国民政府关于警员制的总体制度安排

1946 年至 1947 年，国民政府出台了一系列关于推行警员制的法令和实

① 虞亚梅 . 李士珍拟改进中国警政建议计划三种 . 民国档案，2004（1）.

② 苏寿祖 . 警员警管区制的理论与实际 . 上海警察，1946（2）.

施法案，警员制的推行至此步入正轨。

（一）国民政府推行警员制的法规依据

1946 年 1 月 23 日，国民政府中央设计局参酌李士珍拟订的《十年建警计划》以及各方意见，拟订了《五年建警计划草案》。1946 年 3 月 17 日，国民党六届二中全会决议对《五年建警计划草案》进行调整。此后，国民政府内务部参照蒋介石的指令，对《五年建警计划草案》重新修正，另行拟订《警政建设实施办法九项》。国民政府建警计划由此形成。根据该计划，确定试行警员制，推行警管区制。[①]

（二）国民政府推行警员制的实施方案

1.《提高警察素质实施警员制计划大纲》的出台。1946 年 11 月 13 日，蒋介石指示国防部部长白崇禧及“内政部”部长张厉生，为了提高全国警察素质，警士一级的人数可以尽量减少，以确保警员执行警察任务。将警员待遇提高到当时上（中）尉薪资的水平。对退役的下级军官进行警察科目培训，补充警员。[②]

国民政府“内政部”和国防部经过实地调查认为，在当时实行警员制以代替警士，将面临地方经费不足的问题，主张分两年实行警员制，分期训练，先从大城市着手，然后在县乡镇推行。[③]

2.《建警计划试行警员制方案及其实施办法》的制定。1947 年 11 月，国民政府内务部公布《建警计划试行警员制方案及其实施办法》，制定由院辖各市以及部分省会警察局推行实施。

---

① 赖淑卿 . 国民政府警政制度之建立及其发展（1925—1948）. 台湾“国立政治大学”硕士学位论文，1992.

② 配合整军计划实施建警计划试行警员制方案 .“台湾国史馆”藏 .“内政部”档案，201.11 / 55.

③ 配合整军计划实施建警计划试行警员制方案 .“台湾国史馆”藏 .“内政部”档案，档号：201.11 / 55.

依据该法规定警员的地位为委任制，必须初中以上学校毕业或者同等程度者，并需经警员训练班严格训练以及试用，不合格者淘汰或者编入其他保安警察内服勤。关于警员在警管区内轮流执勤服务，由国民政府颁布的警察制度实施方案规定实施。此外其经费和设备标准等均按照规定分别列入预算。由此警员制得以建立，现代警察制度逐渐形成，过去的长警制成为历史。[①]

3.《配合整军计划实施建警计划试行警员制方案》的出台。抗战胜利后，为了解决军队军官复员的问题，同时满足推行警员、警管区制对高素质警力的需要，1946 年 4 月，国民政府“内政部”、军政部向国民党六届二中全会提交了《配合整军计划实施建警计划试行警员制方案》，规定了军队复员军官转为警员并实施培训的方案，对实行的地区和培训机构也作出了规定。

根据该方案的规定，军官转为警员制实行的地区，一般定在大城市，包括南京、上海、北平、天津、青岛、重庆、广州、汉口、贵阳、厦门、兰州，以及四川、陕西、广西、湖北、湖南、浙江、江苏、江西、山东、河南、河北、云南等省的省会城市。同时，规定各省、市警训所负责成立专门的警员训练班对他们进行训练。[②]

4. 对警员制实施方案的修正。1946 年 7 月，国民政府行政院将何应钦草拟的《整军计划实施建警方案》，军政部、“内政部”共同提交的《配合整军计划实施建警计划试行警员制方案》，及“内政部”提交的《警政建设实施办法九项》等案合并审查，审查时对有关计划进行了修改。[③] 修改内容主要涉及如何扩充警察机关人员及具体试行警员制等方面的问题，主要内容如下：（1）原任警官不符合标准的逐渐淘汰；（2）警员设置标准为每 300 人至 500 人设 1 名警员，警官设置标准为 10 个警员设 1 名警官；（3）现有

① 六十年来的中国警察编辑委员会．六十年来的中国警察．“中央警官学校”印行，档号：1971：51.

② 配合整军计划实施建警计划试行警员制方案．“台湾国史馆”藏．“内政部”档案，档号：201.11 / 55.

③ 赖淑卿．国民政府警政制度之建立及其发展（1925—1948）．台湾“国立政治大学”硕士学位论文，1992.

警察机关名额的扩充，参照转任警官人数酌量增加；（4）原定警员待遇提高到复员的少（准）尉军官改为上（中）尉军官；（5）警员分为一、二两等，一等委任职，二等雇员待遇①。

关于复员军官转为警员的培训情况，新方案特别强调对那些不是从军校毕业的中（少）尉军官转为警员的情况，则需要加大培训力度。②

（三）国民政府关于推行警员制所需警员的规模

对于推行警员制所需警员的数量，不同时期总量估算有所不同。早在1943年国民政府“中央警官学校”教育长李士珍初步估计推行警员制需要警员10万人。③1945年11月，他在《十年建警计划》中根据人口和警察比例进行了科学测算，认为全国共需要895370名警员。其中包括保安警察需要警员数额为350570名，行政警察需要警员544500名。④

1946年，国防部和“内政部”根据李士珍提出的人口与警察比例的思路，对全国所需警员数量从政府层面进行了精确测算和法律规定。在《提高警察素质实施警员制计划大纲》中，两部依照全国人口4.5亿计算，以300人到1000人设置1个警员为标准，平均以500人设置1个警员，测定全国总共需要警员90万人。该大纲规定于10年内完成所需警员的招募和培训工作，警员的任务暂时以行政警察的任务为准。⑤

---

① 配合整军计划实施建警计划试行警员制方案．“台湾国史馆”藏．“内政部”档案，档号：201.11 / 55.

② 配合整军计划实施建警计划试行警员制方案．“台湾国史馆”藏．“内政部”档案，档号：201.11 / 55.

③ 李士珍．警察行政之理论与实际．中华警察学术研究社，1948：83.

④ “中央警官学校”校史编辑委员会．“中央警官学校”校史．“中央警官学校”印行，1973：591.

⑤ 配合整军计划实施建警计划试行警员制方案．“台湾国史馆”藏．“内政部”档案，档号：201.11 / 55.

二、关于警员的教育培训体制

推行警员制不仅需要大量的警员，而且要求这些警员的素质得到保证。全面提高其素质成为推行警员制的关键环节。为此，国民政府特别强调加强完善警员的教育培训体制。

国民政府时期的警员教育培训体制主要包括四个方面的内容：人员招募、教育培训体系、教育培训内容方法和实际培训规模。

（一）人员招募

警员的招募分为两类：一类是社会招募；另一类是复员军人招募。

1. 社会招募依据 1947 年 11 月国民政府内务部公布《建警计划试行警员制方案及其实施办法》的规定，社会招募的人员资格为初中以上程度学历。[①]

学警入学考试。学生班的考试于每年春秋两季各招考一次。事前在各个城市的报纸发布消息。考试需要进行体格检查、口试、笔试。其中必考科目包括国文、数学、英语、历史、地理、物理、化学、国父遗教、警察智力测试、军事测试。

以江苏省为例，其警察训练所招募的所有学警都是初中或者相当学识程度的人员，其中县立初中毕业的占 50%，其次是县立师范毕业的占 38%，私立初中毕业的占 29%，职业学校毕业的占 16%，私立高中毕业的占 11%，其他学校毕业的占 9%，省立初中毕业的占 7%，警官学校肄业的占 2%。

2. 复员军人招募。招募的复员军人为中少（准）尉军官。抗战结束后，为了配合整军建警方案，国民政府决定将部分复员军人转为警员。[③]

（1）转任警员人数。复员军官转任警官人数以 4 万为限。为配合军方

① “国民政府行政院”新闻局警政，1947.

② 江苏省警察训练所学警学历比较图 . 江苏警察，1935，1（1）.

③ 配合整军计划实施建警计划试行警员制方案，“台湾国史馆”藏 .“内政部”档案，档号：201.11 / 55.

表 3.2　全国所需警察员额统计表[①]

全国所需警察员额统计表														
警察机关			总计	警官				警员						
各级警察机关数目				共计	高级（简）	中级（荐）	下级（委）	共计	行政警察			保安警察		
									合计	巡佐	警员	合计	警长	警士
总计			978112	82742	151	2010	80581	895370	544500	49500	405000	350570	34657	315913
中央	警政署	1		295	15	40	240							
中央	中央警校	1		306	12	34	260							
中央	警校分校	6		912	12	120	760							
省	警务处	35		4480	70	630	3780							
省	训练所	150		4650		150	4500							
省会警察局		35		7610	10	100	7500							
县警察局		2010		26835		300	26535							
市	院辖市局	8		4664	24	240	4400							
市	省辖市及地方局	53		2772	6	64	2700							
区警察局				15924			15924							
保安警察	水上警察			2428		144	2278					44000	400	40000
保安警察	保安警察			11872		188	11684					306570	30657	275913
附注	乡设分驻所，乡设派出所，保设警管区，以及国境警察、铁路警察、公路警察所需警察人数均未列入。													

① “中央警官学校”校史编辑委员会 .“中央警官学校”校史 .“中央警官学校”印行，1973：591.

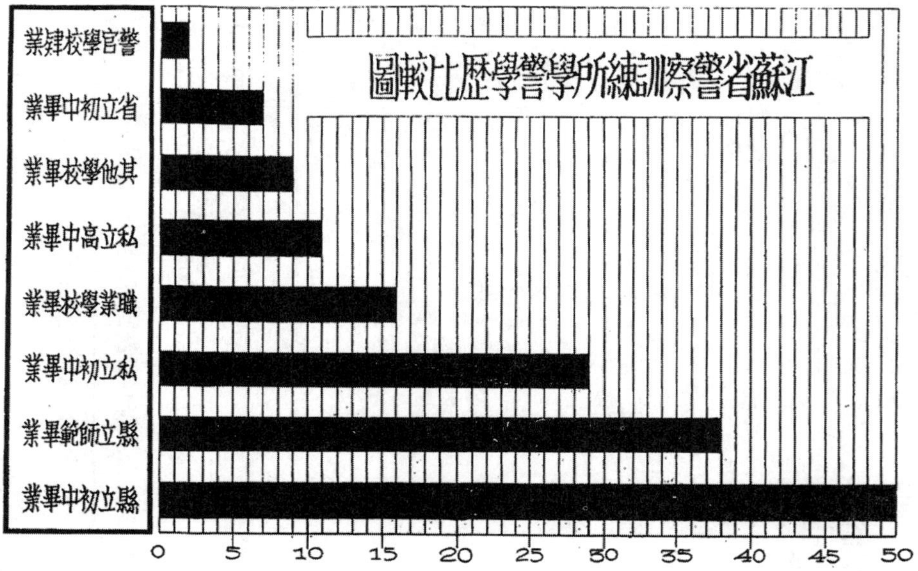

图 3.1 江苏省警察训练所学警学历比较图[①]

提出的建警方案，首先要安置转业军官中的初级军官 1.5 万人，将他们转业为警员，以此提高警员素质。

（2）入学考试。由警官学校以及各有关机关派人分往各个警官总队进行体格检查、口试以及命题笔试等，计算和考核成绩后，提交给甄选委员会并将各项成绩造册送交国民政府考试院。

（二）教育培训体系

为了实施警员制，国民政府建立了中央和地方两级警员教育培训体系。

1. 中央警员教育。中央警员教育分为国民政府“中央警官学校”教育以及分校警员教育。

（1）中央警员教育机构。中央警员教育分为国民政府“中央警官学校”教育和分校警员教育。“中央警官学校”历经战乱，屡次更迁。1936 年 6 月 3 日，国民政府行政院下达 1983 号密令，令“内政部”遵照《整理警政原则》办理。[①]要求各省停止兴办警官学校教育，统一由国民政府中央办理，将之前的“内政部”警官高等学校，改组为国民政府“中央警官学校”，各省的警官学校同时撤销。[②]“中央警官学校”兴办之后，为国民政府培养了大批高素质的警察。抗战开始后，因战时局势动荡，国民政府首都从南京迁往重庆，“中央警官学校”也随之迁移。1940年，国民政府推行新县制，各省警察迫切需要加强训练。于是，“中央警官学校”先后在各地开办训练班，以适应警察培训的需要。1940年10月，“中央警官学校”西北警官训练班在陕西西安成立。1942年夏，“中央警官学校”东南警官训练班在湖南耒阳成立。[③]

为适应局势发展的需要，国民政府“中央警官学校”在地方设立分校。1944年秋，国民政府“内政部”饬令西北和东南两个培训班改组为分校。同时接收新疆（迪化）盛世才在军阀割据时期创办的省立警官学校，将其改为第三分校。1945年春，“中央警官学校”第一、第二分校分别在陕西省西安和福建省长汀正式成立，其中第二分校于1945年日本投降后迁到广州。抗战胜利后，“中央警官学校”从重庆迁回南京，将重庆警校改为第四分校。并接收北平警官学校，改为第五分校。接收“伪满”长春警校，改为第六分校。[④]

1946年8月，国民政府将设在西安的“中央警官学校”第一分校与设在新疆的第三分校合并，迁往兰州，更名为“中央警官学校”第一分校。其余的分校，除广州第二分校名称不变，重庆的第四分校改名为“中央警官学校”第三分校，北平的第五分校改名为“中央警官学校”第四分校，沈阳的

① “中央警官学校”校史编辑委员会 .“中央警官学校”校史 .“中央警官学校”印行，1973：107.

② 唐纵 . 中国警政概况 . 中国警政出版社，1947：45.

③ 李秀生 . 中国警察行政 .“中央警官学校”第四分校讲义 . 北平市警察局合作社印刷所，1947：35.

④ 李秀生 . 中国警察行政 .“中央警官学校”第四分校讲义 . 北平市警察局合作社印刷所，1947：35.

第六分校改名为“中央警官学校”第五分校。同时，前军统局所办的“中央警官学校”特种警察训练班，划给“中央警官学校”办理。各地特警班由各地分校接收。[①]1946 年 11 月，国民政府将各地警官学校直隶于内务部。

（2）中央警员教育情况。抗战结束前，国民政府在“中央警官学校”兴办初级干部训练班，开展警员培训，为警员制在全国推广培训人员。

其入学资格为初中以上学校毕业经考试合格的人员，训练期为一年，必要时根据形势的变化可以缩短培训时间。同时要求各个地方进行警员培训，推行警员制。在各个省市成立警员训练班，名额由地方根据情况确定，地方受训期为半年。警员的工资以及伙食等，由国家供给。[②]

1945 年春，国民政府举办东北、台湾两个警察干部讲习班，为收复东北和台湾储备警察干部。

1945 年 3 月，国民政府分别在重庆“中央警官学校”本校（后迁往四川酆都），以及“中央警官学校”第一、第二分校，各训练一总队警员，并准备派往东北、台湾各省以及南京、上海、天津等处工作。在四川酆都第一警官学校训练的警员人数达到 873 人。

（3）战后“中央警官学校”及其分校警员教育情况。为完成整军建警计划，选拔优秀的复员军人转任警察，“中央警官学校”开办甲级警官训练班和乙级警官训练班进行警员培训。甲级警官训练班招收少校以下中尉以上人员进入“中央警官学校”以及地方分校进行培训。乙级警官训练班招收少（中）尉人员进入“中央警官学校”以及地方分校进行培训。未曾在军官学校接受教育的中（少）准尉军官在各省市警察训练所设班训练。[③]其中乙级警官训练班为警员教育。“中央警官学校”乙级警官训练班第一期，于 1946 年 6 月 1 日开始训练，除了由符合甲级警官训练班转入该班的，已经考取后来转到交通部的，以及淘汰掉的其他不合格的，共计有 576 人。到

① 六十年来的中国警察编辑委员．六十年来的中国警察．“中央警官学校”印行，1971：452−455.

② 李士珍．警察行政之理论与实际．中华警察学术研究社，1948：82.

③ 唐纵．中国警政概况．中国警政出版社，1947：47.

1947年5月毕业。[①]

国民政府中央警官学校第一分校警员教育培训情况。1947年2月第一分校甄选复员军官转业警察学员1454人，成立甲级警官训练班第二期学员总队，队址设在西安东县门街，三月开始训练。[②]1946年1月警察初级干部班第一期结业，总共525人，分别派往河南、河北、青岛、天津、北平等省市工作。在校肄业学生有甲级警官训练班第一期，该期于1947年2月开学，有学员1441人，计划于1948年毕业。[③]

“中央警官学校”第二分校警员教育培训情况。1947年春，开始兴办甲级警官训练班第二期，录取人数为951人。1947年3月，甲级警官训练班第一期结业，共毕业969人。[④]

第三分校警员教育培训情况。第三分校成立了警员训练总队，对东北未收复各省市的警员进行了专门的培训。1947年4月甲级以及乙级警官训练班毕业，共计1995人，并派往各省市工作。[⑤]

2. 地方警员教育。地方警员教育分为两个时期：1947年之前，在地方警察训练所进行；1947年之后，地方警察训练所更名为地方警察学校，地方警员培训改在警察学校进行。

（1）警察训练所时期。为了进行警察人员的培训，国民政府在全国各地成立了警察训练所。1944年，国民政府地方各省市成立警察训练所，具体分布在浙江、湖南、河南、广东、桂林、江西、陕西、福建、云南、贵州、甘肃、四川等省市以及重庆、“内政部”警察总队警训所等单位。

但是，由于受抗日战争的影响，到1945年仅剩下四川、云南、贵州、甘肃、湖南、浙江、江西、广东、重庆等省市警察训练所以及“内政部”警察总队训练所，四川川东以及湖南洪江两个警察训练所，还有福建水警训

---

① “中央警官学校”11周年特刊，1947：16–19.

② 唐纵. 中国警政概况. 中国警政出版社，1947：100.

③ “中央警官学校”11周年特刊，1947：16–19.

④ “中央警官学校”11周年特刊，1947：119–120.

⑤ “中央警官学校”11周年特刊，1947：119–120.

练所等共 14 个单位。

抗日战争胜利后，其他各省警察训练所都先后恢复或者重新设立，全国总计有 35 个单位。到 1946 年度，各个学校毕业的人数总计有学警 27929 人，其中警员 2114 名。[①]

（2）警察学校时期。由于各省市警察训练所的名称容易被认为是短期的培训机构，1947 年 10 月警察总署将各省市警察训练所更名为警察学校。为了推行警员制，国民政府“内政部”决定，自 1947 年至 1950 年分 3 期全面完成地方警察学校的改制工作。

各个省市遵照相关规定将原来的警察（警士）训练所改为警察学校，同时在课程方面加以改进。各个学校的教育长以及教务主任均由“内政部”选派。逐渐开始训练警员以取代原来的警长、警士。

自 1947 年夏至 1948 年 9 月国民政府各地警察（警士）训练所要求改设或者已经改设为警察学校训练警员的，共有南京、上海、天津、汉口、重庆、江苏、浙江、湖北、陕西、安徽、山东、台湾、河北、云南、广东、广州、哈尔滨、安东等地。其中南京、上海、广州、台湾的警察学校取得了很大成效。各省市警察学校的办学情况与规模大小相差很大。例如，湖南有警察学校 3 处，学生达到了 1000 多人。有的警察学校还承担着警官短期培训的任务。[②]

（3）台湾省警员情况。抗日战争胜利之后，1945 年 10 月 27 日，台湾行政长官公署下令成立台湾警察训练所。这是台湾回归之后，台湾省初级警察教育的开端。当时以台北市广州街 20 号前警察馆、监狱馆练习所为警员培训的地方。

除了培训警察初级人员之外，由于干部大量缺乏，台湾警察训练所还协助台湾省警务处暂时办理一年制的警官训练，此外还承担各种专业警察的培

① 六十年来的中国警察编辑委员会．六十年来的中国警察．“中央警官学校”印行，1971：462–465.

② 六十年来的中国警察编辑委员会．六十年来的中国警察．“中央警官学校”印行，1971：462–465.

训任务。主要目的是用来培训日本占领期间的5000多名警官，以转变他们的思想，帮助其摒弃日本军国主义那种压迫人民的旧思想，使他们具备为国民政府效力的意识，为国家和人民服务的精神。该所训练的重点是向各级警官和警员灌输三民主义的思想，培养以“仁”为中心的中华传统美德，并且仿照“中央警官学校”，以“诚”作为校训。①

台湾警察训练所最初成立的时候，依据要求共核定需要训练的人员为1600名。由于盟军飞机的轰炸，广州街20号所在的地方毁坏严重，无法容纳如此多的人员。于是，该所要求国民政府准许增加广州街6号南门国校校舍为训练所新校舍，请求中央拨出专门款项，重新对校舍进行整修，这才勉强够用。

1945年12月，短期警官训练班开班，同时开班的还有警官讲习班以及初级干部训练班，同时受训的人数合计有1279人。训练时间为3个月，然后派发各地。由于当时台湾省的社会治安非常混乱，需要大量警员维持社会秩序。因此，该训练所陆续培训了大量警员，并派往各地执行工作，在一年之内完成了对整个台湾警务的接管。后来，那些提前派往各地执行任务而没有完成培训任务的警员，陆续都返回学校完成了一年的警察教育。

到1947年年底，由台湾警察训练所训练而派往各地工作的警察总数达到了7698人之多。1947年11月，国民政府颁布《各省市警察学校组织规程》。1948年4月1日，台湾警察训练所改组为台湾省警察学校。警察训练所的校长由警务处处长兼任，学校教育长则由内务部选派，统一办理警员、警长、警士教育。1949年，学校增设副教育长1人。在校接受训练的学员为1000人。除了继续原有的警察训练所各个班期的培训之外，招考警员班第一期甲、乙组共650人，于1949年8月1日开始接受培训。

另外有保警第一、第二总队自行设班训练警长、警士。训练班需要的教学设施，由台湾省警察学校负责提供。台湾省警察学校的校本部在台北市广州街6号，第二部设在广州街20号。通过对学校的整修，完善教学设施和设备，该校成为当时国民政府比较好的警察学校之一。

---

① 六十年来的中国警察编辑委员会 . 六十年来的中国警察 .“中央警官学校”印行，1971：465-467.

从 1945 年 10 月到 1950 年 6 月，该校的训练成果有：（1）警长、警士方面，共办理 21 期，毕业学生 4488 名；（2）警员方面，共办理 6 期，毕业学生 1269 名；（3）初级干部训练班方面，共办理 13 期，毕业学生 3809 名；（4）专业干训班，包括刑事、保安等讲习班在内，共计毕业学员 1401 名。[①]

3. 多层次警员培训。1947 年 10 月警察总署将原来的《警长警士教育规程》以及《训练所组织规程》废除，分别更定为《警员警长警士教育规程》以及《各省市警察学校组织规程》，使警官以下的警察教育在各省市成为一种三级的教育模式。并计划将警员入学考试资格提高到高中毕业或者同等学历程度，进行为期一年的警察教育，毕业后给予低级委任级。准备于 1948 年开始，将警员制在全国范围内推广。[②]

国民政府地方各省普遍推行警员教育，建立了多种类、多层次的警员培训体系。不仅有陆上警员培训，福建还推行了水上警员培训。各省市还建立了三级警员教育模式。

为了提高警员素质，国民政府建立了中央和地方两级完备的警员培训体系。国民政府“中央警官学校”及其分校，以及地方各级警察学校，培训了大量警员，为警管区制的推行储备了大批人才。

（三）教育培训内容方法

国民政府“中央警官学校”及其分校，从教育方法、教育内容两方面，完善了警员教育。

1. 国民政府“中央警官学校”及其分校对警员的教育分训育与教练两组进行。训育主要是加强学员思想政治教育，加强组织能力、学术技能的培养以及学生良好作风的培养，由警官学校政治部组织进行。思想指导的目标是使学员接受正统思想，发扬仁爱精神，使学员成为三民主义的信徒。

教练组进行的教练培育工作包括学员军事教育、警察技能以及体育训

---

① 六十年来的中国警察编辑委员会 . 六十年来的中国警察 .“中央警官学校”印行，1971：465-467.

② “国民政府行政院”新闻局警政，1947.

练。教练组的主要工作是培养模范警官，除了注重军事基本知识与动作的培养之外，重在使学员成为心身兼备、文武合一的完人，成为社会的导师、民众的保姆。对学员进行严格的军事管理与训练，使学员养成有规律的生活习惯，锻炼其军事技能，从而实现其自治、自动、自觉地学习。①

2. 教育方法主要有阶层教育、重点教育、机会教育以及教练教育预备、讲解、示范、实施、测验、检讨等。体育训练主要有晨操、正课、课外活动等。②

国民政府“中央警官学校”及其分校采取多种教育方法灵活施教。在教学内容上，一方面加强对学员的政治教育；另一方面加强学员的学术技能教育，提高了警员的政治觉悟和学术技能。多样化的教育方法和完善的教育内容，增强了警员培训效果，提升了警员素质。

（四）实际培训规模

国民政府最初预计需要培训警员 10 万人，后来预计需要培训 90 万警员。但是，由于内战的爆发，国民政府警员培训计划受阻。由于缺乏全面的数据和资料，实际培训人员难以准确统计。

现将中央和地方警员培训人员情况分述如下：

1. 中央层面的培训规模截至 1947 年，中央层面培训毕业的人数达到 2.2 万余人，在校受训的还有 1.4 万余人。③ 现将“中央警官学校”及其分校警员培训数量举例如下（见表 3.3）。④

---

① “中央警官学校”研究部.“中央警官学校”季刊（第一卷春季号），1947：57–78.

② “中央警官学校”研究部.“中央警官学校”季刊（第一卷春季号），1947：57–78.

③ “中央警官学校”11 周年特刊，1947：3.

④ “中央警官学校”校史编辑委员会.“中央警官学校”校史.“中央警官学校”印行，1973：534–536.

表 3.3 “中央警官学校”分校毕业员生统计表[4]

校别	班期制	入学时间	毕业时间	毕业人数	备考
第一分校	正科十七期	1945.4	1947.5	257	第三分校合并后一部分肄业学生并入第一分校内
	正科十八期	1945.9	1947.10	185	
	特种警官班八期	1944.11	1945.10	206	
	特种警官班九期	1945.1	1946.2	250	
	特种警官班十期	1946.1	1946.12	53	
	语文训练班	1945.1	1946.2	87	
	通讯训练班	1945.3	1946.2	48	
	甲级警官班二期	1947.2	1948.2	1401	
	小计			2487	
第二分校	正科十八期	1945.10	1947.9	167	
	正科十九期	1946.4	1948.10	122	
	台干讲习班二期	1945.4	1945.6	20	
	台干学员班	1945.4	1945.9	75	
	台干学生班	1945.1	1945.10	250	
	台干初级班	1945.4	1945.10	532	
	甲级警官班一期	1946.5	1947.4	969	
	甲级警官班二期	1947.3	1948.2	942	
	小计			3077	
第四分校	正科十九期	1946.4	1948.11	94	以后改成第三分校。以下类推
	正科二十期	1947.5	1949.6	179	
	正科二十一期	1947.11	1949.6	67	
	甲级警官班一期	1946.3	1947.4	1422	
	甲级警官班二期	1946.6	1948.6	1000	
	乙级警官班	1946.3	1947.4	558	
	小计			3320	
第五分校	正科十八期	1946.2	1947.8	164	
	甲级警官班二期	1947.1	1948.1	444	
	初干班	1946.4	1946.10	33	
	小计			641	
第六分校	警保班一期	1946.7	1946.8	871	三个星期
	警保班二期	1946.9	1946.10	613	一个月
	警保班三期	1946.12	1947.3	213	三个月
	警保班四期	1947.5	1947.11	338	六个月
	小计			2035	
总计				11560	

① “中央警官学校”校史编辑委员会.“中央警官学校”校史.“中央警官学校”印行，1973：534–536.

1945 年 3 月，国民政府分别在重庆“中央警官学校”本校（后迁往四川酆都），以及“中央警官学校”第一、第二分校，各训练一总队警员。其中四川酆都训练的警员为 873 人。

1947 年，“中央警官学校”乙级警官训练班第一期，于 1946 年 6 月 1 日开始训练，除了由符合甲级警官训练班转入该班的，已经考取后来转到交通部的，以及淘汰掉的其他不合格的，共计 576 人。

1946 年 1 月中央警官学校第一分校，警察初级干部班第一期结业。共计 525 人。

第三分校成立了警员训练总队，对东北未收复各省市的警员进行了专门的培训。1947 年 4 月甲级以及乙级警官训练班毕业，共计 1995 人，并派往各省市工作。①

2. 地方层面警员培训规模。抗日战争胜利后，各省警察训练所都先后恢复或者重新设立，全国总计 35 个单位。到 1946 年度各个学校毕业的人数，总计学警 27929 人，其中警员 2114 名。

三、警员待遇

警员待遇是警员制的重要内容。警员待遇主要包括警员政治待遇和经济待遇等内容。警员政治待遇主要是指警员身份，经济待遇则主要是指警员的工资水平。1947 年 11 月，国民政府内务部公布《建警计划试行警员制方案及其实施办法》，其中对警员待遇的规定如下：

1. 政治待遇。《建警计划试行警员制方案及其实施办法》中规定警员的地位为委任制。必须具备初中以上学校毕业或者同等学识程度者，并需经警员训练班严格训练以及试用，不合格者淘汰或者编入其他保安警察内服务。

1947 年将国民政府将原来的《警长警士教育规程》以及《训练所组织规程》废除，分别更定为《警员警长警士教育规程》以及《各省市警察学校

① “中央警官学校”校史编辑委员会.“中央警官学校”校史.“中央警官学校”印行，1973：150–160.

组织规程》。其中明确规定，警员毕业后给予低级委任级。

2. 经济待遇。依照 1942 年修正的《警长警士薪饷条例》的规定，当时警察的待遇与一般工役相同，底薪为 25 元到 50 元，生活补助仅为职员的八成，警长为九成。[①] 实施警员制后，警察待遇得到提高。改称警员后，则依照初级委任官的待遇给付，这意味着一般警察的待遇提高到 55 元至 200 元。[②]

1946 年 7 月，国民政府行政院将何应钦草拟的《整军计划实施建警方案》，“军政部”“内政部”共同提交的《配合整军计划实施建警计划试行警员制方案》，以及“内政部”提交的《警政建设实施办法九项》等案合并审查，审查时对有关计划进行了修改。规定由原定警员待遇提高到复员少(准)尉军官待遇改为上中尉军官待遇。[③]

表 3.4　暂行警察官官等俸给表[①]

种别	简任警官	荐任警官	委任警官
最低额	430 元	180 元	55 元
最高额	600 元	400 元	200 元
备考	以 520 元为准，其下每级相差 30 元，其上每级相差 40 元	每级相差 20 元	90 元以下，每级相差 5 元；90 元以上 140 元以下，每级相差 10 元；140 元以上，每级相差 20 元

3. 经费保障。警察经费的保障，在不同时期有不同的规定。

1929 年 6 月 3 日，国民政府颁布《确定警察经费办法》规定，除“内政部”直辖的警察机关及学校外，各市县的警察经费不列入国家预算而需要地方

① 王琼之 . 论警员警管区制——兼论时下对警员警官区制的批评 . 上海警察，1946（2）.

② 郑宗楷 . 警察法总论 . 商务印书馆，1947：66.

③ 配合整军计划实施建警计划试行警员制方案 .“台湾国史馆”藏 .“内政部”档案，档号：201.11 / 55.

④ 郑宗楷 . 警察法总论 . 商务印书馆，1943：66.

自筹，必要时国库的补助不得超过总额的30%。[①] 因此，为了筹备警费和警饷，各地编制出不少名目的苛捐杂税，催缴捐税成为警察的一项重要特殊“勤务”。

1936年6月2日，行政院公布《整理警政原则》规定，各市县警察经费应由省政府调剂支配，倘经费不足得淘汰不合格的官警，以达到以上标准。[②]

《建警计划试行警员制方案及其实施办法》对经费保障有了明确规定，警员经费和设备标准等均按照规定分列入预算。[③] 至此，警察经费有了切实保障，为警员制的推行奠定了经济基础。

四、关于实施警员制的效果

作为一套相对完善的人事制度体系，警员制确立了警员的待遇、身份、招录资格、教育培训以及经费来源等。王琼之认为，相比长警制的警长、警士，警员制具有以下几个突出的优势。

1. 改进了素质。过去一般警察的程度，最高是高小毕业，甚至有不识字的，改称警员以后，规定非初中以上学校毕业者，不能投考；过去警察之中，有流氓、地痞、不良分子混入其间，一般缺少训练。改称为警员以后，除以初中毕业学生为投考对象外，并加以严格的训练，警察素质高，较之前大有改进。[④]

2. 提高了地位。政治上，警员是委任职，是警官，警长、警士则是雇员。由于过去警政欠上轨道，一般警察又常欺压民众，行为不检，所以警察或警

---

① 中华民国现行法规大全．商务印书馆，1937：378.

② 整理警政原则．中国第二历史档案馆馆藏，1936.

③ 六十年来的中国警察编辑委员会．六十年来的中国警察．“中央警官学校”印行，1971：51.

④ 王琼之．论警员警管区制——兼论时下对警员警官区制的批评．上海警察，1946（2）.

长、警士等名称，在人民脑海里已留下一种不良的印象。因此，一般人民瞧不起警察，以为警察是不正当的职业。改称警员以后，人民对警察的观感有所改变，提高了其地位。①

3. 改善了待遇。目前，警察待遇与一般工役相同，底薪 25 元到 50 元，生活补助费为职员之八成，警长为九成，无加成数。依照 5 月之待遇计，月入仅 4 万余元。改称警员以后，则规定依照低级委任官待遇支给。一可使现任者安心工作，根绝弊端；二可招致素质程度较佳者前来投考。②

五、警员制和警管区制的结合

警员制的实施培训了大量高素质的警员，这些警员分别被派往国民政府各个警管区，执行警察勤务，实现了警员制和警管区制的结合。1945 年 3 月，国民政府分别在重庆“中央警官学校”本校（后迁往四川鄷都），以及“中央警官学校”第一、第二分校，各训练一总队警员，并准备派往东北、台湾各省以及南京、上海、天津等处工作。1945 年 8 月，抗战胜利之后，“中央警官学校”配合收复失地的需要，将该培训班已经培训 4 个月的学员，特别加强警察学科教育，并全部分配到首都（南京）警察厅工作，以警员任职。1946 年 2 月 5 日，该批警员乘轮船到达南京，向首都警察厅报到。③1945 年 12 月，短期警官训练班开班，同时开班的还有警官讲习班以及初级干部训练班，同时受训的人数合计有 1279 人。训练时间为 3 个月，然后派发各地。由于当时台湾省的社会治安非常混乱，需要大量警员维持社会秩序。因此，

① 王琮之．论警员警管区制——兼论时下对警员警官区制的批评．上海警察，1946（2）．

② 王琮之．论警管员警区制——兼论时下对警员警官区制的批评．上海警察，1946（2）．

③ 六十年来的中国警察编辑委员会．六十年来的中国警察．“中央警官学校”印行，1971：454–456.

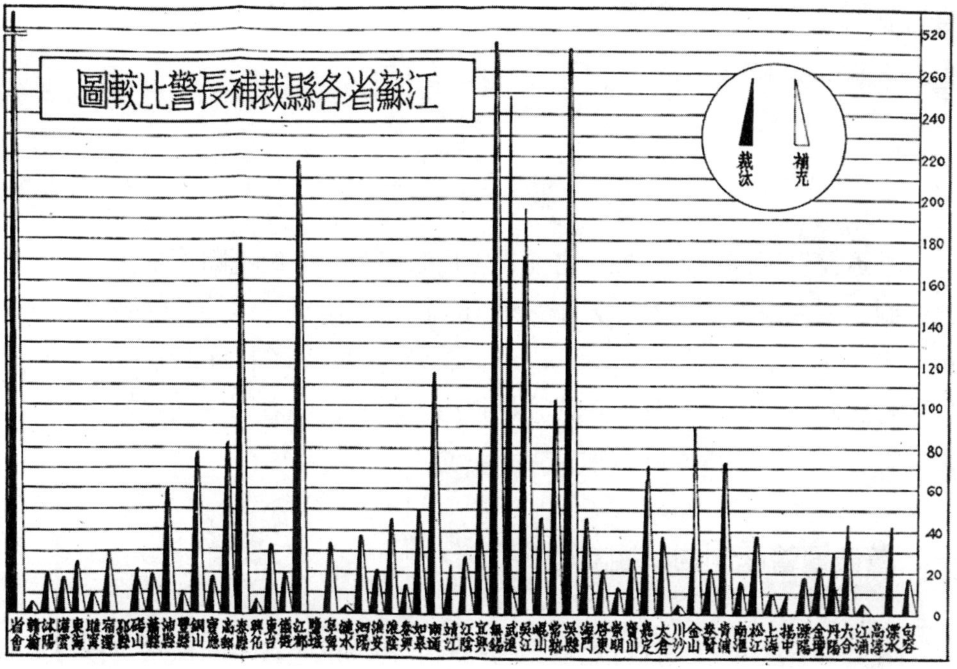

图 3.2 江苏省各县裁补长警比较图[③]

训练所陆续培训了大量警员，并派往台湾各地执行工作，在一年之内完成了对整个台湾警务的接管。[②]1946 年 2 月，第一分校警察初级干部班第一期结业。总共 525 人，分别派往河南、河北、青岛、天津、北平等省市工作。

江苏省各县推行警管区制，将不合格的长警裁汰掉，用警员加以补充。其中吴县和无锡两县裁汰掉的长警最多，其次是武进、江都。

① 江苏省各县裁补长警比较图．江苏警察，1935，1（1）．

② 六十年来的中国警察编辑委员会．六十年来的中国警察．“中央警官学校”印行，1971：465–467.

第三节

警员警管区制的推行

警员警管区制在正式推行之前，国民政府各地已经不断探索实行警员警管区制，如在成都、西安、天津、乐山、昆山、南京等地推行的警管区制。1946 年 6 月，南京、上海、重庆成为实行警员警管区制首批城市，此后警员警管区制在国民政府各地正式开始推行。但是，随着国民党政权的覆灭，警员警管区制在中国大陆随即宣告结束。

一、警员警管区制的早期实验

警员警管区在正式推行之前，国民政府各地已经在不断探索实行警员警管区制。虽然这些地区“有实无名”，但是从本质上说，它们推行的也是警员警管区制。

抗日战争期间，国民政府四川民政厅厅长胡次威，在成都实行警管区制。国民政府陕西民政厅厅长王德溥曾在西安试行警管区制，在西安开办了警察训练所专训警士，后来又开办了警官训练班，以培训警管区需要的人员。后来由于阻力太大，西安警管区制的推行并不成功。[①]1948 年 5 月底，天津市警察局开始在第二分局试办警管区制。[②]下面以四川乐山和江苏昆山为例来说明警员警管区制的早期探索。

（一）警管区制在四川乐山的推行

1944 年 2 月至 1945 年 2 月，乐山县警察局在乐山县城区各个分驻所进行了为期一年的警管区制实验。四川乐山县警察局，主要从人事制度方面完

① 特约演讲集．首都警察厅警员训练所印，1947：13–22.

② 警管区制的解释——对警察勤务时间予以合理配合．天津市周报，1948，8（4）.

善了警管区制，促进了警管区制效率的提高。

1. 严格警察录取资格。[①] 首先是招训学警，警士素质要求年龄在 20 岁至 25 岁之间，具有初中毕业或者乡村师范毕业的学历，未染市井风气，信守三民主义。共招收了 4 期学员，共几百人，但在实习训练期间，历经严格选拔，最后晋升的只有 41 人。

2. 提高福利待遇。[②] 警察在训练期间除服装、伙食由乐山县警察局供应外，还酌予津贴。每个警士在被录用后每月供给食米 6 斗，薪饷 100 元至 150 元，并逐年加给年功加俸。同时，建立奖恤制度，依照国民政府中央非常时期奖恤办法进行奖恤。

3. 加强教育与训练。[③] 乐山警察训练时间为 2 个月，期满后派发做警管区警士，简称为管警。管警训练班附设于长警补习所内，由乐山县公安局局长兼任班长，行政科科长兼任教务组长。训练科目有精神讲话、法律学科、警察学科、辅助学科、术科等。每周举行 1 次小组讨论。管警训练班毕业的学员，按照规定实习 1 周，然后分派到各个城区分驻所充当警管区警士，由专门的官长指导。并且规定学员要写工作日记，晚上就实习工作开展检讨会。实习期满，评定成绩，及格者才派做管警。

乐山县警察局倡导工作与学习并重的口号，经常开展教育活动，每周二进行学科教育以及机会教育。每月开展 1 次警察业务研讨会议。改进管理办法，实行警长警士管理的家庭化、学校化与军事化三结合。对警察的管理追求科学化与人性化的统一，一方面规范了管警管理；另一方面赋予警察管理更多的人性关怀。

---

① 四川乐山县警察局警管区制实施概况 ．“中央警官学校”校刊，1945，8（1）．

② 四川乐山县警察局警管区制实施概况 ．“中央警官学校”校刊，1945，8（1）．

③ 四川乐山县警察局警管区制实施概况 ．“中央警官学校”校刊，1945，8（1）．

（二）警管区制在江苏省昆山县的推行[①]

1946 年，江苏省昆山县警察局实施警管区制。江苏省昆山县警察局，从人和地两个方面，完善了警管区制。从人的角度讲，严格警察录用、考核、教育、训练，完善警察福利待遇。从地的角度讲，合理划分警管区。两个方面的完善，促进了警管区制效率的提高。

1. 昆山县公安局概况。1946 年，昆山县公安局共划分为 8 个警区，分别是：城区、蓬阆、菉葭、茜墩、井亭、张浦、正義和巴城区。每个区设置 1 个警察所（1946 年改称警察分局），每个所设置所长、所员、巡官、书记各 1 人，警长 3 名，警士 22 名。该局于车站、东门、东南门、大西门、小西门、夏驾桥、新镇、徐公桥、天福菴、石浦、杨湘泾、金家庄、榭麓，陈墓、角值、南星渎、周墅、石牌等地各设派出所 1 个。全县共设 18 个派出所，各所设警长 1 名，警士 7 名。

2. 合理划分警管区。1946 年 8 月，昆山县警察局首先选择在城区试办警管区制。考虑地势、户口、保甲等因素将城区五镇五乡划为 30 个警管区，指派长警补习所第一期毕业的学警 30 名，在各个管区内负一切责任。1947 年 1 月 1 日，又尝试在菉葭区推行警管区制。该区已经划定了 16 个警管区，分派长警补习所第二期毕业的学警分别负责各个管区的责任（见图 3.3）。

其余各个警管区的划分，也在 1947 年内完成。

---

① 汤鹤龄．县警察行政实录．万元斋书社，1947.

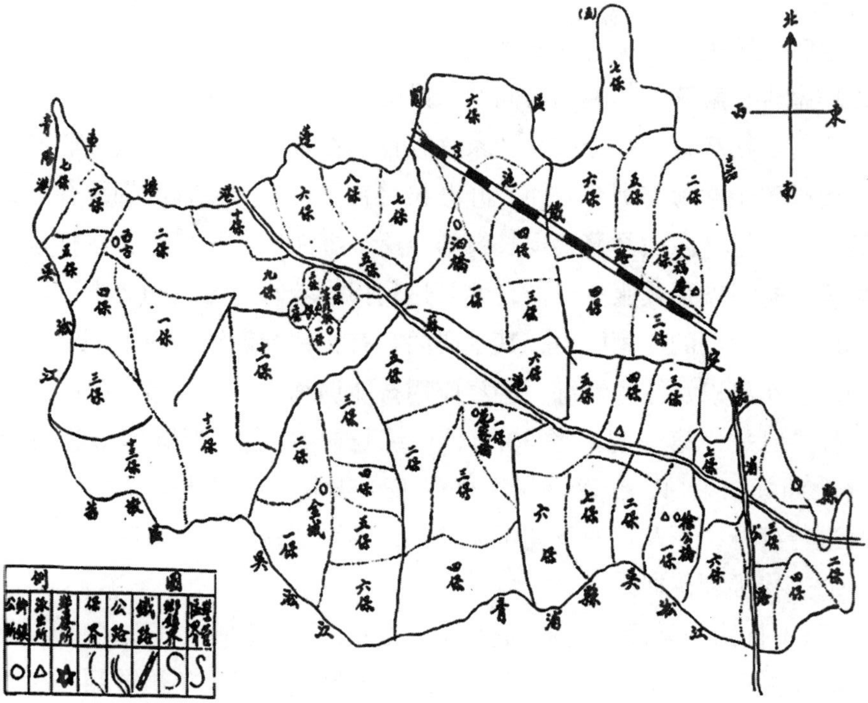

图 3.3　昆山县警察局菉葭浜警察分局警管区分配图[①]

3. 严格警察录用资格。昆山县警长、警士的录用条件。其方式有以下两种：招考学警，规定具有初中程度或者同等学力，经考试合格后，进行两个月的训练。实习期满，经考核合格后，正式派充为长警；投效长警，规定在警察训练所，长警补习所，或者曾经服务长警两年以上，有文件证明的。可以由各所队进行初步检验，经过总局复验合格后，开始补用。[②]

4. 加强教育与训练。警长常年教育暂定为 1 年。各单位长警分 2 班，每日训练 2 小时，全年教育时间为 600 个小时；教育内容有精神教育、政治训

① 汤鹤龄．县警察行政实录．万元斋书社，1947：87–88.

② 汤鹤龄．县警察行政实录．万元斋书社，1947：1–3.

练、业务训练、军事训练。[①] 每星期一下午举行一次警管区制讲习会，目的是使警管区警士明了警管区的理论与实际。主要内容有：讲解警察法令、听取工作报告、解答工作困难与问题、讲解得失与指陈缺点。同时实行政教合一，实行学校教育、社会教育和家庭教育三种教育结合的方式。[②]

警长警士学习与训练方面。开办长警补习所，为警管区训练合格的警长与警士。依据《昆山县警察局长警补习所训练大纲》的规定，目标是提高长警学识水平，增强其服务效能，使其达到担当警管区警士的要求。注重教育实际以增强学员的应用能力，其主要内容有：精神训练、政治训练、警察业务训练、军事以及体育训练、警察应用技能训练。训练人数，每期训练长警100名。但是，第一期招考50名，训练长警50名；训练期限为每期为两个月。训练结束后，长警期满合格的准予毕业，成绩优秀的保存其成绩记录以进行提升，不及格的下期可以补习，不堪造就的即行开除。[③]

5. 完善福利待遇。

（1）抚恤与奖励。抚恤与奖励方式有五种。第一，退休金，依照相关规定有命令退休和申请退休两种；第二，抚恤金，分为年恤金和一次性恤金两种；第三，特别恤金，依据《非常时期奖恤警察法》以及其他有关规定实行；第四，公赎金，对员警在职病故和因公殉职进行救济；第五，奖励，考绩进行奖励、配发奖章与晋级。[④]

（2）福利。警员福利有四个方面。[⑤] 第一，警察机关员警以及其眷属可以加入昆山县公安局兴办的生产合作社，进行劳动生产。员警及眷属可以利用合作社的工具设备从事相关的农业、手工业、工业生产。[⑥] 第二，储金养老。《昆山县警察局员警储金养老办法》规定，员警储金以资退休养老

① 汤鹤龄．县警察行政实录．万元斋书社，1947：106.
② 汤鹤龄．县警察行政实录．万元斋书社，1947：115–116.
③ 汤鹤龄．县警察行政实录．万元斋书社，1947：99–103.
④ 汤鹤龄．县警察行政实录．万元斋书社，1947：1–2.
⑤ 汤鹤龄．县警察行政实录．万元斋书社，1947：70.
⑥ 汤鹤龄．县警察行政实录．万元斋书社，1947：71–73.

之用。核定办法予以养老金保障。各级员警储金标准为按月在其应得的薪饷内抽存5%。该局为提倡节约储蓄，以备员警退休养老特订立有关办法，并于1947年1月开始实行。[①]第三，劳动生产。该局员警因为待遇微薄，并且受到物价波动的影响，生活困难。特别规定各员警利用业余时间在公有空地上种植蔬菜，既可以参加劳动锻炼又可以增加收益。由于菜食种植收效很大，并于1947年在各个分局、所饲养家禽、牲畜，增加生产补助副食。第四，兴办消费合作社。为了给员警谋福利和调剂生活，昆山县警察局于1946年6月筹办有限责任公司消费合作社，股资由员警分别认定。每股1000元，共计筹得190万元。设营业部于昆山菜市路，专售日常生活用品以及该局所有的表册簿。该社依法于社员中产生理事7名，候补3人，推定评议员7人。按月举行理事会、监事会会议一次，商讨有关事宜。因资金短缺，并于1947年度增加股金，以谋事业的更大发展。[②]

员警的福利待遇不但解决了员警生活的后顾之忧，也是对员警工作的认可和褒奖，鼓励和激励员警更加积极地工作。

6. 职位保障。员警的职位定位为终身职位。通过法律给予其应有的保障，为整个员警队伍的长远发展提供了良好的基础。员警不必担心被无故解职，可以安心工作，提高了工作热情。

7. 严格考核。关于警长、警士的考核，依据《警长警士考绩规则》以及《警长警士奖惩通则》。其考核程序，分为平时和年终两种。平时考核由直属长官将长警勤惰优劣各事项，随时呈报主管长官核定功过奖惩并登记，到月终时统计公布。年终考核，分工作、操行、学术和体格4项，以分数高低作为评定的依据，由直属长官考核后，报局长决定。

甲等者，90分以上，升等晋级或者年功加俸（以当时情况领月薪加20%）。

乙等者，80分至90分，晋级记大功或者奖金（奖金标准不得少于该长警1个月所得薪饷之数，每年最多一次）。

---

① 汤鹤龄．县警察行政实录．万元斋书社，1947：73-74.

② 汤鹤龄．县警察行政实录．万元斋书社，1947：75-78.

丙等者，70 分至 79 分，记功。

丁等者，60 分至 69 分，不予奖惩。

戊等者，不到 60 分的，记过或者降级，无级可降的，罚月薪的 1/10，但此项罚薪以不得超过 6 个月为原则。

此外，昆山县警管区制改革，还完善了员警请假、职位调动、勤务监督、勤务考察等制度，进一步完善了警员警管区制。江苏昆山县警管区制改革从各方面对警员警管区制进行了探索，建立了一套相对完备的警察人事制度，是国民政府时期警员警管区制推行的一次重要探索。

二、警员警管区制的正式推行

1946 年 6 月，国民政府确定先期在南京、上海、重庆三地进行警员警管区制实验。[①] 警员警管区制得以开始正式推行。这里以上海市为例进行考察。上海市首先选择常熟路警察分局进行警员警管区制的实验，此后相继在静安寺、北站分局等各个分局全面推行警员警管区制。[②]

（一）警员警管区制在上海常熟路的推行

自 1946 年 11 月 14 日开始，上海警察局常熟路分局实施警员警管区制。选择常熟路作为先行实验区，在于常熟路具有相对优越的社会背景。常熟路不像老闸、黄浦那样繁荣，也不像郊区那样荒凉，其警察分局位于上海市的中间地带，规模适中。那里有商业区、住宅区、工业区，但交通当时也不算很繁忙。没有妓院，只有一家舞蹈厅，两家戏院，没有社会下流人员集中的场合。住宅区大都为新型的达官贵人和小资产阶级的高档公寓。工厂区的工人按时上下班，社会纠纷比较少。由于具备这些社会条件，上海市警察局于是决定在常熟路先期试办警员警管区制。

---

① 赖淑卿．国民政府警政制度之建立及其发展（1925—1948）．台湾地区“国立政治大学”硕士学位论文，1992：148.

② 汤兰瑞．警员警管区制——实行在上海常熟路区．警声月刊，1947，1（11）.

1. 合理划分警管区。参照地理环境、人口密度、工商状况、社会状况、交通情形、警员素质，并根据各地保甲组织情形进行划分警区，常熟路共划分为 198 个警管区，每 1 个警管区内配置警员 1 名。相邻的 9 个警管区划为 1 个联营区（又称为联勤区）。在每 1 个联营区内，选择适当重要的防卫地方设置 2 个守望岗，其中 1 个守望岗为巡守亭所在地，每 1 个巡守亭内除了配备有电话、电灯外，还配备有各种记录簿、册以及其他必要的警用器材。

2. 明确警察职责。警管区警员负责在联营区内取缔摊贩、流丐，整饬市容以及勤勉卫生等工作；负责调查其所辖管区的户口以推行政令，每天至少调查 5 户，每周以实际调查结果为依据，按顺序默写，作为警员考察的依据；负责进行政治调查、财产调查以及其他社会调查。

在勤务编排上，每一个警员勤务执行采取四八巡守互换制，即在每一个联营区内，9 名警员分成甲乙丙 3 班，每班有 3 人同时值勤。巡为定线巡逻与乱线巡逻相互结合，以应对一切可能事件的发生。守为守望岗值勤。

3. 严格考核要求。上海市警察局为了督察常熟路分局实行警员警管区制的工作，拟订了许多关于考核的办法。要求警员对所管辖的区域有很深入的了解和认识，详细了解每一个警管区的四周情况、里弄街道名称、保甲组织情况以及消防设施、水龙头、水井的位置。了解管区内户口变动情况，如户口总数、男女数目、年龄情况、职业类别、上月迁入迁出人数、出生人数、死亡人数等。了解该管区机构、学校名称、地址以及主管者姓名，管区内重要人物的活动情况，可疑人员的预防等。

为了检查常熟路分局实行警员警管区制的实际效果，1947 年 7 月，上海市警察局督察处动员了该处督察长、督察员，去常熟路分局进行考核，考察了行政设施，督察勤务实效。除了校勘常熟路分局内的各种记录表册外，还分组视察了每一个巡守亭，并询问警员。7 月 7 日，在常熟路警察分局召开了实行警员警管区制考核检讨会，认为常熟路分局警员警管区制实验卓有成效，号召在上海市警察局各分局推广。①

---

① 汤兰瑞．警员警管区制——实行在上海常熟路区．警声月刊，1947，1（11）．

（二）警员警管区制在上海静安寺的推行[①]

1946 年 11 月 14 日，上海市警察局静安寺分局开始实施警员警管区制。从人、事、地方面，完善了警员警管区制。从人的方面，完善了警员教育、管理等人事制度。从事的方面，明确了警察职责。从地的方面，合理地划分警管区。三个方面的完善，促进了警员警管区制效率的提高。

1. 合理划分警管区。上海市警察局静安寺分局位于沪西，东以泰兴路、茂名路与新城分局交界，南以长乐路、华山路与常熟分局交界，西以江苏路与长宁分局交界，北以新闸路、梵皇渡路、开元路与江宁分局为界。共辖 35 保，950 甲，共有 31651 户，164608 人。

设定警管区划分原则如下：（1）人口密度；（2）工商业繁简；（3）交通情形；（4）社会状况；（5）每月案件发生数量；（6）警员素质；（7）保甲组织。

根据警管区划分原则，共划分警管区 217 个，以 7 个警管区组合为 1 个联管区，共有 31 个联管区。

2. 警员的招募与待遇。警员待遇以初级委任官为标准，以吸收社会优秀青年，提高警察素质。警员招收标准，最低为初中毕业，占总数的 1/2 强；高中毕业或者肄业及大学毕业，约占 1/2 弱。招募后，接受严格的训练和实习。[②]

3. 警员教育和训练。[③]警员首先接受 3 个月的严格训练，其次在黄浦老闸等分局实习 3 个月。由于训练时间太短，静安寺分局决定对警员边工作、边教育，以弥补警员训练的不足。

常年教育。警员常年教育规定为每周 2 个小时（每次 1 个小时，每 1 个警员轮到 2 天为准），警察学术、学科教育同时进行。同时，每周由分局局长讲解警察法令，使警员熟悉法令。每周由各主管巡官检查学习情况，详细登记。每月底通报 1 次，便于奖惩。

---

① 周蔚庭 . 静安寺警察分局警员警管区制实施概况 . 上海警察，1947（9）.

② 周蔚庭 . 静安寺警察分局警员警管区制实施概况 . 上海警察，1947（9）.

③ 周蔚庭 . 静安寺警察分局警员警管区制实施概况 . 上海警察，1947（9）.

集体教育。静安寺分局将不同勤务的警员，共分为12个小组，利用小组进行讨论，每组由官长1人出席指导，讨论有意义、有系统的一切警察理论和实际问题，使理论和实际打成一片，增长警员的业务知识、技能和经验。

生活教育。使全体警员养成自动、自觉、自治的精神，不需要上级督促而能检讨自己的日常行动，纠正自己的过失。静安寺分局规定生活教育共有15项：（1）礼节周；（2）整洁周；（3）确实周；（4）迅速周；（5）静肃周；（6）守法周；（7）节俭周；（8）遵时周；（9）公德周；（10）自治周；（11）秘密周；（12）友爱周；（13）清洁周；（14）力行周；（15）检讨周。

4. 明确工作任务与职责。为了分清警员职责，静安寺分局将警管区勤务分为3种：警管区警员勤务、交通警员勤务、刑事警员勤务。

警管区警员勤务包括联管区勤务和单人勤务。单人勤务包括巡守、临检视察、户口调查、社会调查等。

交通警员勤务，成立交通队，设置交通岗15处。

刑事警员勤务，在第二股设立刑事警员，选拔在警察训练所受过刑事训练的优秀警员充任。每个联管区分派1个刑事警员。主要勤务有：查访、调查、监视、侦查。

警管区警员的实际任务包括：①

户口调查，由该管区警员负责。对该区域内居民的迁入迁出、个人的习性等详细考察。

转移社会风气，警员需要积极感化民众，循循善诱，并严禁警管区内赌博、烟毒、娼妓等不良行为。

推行新生活运动，这是联管区巡守警员的日常工作。使市民的衣食住行，合乎礼义廉耻，纳入简单、朴素、整齐、清洁、迅速、确实的新生活标准。全市清洁大检查，静安寺区最整洁。

社会调查，对失业人员、求学人员、失学儿童、残废孤寡人员、参加政党人员、加入帮会人员、信教人员、土豪劣绅、地痞流氓、壮丁等都有详细

① 周蔚庭．静安寺警察分局警员警管区制实施概况．上海警察，1947（9）．

登记。

协助推行地方自治，划分警管区以完全配合保甲组织为原则，警管区警员竭力协助保甲，共同做好警管区诸多事宜，协助推行地方自治。

5. 严格管理与奖惩。静安寺分局提倡活泼、严肃、紧张、纪律四大精神，实施管理三部曲，即爱、教、律。爱，奠定管理的基础，容易使警员虚心接受；教，使警员反省，容易收到成效；律，强制管理，使警员遵守规则。

同时，为了提高警员工作兴趣，增进工作效率，静安寺分局定期举行工作竞赛，规定每个时期的中心工作。竞赛完成后，评定成绩，分别予以奖惩，以资激励。工作竞赛项目有：（1）防缉盗窃；（2）内务整洁；（3）整理市容；（4）检举烟毒；（5）检举赌娼；（6）研习法令；（7）社会调查；（8）上级饬办事项。

上海市静安寺分局开始筹备警管区的时候，遭到很多方面的质疑和反对。静安寺分局实施警管区制之后，在人的方面，警察素质得到提高，能力增强；在事的方面，职权分明；在地的方面，划定管理区域，使警员行使职责有了明确的范围。“一举三得，在现阶段的中国，确实是建设中国新警察比较健而全的制度。”上海市静安寺分局实行警员警管区制之后，不到 5 个月的时间，全局警员做到了层层负责、个个努力，各个方面工作取得了新进展。①

（三）对警员警管区制的评价

警员警管区制是警管区制发展到新阶段的产物，关于警员警管区制，不少人对它进行过评价，特别是相对警管区制，有其不可比拟的优势。其中，苏寿祖的评价最有系统性。

1. 素质与勤务并进。素质的高低与勤务的效力成正比，两者相互为用，相得益彰。实行警员制度，使警察基层人员由高小毕业训练 6 个月所培养成的警士，一跃而以初中毕业训练一年的警员来替代，回溯中国的警察史，在素质上的提高，这委实是空前的盛举。而警管区制是确定警察勤务的基本单

① 周蔚庭．静安寺警察分局警员警管区制实施概况．上海警察，1947（9）．

位，范畴有定，责有攸归，使守值巡逻的共同勤务、本警管区的个别勤务与集中使用的特别勤务互相配合，敏活运用，在增进工作效率方面也得到空前丰盛的收获，这两种制度的配合实施，实在是一举两得：一方面在素质上，形成突飞猛进；另一方面在勤务上，达成彻底改善。[①]

2. 人员与地区配合。有纵横严密的组织，才能发挥宏大的效能，这是千古不易的定则；而一般勤务制度侧重在人员的组合，常常忽视了地区的分划，使人员与地区间产生了严重的脱节。警员警管区制使每个警员的“人”与每个警管区的“地”密切地结合，因此每个单位地区便有一个基层的人员肩负实际的责任，管区有定，负责有人；再加以严密的督察制度，自然轻而易举地做到人尽其才、事尽其功。[②]

3. 治本与治标兼顾。现代警察工作，预防重于补救，积极重于消极，警察的职责，不独维护公共安宁秩序，尤应积极推行政令，实施警员警管区制，确属标本兼顾，在治本方面，管区有定，负责有人，平素深入民间各阶层，透视社会黑暗面，将管区户口调查得了如指掌，对嫌疑户口监护备至，厉行移风易俗，教化人群，自可收防患于未然的效果；在治标方面，组合警管区的警员，不分昼夜，轮值巡守，构成最严密的警察网，万一有事态发生，也不难迅赴事机，立即消弭于既萌。[③]

4. 职权与责任分明。政出多头，职权混淆，责任不明，相互推诿，为我国行政上的大病。警员警管区制是针对时弊挽救颓风的一个良法美制，划分固定地区，指派专人负责，职权分明，责有专司，论功行赏，究恶严惩，推无可推，诿无可诿，无形中提高了责任感。这种无限责任的鞭策，便使每个基层警务人员自然而然地各尽最大的努力，争取最大的政绩。[④]

5. 警员与保甲联系。“保甲制度之主要精神，在一切组织管理与运用，均采用军事部勤，而所以掌握、控制、推动并充实之者，全在与警察行政相

---

① 苏寿祖 . 警员警管区制的理论与实际 . 上海警察，1946（2）.

② 苏寿祖 . 警员警管区制的理论与实际 . 上海警察，1946（2）.

③ 苏寿祖 . 警员警管区制的理论与实际 . 上海警察，1946（2）.

④ 苏寿祖 . 警员警管区制的理论与实际 . 上海警察，1946（2）.

辅而行，吾人必须做到凡有民众之处，即有保甲之组织；凡保甲组织所到之处，亦即警察力量所达之处。”警员警管区制一方面使警管区制的划分与保甲的组织相配合，而警管区制为人地兼重的组织，尤可补救保甲偏重人口编组的不及；另一方面提高警管区负责人的素质与地位，俾与保甲组织中的自治人员，旗鼓相当，携手并进。[①]

将警察人事制度的警员制和警察勤务制度的警管区制结合起来的警员警管区制，是一项新的勤务制度，表明警管区制进入到警员警管区制的新阶段。与警管区制相比，警员警管区制在警察人事制度上拥有更系统、更科学的警察录用标准、培训体系、薪酬待遇与工作机制，大幅度提升了警管区制的实施效果。但是，随着国民党政权的覆灭，警员警管区制在中国大陆即宣告结束。

① 苏寿祖．警员警管区制的理论与实际．上海警察，1946（2）．

第四章

警管区制与保甲制的结合

从1935年江苏昆山试行警管区制，到该制度在江苏全省的正式实施，直至抗日战争结束后警员警管区制在全国部分城市的广泛推行，警管区制历经了十余年的发展历程。在其创设、实施与发展过程中，警管区制与南京国民政府时期另外一个重要的政治制度——保甲制紧密结合，相互促进，从而在中国近代警察史上留下了浓墨重彩的一笔。

第一节
国民政府时期保甲制的复兴

保甲制作为一种乡村政治制度，其最早可以追溯到商鞅变法。商鞅在秦国开阡陌，编什伍，其中“五家为伍，十家为什”的编制，可认为是保甲制的雏形。该制度真正作为一种概念和基层政治制度在社会正式施行则源自宋代王安石变法，此后，此制度被元、明、清各朝代所承续，一直延续至20世纪初。[①]1901年，清政府启动“新政”，乡村制度变革被纳入地方自治轨道。其后，清政府颁行《城镇乡地方自治章程》，在架构乡村权力（董事会）的基础上，废除了传统的保甲行政区划而推行警区分划。[②]直至20世纪30年代，保甲制在国民政府的倡导下开始复兴，并逐渐成为国民政府时期一项基本的政治制度。[③]

---

① 闻钧天．中国保甲制度．商务印书馆，1935：4–5.

② 王先明．辛亥革命后中国乡村控制体制的演变．社会科学研究，2003（6）.

③ 李伟中．南京国民政府的保甲制新探．社会科学研究，2002（4）.

一、保甲制的复兴

20世纪30年代初，国民政府为了加强乡村的自卫力量，配合政府的军事“剿共”，又重新在基层社会编制保甲，作为统治和管理基层社会的政权组织。新县制实施后，国民政府将保甲融入地方自治，由此保甲由自卫演化成为自治组织。

1929年9月13日，蒋介石曾电告各省主席，限期3个月至多半年办理保甲，清查户口。声称欲绝“匪”之根株不在用兵，宜由举办保甲，清查户口入手。“近期不奉行者，应以纵匪治罪。”

1931年，进攻红军的“剿匪”司令部、党政委员会的地方自治处，研究草拟了保甲制度和保甲法规，于6月首先在江西修水等43个县试行。

1932年8月，豫、鄂、皖三省“剿匪”总司令部发布《豫鄂皖剿匪总司令部实施保甲训令》，要求“剿匪区”豫、鄂、皖三省原有一切自卫组织，均应依据《剿匪区内各县编查保甲户口条例》改编为保甲，以“严密民众组织，彻底清查户口，增进自卫能力，完成‘剿匪’清乡工作”。[①]保甲就这样开始在“剿匪”省份正式推行。编制保甲的主要内容为：（1）普遍清查户口，户口清查完毕后，按照户口、习惯、地势及其他特殊情形编组保甲。以户为单位，户设户长；10户为甲，甲设甲长；10甲为保，保设保长。甲长由本甲内各户长公推，区长加委；保长由本保内各甲长公推，县长加委。（2）举办户口异动登记，实行5户联保，互具联保连坐切结。如遇户口变动，或可疑之人潜入，或留客寄宿及其别去或家人出外旅行及归来者，各户户长必须报告甲长，并经保长迅速呈报区长。紧急情况下，保、甲长有权于呈报前先行搜索与逮捕。（3）依据保甲户口编查结果，将保甲内18岁以上45岁以下的男子编成壮丁队，平时接受军事训练，协助清查户口，追查盗匪，战时修筑堡垒和公路，协助军警抵御“赤匪”。（4）举行保甲会议，制定保甲规约。至此，保甲组织已完全成为自上而下的“其职务与农村警察无殊”的乡村警察组织。豫、鄂、皖三省推行保甲制度后，“其他各省，亦以环境

① “内政部”档案．中国第二历史档案馆藏．案卷号：12-0253.

需要，相率仿行”。[①]

1934 年 12 月，国民政府行政院命令各省普遍推行保甲制度。于是，“江苏、浙江、福建、陕西、甘肃、四川等省先后仿照推行，保甲成了组训民众、清乡‘剿匪’的自卫组织与推行一切政令之骨干”。[②]

1936 年 8 月，行政院召开全国地方高级行政人员会议，拟订《地方自治法之修正方案》，决定“将保甲编制，并入自治组织，代替原有之闾邻，使在自治组织之中，仍保留保甲固有之作用，以资调整”。[③] 自此，保甲制开始与地方自治相结合。

1939 年 9 月起，国民政府先后公布《县各级组织纲要》《各县保甲整编办法》《乡（镇）组织条例》等法令，正式实施新县制，以期“唤起民众、发动民众，加强地方组织，配合长期抗战之需要，促进地方自治事业，奠定革命建国之基础”。新县制最主要的内容是实施地方自治，以强有力的保甲组织来推行地方自治，将保甲融入自治，从而使保甲由“自卫”组织演化为“自治”组织，并在机构设置、实施内容等方面体现了自治的色彩。[④] 此时，保甲内容由单纯的自卫扩充到“管、教、养、卫”。“管以去私，意在理民；教以去愚，意在教民；养以去贫，意在富民；卫以去弱，意在强民。”[⑤] 管的方面包括清查户口、编组保甲、组训民众等内容。教就是设立学校，发展教育。每保必须设立 1 所国民学校，办理学龄儿童的义务教育和失学成人的补习教育。养包括核定地价、开辟荒地、整理财政、开发交通、推行合作事业等自给事项。卫则包括编组国民兵、维持治安、优待军人家属、协助征兵等内容。

由此可见，20 世纪初，“保甲制成为乡村社会改革主要的制度性对象，它作为社会变革进程中的障碍物曾被现代化的地方自治和警察制的时代潮流

---

① 方扬．地方自治新论．教育图书出版社，1947：158.

② 王蔚佐．新县制实施以后之保甲制度．政治建设，1943，8（1）.

③ “行政院”秘书处．中华民国二十五年行政总报告．出版地不详，1937：6.

④ 肖如平．从自卫到自治——论国民政府的保甲制度．历史档案，2005（1）.

⑤ 程方．新县制的几个特点和几个问题．新政治，1940，4（1）.

所吞没。从时代主潮涌动的流向来看，传统的保甲似曾在乡村权力现代化的过程中发生了‘断裂’，以至于人们将20世纪30年代后的保甲制的推行运动，称为保甲制的‘复兴’”。[①]

二、复兴的缘由

国民政府将“在封建社会延续千年而于清末新政招致废除”的旧制重新恢复使用，有其深刻的历史缘由。

当时的保甲制研究者闻钧天，详细论述了保甲制与当时三种社会背景的关系，以此作为保甲复兴的缘由。他认为保甲制的复兴与三民主义建设、各种社会事业及全民组织有密切联系。

1.保甲运动与三民主义的建设：吾民族今日所据有之生存线至为危殆。从国民的体力上来说：是体力衰弱，疾病蔓延。从精神上来说：是精神萎靡，思想混乱，皆呈不可收拾的地步。至于国际上所处之次殖民地的地位，更无待言。我们要想民族主义能有完成的希望，俾国家民族达到自由平等，一定要先从根本上做起。根本的下层方法，非推行保甲运动，以完善民众组织不为功。盖第一步，保甲运动，可以由家族宗族，初步组织起来，扩大到全国人民，都有了强毅的民族意识。第二步，才有发展民族的能力。第三步，自然而然生出全民族的力量。第四步，用全民族的力量，当然可以巩固国防。这是保甲运动与民族主义关键的要义。

保障民族健全的工作，就是要使全国国民，对革命后的政治幸福，得到享受。国民政府，固然对地方政治设施有深切的注意，申讨军阀，兜剿股匪，均为追要之工作。但各地潜祸隐患，无时不足以为害于人民。若无人民的自卫能力，则显无深切之保障。借保甲的力量，以严密地方组织，实为肃清盗匪，健全政治之良方。因为保甲制度之组织形式与精神，极合民主制度的原则。由此政治机构之使用，可使人民多得机会，尽其负荷运用政治的实责。

① 王先明．辛亥革命后中国乡村控制体制的演变．社会科学研究，2003（6）．

而且这种平日团体的行为训练，更可使人民有四权的练习机会，易于达到真正宪政的实施。这又是保甲运动与民权主义关系的要义。

农村经济没落的现象，已普遍全国。人民的衣食住行育乐六大需要，皆不能达到最低限度的满足。而民生主义的建设，是经济的建设。国民革命，最终的标的，就是在此。可是，现今盗匪横行，人民生活，得不到一刻的安宁，以致虽有土地，亦无耕作之人，虽有良规美制，亦难以推行尽利。保甲制度的目的，是在安定社会的秩序。社会秩序安定，然后才可以施行经济的建设，才能解决人民需要解决的生活。这又是保甲运动与民生主义关系的要义。

民族民权民生，彼此既有连环的作用，而保甲运动，又是扣钮三个连环的小机件。所以说，要实现三民主义，要建设三民主义的国家，打根基的保甲工作，是绝不可少的工程。

2. 保甲运动与其他社会事业的关系：保甲运动，为中央颁定七项社会事业之一。中央想从速完成训政时期下层建设工作，所以规定七种社会事业。七项事业者，举其广大之含义言之，即合作事业，新闻事业，地方自治，农村经济，社会调查，教育事业，保甲运动等是。然在军事尚未结束，训政方在开始的时候，一切的计划，均无不因盗贼四起，伏莽遍地的层层障碍，受到极大的影响。譬如关于农民的经济问题，就要靠合作事业或其他农村经济救济的方法去改善农村；但地方一不安宁，如何能进行一切工作？又如农民的教育问题，应靠新闻事业和教育事业方面，去启发农民的智识；但地方不安宁，虽有良好的办法和方案，总归落于空谈。至于社会调查，又为七种社会事业的向导者，在这种情形之下，当然更不容易推行。至地方自治，尤为七种事业的推动机，但若不先将各种保甲运动，推进到相当的程度，具相当的成绩，地方自治简直不易着手。如此看来，保甲运动不仅是七种事业的急先锋，实在是一切庶政的首要工作。

3. 保甲制度与全民组织之完成：今日欲求国民革命成功，三民主义实现，其先决的条件，就在使全民组织健全，然后方有健全的全民政治。孙总理以县为自治单位的主张，就是要从根本上把全民的组织，健全起来，以立全民政治的基础。编组保甲，消极方面的作用，在铲除盗匪，和一切不良分子；积极方面，实具有全民组织的精神。大家知道，中国现在民众固有的团结精神，保存于乡村者，实较城市为多。“出入相友，守望相助，疾病相扶持”种种亲爱互助的精神，早为乡村民众所富有。中国的社会基础，虽建筑在家族制度上，而实际的效用，乃在乡村不成文的自然组织。可以说是乡村自治的组织，是全民组织的单位。要维持革命的力量，达到训政最终的目的，不能不靠一种合于进化原则的方法。编组保甲，就是一种合于进化的原则，而用以团结民众的初步的方法。实行保甲之后，民众的组织，便有了基础。一方面施以三民主义的训练，使其对于政治有充分的认识；另一方面举办生产、信用、利用、运输、消费、各种合作社，使农村经济，得以流动。故编组保甲，不特可借以训练民众政治的组织能力，而且可借以训练民众经济的组织能力。所以编组保甲，可以说是全民组织的唯一方法；在今日革命的进程中，确是非常重要的一件事。

又应用保甲之组织，于完成征兵制度，普及乡村教育，亦均附有联带关系与效用。皆可轻而易举，毫无困难。故合其政治组织之能力，与经济组织之能力言之，实为促进“管教养卫”四者合一的良好典型。在今日的国势，这种制度，是最切合下层社会实际需要的。其与警政相关，仅属狭义中“卫”的部分，设施之意义云尔。①

当代学者王先明也从历史角度对此制的复兴原因作了剖析：

一是“现代性”的警察制在乡村社会的顿挫。在20世纪初期现代化制度变革过程中，警察制的推行仅限于通都大邑和城市社区，“由于经费短缺，许多乡村的警察有名无实，甚至停办”。以“经费拟由警董自筹，各乡村多由原来看青费、支更费支出，警员也由乡村自募”的虚应故事的办法来推行乡村警察，断难长久，“实践证明这种办法往往行不通”。由于“新政”推行导致经费开支日益增大，各省遂不断加征新的捐税以开辟新的财路。“查各省现行之警察费用，皆取决于商款、拨以会款及加以各种杂税，无一定收之法。”民国时期乡村经济更形困厄，仅仅依凭附着于土地之上小农的赋税

① 闻钧天．警保联系之理论与设施．商务印书馆，1944：41-44.

和杂捐的苛征，断难维持现代性权力机构的庞大开支。因而，进入民国以后，“各村巡警基本上被取消”，“现代性”的警察制度受到乡村社会生活情状的制约遂悄然消逝。

二是革命运动在农村的发展所造成的对国民党政府的威胁。民国时期，中国乡村社会危机日益加深，“大江南北，迭遭水灾，农村生计艰难，秩序遂多不能安定”，1927 年大革命失败后，中国共产党依凭农村建立自己的革命根据地，并逐步发展壮大，构成了对国民党政权的威胁。面对所谓“十数年来，我国全社会……农村经济已将破产”和“赤焰猖狂，江西为烈”之紧迫形势，蒋介石提出所谓“三分军事，七分政治”的“清剿原则”，由此，“国民政府于 1932 年在江西省重新恢复这一制度，实行户口登记，使人民有组织地、更有效地对付共产党的渗透”。并将其迅速推行于全国。保甲制从王安石创立到清代的重建和不断改进强化，总是与社会秩序的剧烈动荡密切相关。保甲制一向就是危机时期国家政权动员民众束聚资源的基本手段，是国家政权面对高度分散聚居的传统乡村社会以最低成本获取最大效益的控制制度。

三是乡村传统的社会生活模式为此提供了基本前提。尽管 20 世纪初期中国社会变动剧烈，“乡村社会组织与结构亦处于复杂多变之中，但社会底层的变化往往不如社会表层那样激烈动荡，多是名变而实未变”。中国乡村的社会结构和经济生活依然是传统的模式。“中国农村的经济生活，大半尚建筑在封建的关系之上。大部分的田地（约百分之六十六）为收租的大地主所占有。佃农及半佃农耕种田地，而没有享有田地的权利。惟所谓公有田产之管理制度，尚遗留于乡间，作为乡村中宗法社会政权之基础。在中国农村之中，仍旧保持其为经济组织及行使制度之特质。”乡村社会结构的稳定性，使其仍然保留了传统生活模式的特性，这一特性即构成保甲制实施的现实条件：其一是高度分散聚居的方式加大了国家权力“将涣散而无系统之民众，以一定的数字与方式精密组织之，使成为有系统之政体”之必要；其二是乡村社会缺乏流动，居民属于“熟人社会”而对外来者有天然的排斥性，这构成了保甲制以“株连方式”实施“横向监视”的基础。在一个相互熟识的亲情社会里，才能够通过这种强控制手段达到“制一人足以制一家，制一家亦足以制一乡一邑”的目的。乡村社会结构的传统性为保甲制的“复兴”提供了最基本的社会土壤。因而，当社会危机重现时，国民政府有感于现代体制的无力，遂诉求于历史，“居今之世，行古之道．欲恢复社会组织之灵魂，重振人类互助之美德；变他动的自治，为自动的自治，变役民防民之政，为保民教民之方”，而实行传统的保甲制度。①

从两位学者的观点可以看出，20世纪30 ~ 40年代复兴的保甲制并不是对传统保甲制的简单仿效，而是在特定历史背景下提出的服务于国民政府政治统治的一项基层组织制度，其复兴显现出了一个与自治相对立到二者相融通的历史过程。此制在国民政府时期历经两个阶段，即“剿共”保甲阶段和“新县制”保甲阶段，它们是在不同历史背景下产生的具有不同历史特点的两种体制。两者在推行的具体目的、内容和性质上都有很大的差别，却同属一个保甲制由式微到复兴的历史过程。②尤其是“新县制”保甲时期，将保甲融入地方自治，修正和完善了“剿共”自卫时期的保甲制，可以说它是国民政府为争取抗战胜利所进行的一项基层政治改革。保甲制从“剿匪”区的自卫发展到各省市的自治，实现了自卫与自治的结合，这一过程延续至国民党政权离开大陆。

---

① 王先明．辛亥革命后中国乡村控制体制的演变．社会科学研究，2003（6）．

② 李伟中．南京国民政府的保甲制新探．社会科学研究，2002（4）．

第二节

警管区制与保甲制紧密结合

一、警保联系由来已久

在国民政府内部，曾经存在两种截然相反的论调。一种主张认为，“保甲制度既具有地方治安的机能，即可废止警察，将所有办理警政的经费统拨归办理保甲之用，以保甲代替警察”，即废警论；另一种主张认为，“如果不废止警察，则保甲作用与警察作用颇多类似，同时举办，难免各行其是，发生扞格之弊，倒不如停办保甲，以臻于划一”，[①] 即废保甲论。尽管“废警论”与“废保甲论”两种论调争执不断，但它们均非主流，更多的官员与学者则认同第三种观点，即将两者紧密结合，不可偏废。

“警察，是政治工作中最下层的一个中坚分子，遍布州邑，深入民间，一举一动，与民众日常生活息息相关。保甲，是政治组织中最下层的一个基本阶段，奠全民组织之始基，备社会建设之实效，其工作，其措施，亦与民众日常生活息息相关。故自国家行政之意义而论，一个是政治的推进力，一个是政治的组织力。自政府的保卫之观点以论，警察与保甲，都是行政上用以播施政令于民间的工具。政令由上而下以推行，必赖警察行政以协助其力；政治由此及彼以展布，必得保甲行政以普化其治。”[②] 因此，保甲与警察两者之间有着天然的相似性，这种“相互映照，相互消长”的情形，致使保甲制从创立之初，就与警察保持着千丝万缕的联系。

古人最初设立保甲制度的本意是为了“寓兵于农”，但后来它的性质和目的逐渐发生变化，与赋役、警卫、户政紧密地联系起来，维护地方治安成了保甲的首要任务。所以，清代各省都设有专管保甲事务的保甲局。不过，

① 程方．中国县政概论．上海书店，1992：338.

② 闻钧天．警保联系之理论与设施．商务印书馆，1944：1–2.

随着清末近代警察制度的确立，各省保甲局相继被裁撤，保甲制也不著于政令，但基层保甲组织仍然以改变了的形态继续存在。到了北洋政府统治时期，保甲制仍在继续，不少省区的地方保卫团就是以保甲为基础建立起来的。1914年5月20日，袁世凯公布了《地方保卫团条例》，该条例共6章27条，为在全国范围内组织地方保卫团提供了法律依据。于是，地方保卫团在原有的乡团保甲的基础上建立，由地方官署领导和监督，被农村土豪劣绅把持，并成为警察的辅助组织。①

国民政府在基层推行保甲制度，其实质就在于借保甲组织来加强对基层民众的管理，弥补基层警力之不足，因此保甲的推行在一定程度上替代了基层警察的部分职能。于是，加强警保联系就成为国民政府在基层一直大力推行的一项措施，进而增强基层警察的力量。②

新县制实施以后，国民政府在基层实行以乡镇为单位的基层自治，保甲为乡镇内之组织，由此相应地变为自治组织。这时较多人提出将代表国家内务行政的警察与代表自治行政的保甲，二者紧密结合，更好地将国家政令推行于民间，加强国家对基层的渗透与控制。保甲在基层弥补基层警察的不足，主要表现在人事登记、清查户口、查缉奸宄、驱除盗贼、维护交通、免除危害、正俗及保安、救济灾难、禁烟禁赌、查禁反动分子或反动宣传、卫生等方面。③保甲与基层警察体系的结合，使国民政府可借基层警察之力，“一面以协调保甲人员与人民间之冲突，一面使自治事务与国家行政划分清楚，由保甲人员与警察分担其责，以免保甲长之困难，此又为警察对于保甲人员工作上之补救也”。④这样，就在基层实现了“以保甲组织为警察之基干，以警察之力量为保甲之协助”的目标。⑤保甲对地方基层警察体系的协助主

---

① 穆玉敏．北京警察百年．中国人民公安大学出版社，2004：198.

② 黄绍竑．三十一年警政检讨会议开会词．浙江省地方行政学会会员通讯，出版年不详（32）：8.

③ 郝遇林．模范乡村警察制度．上海独立出版社，1948：173.

④ 郝遇林．模范乡村警察制度．上海独立出版社，1948：192.

⑤ 闻钧天．警保联系之理论与设施．商务印书馆，1944：23–24.

要表现在三个方面，即清查户口、联保连坐切结与颁发国民身份证，其中户籍为警察与保甲两者结合的基点。[①]

1940 年 1 月 10 日，国民政府行政院会同军事委员会公布《警察保甲及国民兵联系办法》（以下简称《办法》）。《办法》规定："国民兵团附与县警察局长或警佐必要时由一人兼任，区队附与区警察所所长及军事指导员必要时以一人兼任，乡镇队附与乡镇警卫股主任必要时以一人兼任，保队附与保警卫干事必要时以一人兼任。各级国民兵与警察保甲密切合作。各级警察机关对保甲及国民兵的联保连坐切结的抽查、核行等任务的执行予以协助。警察人员受训，聘国民兵干部及主管保甲人员为教官；乡镇长、保甲长及国民兵训练，聘警察主管人员为教官。"[②]《办法》进一步促使保甲制警察化、军事化，对保甲长进行政治、军事、警察训练，使警察、保甲、国民兵三者结合为一体。

蒋介石曾提出："用学识、能力均好的警官来组织、训练、监督、指挥保甲队团。"根据蒋介石的这一主张，国民政府"内政部"制定的保甲制度建立的基本方针是："以保甲、保卫（团）、保安（队）寄托于警察系统之内，以警察为保甲之重心，作保安团队之基干，藉警察制度促进保甲，以期行政组织之完密，藉警察官吏训练保安团队，以期指挥运用之敏活……务期警察、保安、保卫、保甲四位一体。庶几治安制度，渐臻画一，而警卫之真效用，予以发挥。"不难看出，"内政部"制定的上述方针无疑是将保甲视为警察的外延组织，使之成为"警察机关在基层社会，特别是在不便设立警察的广大农村地区的触角"。[③]

综上所述，保甲和警察作为管理和控制基层民众的手段，有着很深的历史渊源。无论是以保甲协助警察，还是以警察指挥保甲，都使国家政权直接深入基层民众的生活中，便于国家政权向基层的延伸，同时也为警管区制实施后保甲与警察的结合奠定了理念与实践基础。

---

① 郝遇林 . 模范乡村警察制度 . 上海独立出版社，1948：189.

② 戴鸿映 . 旧中国治安法规选编 . 群众出版社，1985：260.

③ 穆玉敏 . 北京警察百年 . 中国人民公安大学出版社，2004：198-199.

二、警管区制与保甲制结合的客观需求

“长期以来，警察之任务，多属于‘站岗’与‘查街’。且多偏于城市，不甚关切乡村。而城市之中，又以较大之城市，方可见警力之发展。偏壤之地，三家之村，远非警力所能及。”[①]这是由于“最初警察的创始，开端于省城区和县城区，事后，政府为便利一切政治的推行，觉得乡村间，亦有设立警察之必要。于是，大的乡镇才有警察的设立”。[②]由于乡村长期没有建立警察的传统，导致基层民众对于警察不熟识，而“乡村社会缺乏流动，居民属于‘熟人社会’，而对外来者有天然的排斥性”，[③]因而警察与民众之间无法在短期内建立起融洽的关系。警管区制实施后，众多警力突然深入到乡村的各个角落，必然遭致民众的消极抵制。

另外，“惟各乡镇间，承袭了数千年封建社会的熏陶，早已养成了一种阶级的分子，而乡镇警察往往因自身的缺陷，如经济的难筹，服装之不齐，不得不就地设法补救之。于是在不知不觉间，势必与那有阶级的分子，俯首下气地去和他们联络，希望得到他们物质上、精神上的帮助。由此，乡镇警察实际上已失去了保持公共安宁秩序的真义，做了地方上有阶级分子的爪牙与封建势力压迫民众榨取民众的工具”。[④]造成这样的情境有着现实的原因，“在警官方面，在封建社会的环境中，警权的活动完全屈服在封建势力之下，使你丝毫不能动弹。在大陆，他们利用了那般地痞恶棍和你捣乱，在外面，他们捏造罪状，连续控告，这样可以使你态度消极办事灰心，不安于位，所以在乡镇的警察官，其廉洁自好的，多半是态度消极，其贪污不肖，竭力与土豪联络，既可以得到他们实际的帮助，又可以得到他们创造舆论的颂扬，俯首帖耳，惟命是听，便造成了地方上土豪劣绅的特殊实力。至于法律上，职权上，有否抵触与违法，那是无暇顾及。至于缺乏警识的警官，处理事务，

① 闻钧天．警保联系之理论与设施．商务印书馆，1944：20.

② 韦瑞墀．中国警管区制的理论与实际．中华书局，1937：8.

③ 王先明．辛亥革命后中国乡村控制体制的演变．社会科学研究，2003（6）.

④ 韦瑞墀．中国警管区制的理论与实际．中华书局，1937：8–9.

意气用事，或办事不明手续，越权违法，有悖于警察权活动的原理原则，在乡镇警察中也是数见不鲜的”。警官如此，警士也是同样，“警士方面。上梁不正下梁歪，警官如此昏庸，警士怎会廉洁和守则。加上薪水太薄，只能研究勒索和榨取的方法，去剥削民众以维持生活。他们没有知识，易给社会恶化，交结地痞流氓，造出种种罪恶。着上警衣，即穿上虎皮，欺压农民为其能事”。可见，当时的警士，已经失掉了民众的信仰，丧失了警察的威严，以致“警察机关毫无权力，地位日渐卑下，且警察的进行与民众的生活需要背道而驰”。[①]

基于以上两种原因，民众对于警察排斥与反感无可厚非，警管区制欲在缺乏群众基础的背景下推行实施，自然困难重重，因此借助保甲的力量实施警管区制就成为一种现实的需求。与警察相比，保甲在基层社会长期发展过程中，已有了较好的群众基础，且推行政令迅速，“保甲制度是民众守望相助的一种最完善的自卫制度，它可使民众有团结、有系统地树立地方自治基础，加强民众自卫力量。它的特点是以当地户长、甲长、保长为干部，可使一地方住户，没有一家不受这基础的编组，一地方民众，没有一个不受这系统的约束。因为它的编组把一家作单位，户长当然可以管理一户的事情，就是十户公举的甲长，与十甲共举的保长，也因为彼此本为熟人，容易管理。保长以上的乡镇长，又是当地人民充任的，所以无论推行什么事情，不致有各种扞格发生”。[②]所以与保甲制结合，能让警管区制在基层社会得到更好的实施。

三、警管区制与保甲制结合产生的作用

警管区制与保甲制彼此结合，还能为双方效能的发挥起到双重的推动作用。

① 韦瑞墀．中国警管区制的理论与实际．中华书局，1937：10-12.

② 陈端志．抗战与民众训练．商务印书馆，1937：32.

（一）警管区制与保甲制结合可以相互促进

吴则中说："保甲组织与警察组织的作用，颇多近似，若同时举办，难免各行其是，发生扞格之弊。其实警察保甲各有其责任，保甲是立于人民的立场，促进地方自治之基础，完成地方自治之阶段，负严密人民组织的责任。警察是推行行政的工具，政府用以执行一切政令的。警察得保甲相辅，推行政令更多便利；保甲有警察协助，组织益见严密，困难亦可减少。如保甲本身发达到极点，即地方自治之完成，在警察不发达的地方，可以辅助警察之不及，而为义务警察或国民警察。无论在理论上或事实上，皆可确认警保是并行不悖的。"①可见，警察与保甲可实现相辅相成、互为促进的效果。

"保甲之组织为横贯之连锁，警管区之编制，为纵深配置，二者横贯联系，其关系至为密切，均为县政之重要机构。警管区警察是以政府协治于人民，其权力的实施，取得法定之赋予，以环境关系，限制人民自由，为对内对外官制的与民治之一种作用。而保甲则依户口之组合，以民众的力量，共理民众之事。其权力的实施，乃限于其本身组织之局部范围，补助政府力量之不逮，因二者有牵制作用，可以相互监视，相得益彰。"②"盖实施警管区制后，其警力可以普及各保各甲，非但能补救保甲之弱点，且与保甲长取得切实合作与联系，可以互阻作恶，相得益彰。"③从汤鹤龄的观点可以看出，保甲为横，警管区为纵，两者纵横贯穿，可以起到牵制弊害、相得益彰的作用。

"保甲为组训民众之基础，如办理妥善，则民众团结之精神可以培养，忠勇卫国之决心可以发扬。惟每以人选失当，弊端丛生。即以贿有免兵役一项而言，其影响抗战至大。改革之道，必须使保甲组织受警察机关之督导，警察可以利用保甲，熟悉风土人情，以推政令，保甲因受警察之督导，自亦不敢营私舞弊，相互监督，并行不悖。"④可见，警察可以督导保甲，防止违背政令的事情发生，警察可以利用保甲推行政令，两者能够互相监督，实

① 吴则中．警管区制之探讨．江苏警察，1936，1（4）．

② 张达．警管区制之研究．中国警察，1943（3）．

③ 汤鹤龄．警管区制之实施．警声月刊，1947，1（7）．

④ 虞亚梅．李士珍拟改进中国警政建议计划三种．民国档案，2004（1）．

现共同发展。

（二）两者结合有利于地方建设

保甲制与警管区制的结合不仅可以互相促进，而且可以更好地维护社会治安，推行社会政令，从而尽快地实现地方自治。

“警察应当协助保甲，促成保甲有完美的组织而相互辅进，完成地方自治。保甲长，多由地方选出，地方的详细情形，人民的好坏，自曾比警察明了。倘能双方合作，不独政令，易于推行，即对于地方上不良分子，也可以加以感化，使无职者，而得到有业者。”①

“警管区既是警察勤务的最小单位，并将配合保甲划定，所以警保联系，即可确实做到两者相互配合，对治安自有重大帮助。”②

“警管区之警员应与该管区之保甲长切取联系，各分局应与所在区公所切取联系，以求工作相互配合，而利政令之推行。”

“保甲与警察互同与互异，或同中所异，与异中所同。依其所同者，调和之，其行政效率，遂趋一贯。依其所异者分别办理，各划主管，其行政效率，自亦遂异途同归。于是，整个政治力量，无患割裂之虞；政令设施，以免重复支离之患。”③

（三）两者结合能提高警管区制的行政效率

与保甲制结合，是警管区制提高行政效率的重要手段。闻钧天对此有详尽的论述。他说：“警管区成立之要件，为户口与地段，其相互为经纬之作用。惟户口单位过多，警察耳目难于周密，不易以行政力量，防制一切动乱。户口单位若太少，警务经费之支出，反因警察设区之程度，形成浪费，应以增加政府负担。又管区地域过大，警察巡逻策应之力，不易迅速敏捷，坐使灾

---

① 丛永康．来昆山实习经过之回溯及希望．江苏警察，1936，1（4）．

② 王琮之．论警员警管区制——兼论时下对警员警管区制的批评．上海警察．1946（2）．

③ 韦瑞墀．中国警管区制的理论与实际．中华书局，1937：14–15.

难发生无以为力，反之管区地域过小，警察每易形同虚设，为减少上述诸种困难，使其适合，且有以谋警察行政获得指挥顺利之作用起见，自应另谋侧面问题之解决。此问题之促进，即为警管区单位与保甲组织合一之问题。”①他认为，警管区与保甲组织结合，是警管区警察顺利施政的良好途径。

“以一警区之警士，管理百户，不如以其直接管理十甲之甲长，间接管理百户，较便利指挥。以一警区之警士，管理千户，不如以其直接管理十保之保长，而间接管理千户，可收事半功倍之效。因为这种关系，所以警管区之单位应与保甲之组织合一，既可免组织系统上之凌乱与繁复，亦可收指臂相助之效。”②与其让警管区警察直接管理数量众多的民众，不如管理保甲长以间接管理民众，以达到事半功倍的效果。

“依警管区户口之组织基础言，既需与保甲编组之基础合一。就警管区地段之大小言，亦宜与保甲单位相合，以免顾此失彼。就警管区警士行使警权之能力言，其与保甲力量合一，尤可使举一制百，收‘分之极其细而不紊，合之尽其大而不遗’之效。故以行政之方式（关于警察者）为纵的力量之推进，以社会之方式（关于保甲者）为横的力量之组织，则其作用，必较任何力量为有效。”③因此，采取纵横结合的方式，可以举一制百，发挥两者合力，从而提高行政效率。

另外，警管区制多层警备网的设置，也需要保甲制的配合。“警管区制警备网的设置，是凭借保甲工作以建立的。若是没有保甲组织的地方，单靠警管区的警士设岗巡守的警备线，是不中用的。因为以一警管区的警士之力，在荒野乡村工作，若是警备不密，防范不周，非但不能警卫地方，并自身亦将不保。运用保甲以筹设县与区，区与乡镇，乡镇与保甲，以及保甲与公安之警备网。如此既可减省警力，又可节省经费，而警管区之警士，更可安心服务，以协助国家福利行政之发展，不致徒以巡守值岗之劳，疲于奔命。所以警备网的设置与警备线的联络，在警管区制的施行中，极关重大；藉县

---

① 闻钧天．警保联系之理论与设施．商务印书馆，1944：91.

② 闻钧天．警保联系之理论与设施．商务印书馆，1944：91.

③ 闻钧天．警保联系之理论与设施．商务印书馆，1944：91.

区内在之地方保甲组织，以调剂弥缝警区单一警士服务能力之不足，而助其发展。保甲组织的警备网，与警管区制的施行，实关切要。”[①]

（四）两者结合对保甲制有推动作用

由于保甲人员素质普遍不高，保甲制复兴后，在部分地区遭到民众的强烈抵制。

1936年，浙西崇德地区，发生一起乡民殴打乡保长事件。这次事件招致国民政府出动军队进行镇压，打死乡民200多人。这次事件的起因，源于乡民对保甲长长期压制的不满。[②]

白崇禧也曾报告安徽省的情况：

保甲组织在抗战期间多未能尽领导发动民众之职能，反乘战事征工、征兵、募债等等机会，鱼肉民众，黑幕重重，徒增民众困苦，对政府之不满，迄至本省战事吃紧的，各保甲人员，或弃职逃匿，或为汉奸，各处保甲悉皆破坏。[③]

1941年8月，四川南充、巴县的张金、李用先等呈书行政院称：

每次保甲收款，多不给予收据，使无从质对，收后不录榜张贴，使无从稽核，甚至无底册可查。重收浮派种种弊端，难以枚举，虽政府迭令返给收据，奈难贯彻实行，闾阎被其追收之扰，恨之刺骨，畏之如虎，敢怒而不敢言……盖乡镇保甲多由受训，而居心受训者，多属家寒无业，图免兵役……寒士见财焉能保其清白，况当此生活高涨，纵欲守廉而不得，追收愈甚，与乡人之情感愈失，愈侵蚀，与乡人之结怨愈深。估计四川各县人民与乡镇保

---

① 闻钧天．警保联系之理论与设施．商务印书馆，1944：99.

② 马叙伦．从民变说到保甲制度和民主．周报，1947.

③ 中华民国史档案资料汇编（第5辑，第2编）．江苏古籍出版社，1998：102.

甲之诉讼几占十分之六七……长此以往，前途之危，不寒而栗。[①]

由上述例证可知，由于部分保甲长为当地的土豪劣绅，素质低下，保甲长无法将造福于民的政令在基层广泛推行，自身反而成为鱼肉百姓的工具，以致民怨沸腾。随着警管区制的实施，受到良好教育的警察被派往基层社会，从而弥补保甲制的缺陷，以辅助保甲工作的开展，这种辅助关系体现在以下几个方面：

（1）保甲条例规定，保甲长为无给职，为家庭生计关系，必耗费大部分精力与时间，必须一心一意，致力推行。今仅用业余精力和时间，当然难收成效。而警管区警察有相当薪给，并且专门负责，发挥其本能。故推行国家政令，可收迅速贯彻之效。

（2）照现行保甲制度，保长一职，采取选举制。按全国国民教育程度，未逮水平，观以往各省县调查统计，保长不识字者，估计十分之四以上。即或识字，大多亦不过文理粗通，其程度既如此，付与管理下层政治之基础工作，如何能负荷胜任，而警管区警士，则采取考试制度，且经严格训练，其有相当警察知能和技术，始能充任，所以执行职务，当可胜任愉快，而完其伟大使命。

（3）保甲长既有乡籍限制，以本乡人治理本乡事，则其保内或者甲内之住民，有戚友关系，乃自然之现象。如期家属亲戚故旧有作奸犯科者，欲其依法执行，不顾情面，实属不可能之事。而警管区警士并无乡籍限制，同时其本身既有严密组织，其职责复有法律之规定，可免瞻循情面，作威乡里之弊。[②]

时任松江省警务处处长的李峯也说："在抗战时期，本人曾一度从事保甲制度的推行工作，曾有几点发现。第一，保甲长昏庸，不学无术，不能理解国家政令的要义。第二，没有政治道德，这种症结的所在，就是我们改革

---

① 中华民国史档案资料汇编（第5辑，第2编）. 江苏古籍出版社，1998：131–132.

② 张达. 警管区制之研究. 中国警察，1943（3）：56.

的对象，今后警员警管区制的实施，虽不一定要取消保甲制度，然而应该明确规定保甲自治组织，它所应负自治究竟在哪里，并且决不允许直接承受政府政令。举凡有关国家行政，统由警员负责，凡关自治组织，各种动员，统由保甲担当，如此，则一切财政教育产业等政令，都交由警员传达，监督领导，保甲人员则依指示逐步实行。”①

四、警管区制与保甲制结合的理论与实践

警管区制产生之前，国民政府警界官员与警察学者对于警察与保甲的结合方式主要存有三种观点：一是认为保甲制与警察制度在不同的区域中使用方法不同，在城市主要推行警察制度，在乡村则主要推行保甲制度；二是认为无论在城市还是乡村都推行保甲制，但城市警察制度不做改进，保留原有体制；三是认为需要改革当时的警察体制，实行新的警察制度，使警察制度可以覆盖整个乡村，与保甲制度形成一种合力，成为维护城市和乡村社会安定的有力工具。②

这三种不同的结合方式曾在不同地区得到相应的实施。安徽、湖北、江西等省，保甲被认为是农村地区的警察力量，警察被视作城市所特有的保卫力量。城市警察与保甲分别作为城市和农村地区的警察力量，二者之间分工明确。在河南、湖南等省的城市或者乡村，有的地方只编户口，不实行保甲制，有的地方则在城市也实行保甲制，与警察机关并存。河北、江苏、浙江等省，则同时兴办保甲与警察，保甲制与警察制度在部分城市与乡村同时存在，如河北省实行的警保联系办法规定，在实行保甲之前暂时不取消各区公安局，实行保甲之后，则按照保甲制度由保卫壮丁若干名，作为常备民警，在联保处设置长警巡官，县设置警卫股。凡年龄在20岁以上45岁之下，均

① 李峯．警管区制的检讨 // 张仲轩．特约讲演集．首都警察厅警员训练所印，1947：83–84.

② 闻钧天．警保联系之理论与设施．商务印书馆，1944：5–6.

被作为预备民警。[①]

在警管区制产生之后，警界官员与学者对警察与保甲关系有了新的见解，主要是针对警管区制的特性以新的方式将两者予以重新结合。

（一）警界关于警管区制与保甲制结合的观点

警界官员与学者主张从四个角度将警管区制与保甲制予以结合：一是在警管区划分上谋求警保联合，这是观点的主流所在；二是在勤务内容上强调警管区警察要与保甲密切协作；三是警管区应利用保甲构建警备网；四是要正确处理警管区警察与保甲长的关系。

1. 在警管区划分上谋求警保联合。

李士珍在《整理后方警政计划》中讲道："警管区为构成警察网之细胞，如何配备，应按照保甲组织参酌所辖面积、人事、交通为准。通常警管区设在人烟稠密、事务繁忙之城镇者，应以户口之多寡为标准；乡村人事简单、变动较少，应以面积之大小为标准。此外并应以保甲组织中之保为基础，以谋警保联系（如每管区包括二保至四保），以保甲长协助警士。"[②]

汤鹤龄说："无论城市乡村划分警管区以不分割原有保之户口组合为原则，其分界处以固有街道或河流为适宜。"[③]

江观纶认为："划定警管区的界限时，为使警察行政与自治相协同计，应参照各乡镇及保甲之界限。"[④]

李君坚也持相似观点，认为"警管区划分最好不打坏原有之保甲组织，俾能与自治组织取得密切联系，相互协助，达到警保合一之目的"。[⑤]

章承祖说："理想之警管区，必须依地方治安情形，交通状况，户口之多寡，事务之繁简，面积之大小，警力以配合地方保甲组织，力求适应需要

---

① 闻钧天．警保联系之理论与设施．商务印书馆，1944：7.

② 虞亚梅．李士珍拟改进中国警政建议计划三种．民国档案，2004（1）.

③ 汤鹤龄．警管区制之实施．警声月刊，1947，1（6）.

④ 江观纶．警察下级组织与警管区划分问题．服务，1939，2（5）.

⑤ 李君坚．警管区制之理论与实际．警声周刊，1938，2（11，12）.

而妥为划分，划分原则为：（1）警管区之划分以配合地方基层组织保甲为原则；（2）凡人口稠密，事务简单之区，则以户口多寡为主要标准；每管区以300户至600户——2保至4保——面积不得超过2方里；（3）凡事务复杂，人口又复稠密者亦以户口为主要标准；每管区以100户至250户——1保至2保——面积不得过1方里，纵长不得过1.5华里。”[①]

闻钧天认为，保甲组织严密，警保应谋求联系，警管区划分应根据住户情形，适当调整保甲数量。他说：“至实际上如何可使‘警’‘保’组织基础调协，以促进行政为力量一贯，就目前社会与政治实际情况而论，依管见所及，应不出下列数端：（1）城市设警管区当以2保（即20甲500家）以内之限度为一警区。（2）乡镇设警管区，当以3保至5保（即自30甲300家至50甲500家）以内之限度为一警区。（3）若遇城市或乡镇，有特殊情形，住户若过繁密，或过辽阔时，按上定保数之限度，略为损益，或递减其半保至1保之数，或递增其1保至2保之数，皆易适应事势。户口统计，既有显著之单位，推类核计自甚容易，警务行政之执行，又可于各警士固有之能力外，别增保甲人员之助力。（4）间尝有论者，谓警管区宜与自治区求吻合。此盖泥于自治组织之形势，因以范围于警区之设立。其实与事实应用，无关宏旨。过去自治行政之弊，即在组织上只有纵的系统，无横的联络，外表上具行政之方式，实质上则乏事务推进之能力，其组织不如保甲单位缜密而有效，‘治’‘卫’合一为不可期，运用联络，亦乏方法，其不足为训，理至明显。”[②]

袁定国也认为，在浙江省乡村警管区应按照保甲编制，“划1保至3保为一警管区，遴选学识经验丰富，品行端方，办事干练警士专司管区苦察业务之推进，藉以促进警保联系，而敦睦邻里，转移社会风尚，宣扬政令。”从而达到警保合一，使“警管区制实为构成人民与政府的桥梁”。[③]

可见，警界官员与学者均持同一观点，即警管区划分应以保甲组织为原

① 章承祖．警管区制．上海警察，1946（3）．

② 闻钧天．警保联系之理论与设施．商务印书馆，1944：92.

③ 袁定国．警管区制的理论与实践．警声月刊（创刊号），1947.

则，警管区划分是警保谋求结合的重要着力点。

2. 在勤务内容上强调警士与保甲的密切协作。在勤务内容上，保甲制可以辅助警管区制的工作包括：

“推行保甲制，弥补基层警察力量的不足。保甲可以协助警管区的工作主要有：（1）人事登记；（2）清查户口；（3）查缉奸宄；（4）驱除盗贼；（5）维护交通；（6）免除维护；（7）正俗以及保安；（8）救济灾难；（9）禁烟禁赌；（10）查禁反动分子或反动宣传；（11）卫生。”[①]

国民政府警察法令中规定的保甲辅助警管区警士的工作，主要有：“（1）保安及正俗事项；（2）卫生以及户籍事项；（3）交通以及建筑管理事项；（4）侦查以及缉捕事项；（5）人犯赃物之收解及其他司法协助事项”。[②]保甲可以协助警管区警察工作，反之，警士也可以辅助、督导保甲工作。保甲法令中规定的，警管区制对保甲制工作的协助主要有：（1）保甲会议注意之事项，警管区警士对保甲会议的召开，应随时予以协助或合作；（2）枪炮登记注意之事项。[③]

另外，警管区制与保甲制还应相互协助，主要观点有：

“由于城市警察与乡村警察的工作不同，所以在城市与农村地区，分别有一些特殊的工作需要警管区与保甲相互配合。在城市，警管区和保甲相互协助的事项有：（1）关于营业之取缔事项；（2）关于马路交通维护事项。乡村地区警管区和保甲相互协作的事项有：（1）关于农务协助之事项；（2）关于耕作规定之事项；（3）关于山林竹木保护之事项；（4）关于防止水、旱、虫、风灾害之事项；（5）关于禁止土地荒废之事项。”[④]

“利用‘人事登记’将户籍行政进行细分，对警管区和保甲的工作作出明确划分，明确各自职责。国民政府时期，由于对户籍行政没有明确的划分，各个地方户籍行政办理得杂乱无章。有的地方有公安机关主办，设置户籍警

---

① 郝遇林．模范乡村警察制度．上海独立出版社，1948：173.
② 闻钧天．警保联系之理论与设施．商务印书馆，1944：101–108.
③ 闻钧天．警保联系之理论与设施．商务印书馆，1944：108–110.
④ 闻钧天．警保联系之理论与设施．商务印书馆，1944：110–114.

察办理。在那些没有设置公安局的农村地区，则有区公所统一办理。还有些地方，则根本没有处理户籍的行政机关。为了处理好户籍行政工作，国民政府采取将户籍行政细分，分别由警管区和保甲负责行使，同时二者在工作上保持密切配合。”①

3. 警管区利用保甲构建完备的警备网。闻钧天认为，警管区的警备线设置，应以保甲组织为基础，从而构建起完备的警察网。“在普通县份设置三道警备线，欲组织警备网，必使毫无漏隙，欲使往下之目，一举毕张，则保甲之组织又无异为其第四道之基本警备线。其设置之地位，适为各警区与各警管区内之普遍的规律组织。一县之内，从外进口，则有四道防线，从内出口，亦有四道或三道防线。以保甲守助之力为网络，以警区警察巡守之力为逡巡，以省县保安队或国军卫戍驻防之力为控制，纵有匪人，亦均难以自由出入。警管区的警备线之设置，必须以保甲之组织为基础，其效用已甚显著。”②

4. 正确处理警管区警察与保甲长的关系。对于如何正确处理警管区警察与保甲长之间的关系，闻钧天作了具体的阐述。

警察与保甲组织上之运用，既合一辙，其在人事方面之关系，自应力谋合作，以资协济，斯亦事理之必然。但警士以往之名誉，率不见重于人民，尤不见重于村镇中士大夫阶级，且有时反为彼辈所驱使，而为彼等虐民之工具者。今既已谋“警”“保”行政行使方式之合一，则二者人事间彼此地位上之关系，权力大小之关系，皆有待研论之必要。依例列举方式，有下述诸端：

（1）警士权力大于保甲长，地位亦高于保甲长者。

（2）保甲长权力大于警士，地位亦高于警士者。

（3）警士与保甲长，其权力地位绝对平等，而相互辅进者。

（4）警士与保甲长，其权力地位因事势以为重轻，互为指挥，互相督察者。

---

① 闻钧天．警保联系之理论与设施．商务印书馆，1944：117-119.

② 闻钧天．警保联系之理论与设施．商务印书馆，1944：100.

（5）警士权力略高于保甲长，地位不必高于保甲长，以警士对保甲长为辅导之方式，绝非指挥之方式者。

依据上述数点，再论其得失。关于第一点，以现在警士之能力与知识，及以往警士之身份与行为度之，欲其实现，绝不可能。关于第二点，一般身为保甲长的人，有为地方年德俱高优良之士绅，有为中人之资略识文字，亦有绝不识之无者，以之指导警士工作，其上者有所不为，下者有所不能，欲其实现，亦不可能。关于第三点，警士与保甲长彼此互相辅进，合力方式，似尚可行，然行政之方式绝非所许，且公安行政自有其系统，若其间掺杂保甲工作人员发号施令，不为紊乱已有之行政系统，益将使警士无所受命，公安与保甲设施之庞杂，皆无往而不呈支离破碎之象，故此种合一方式，亦不可能。关于第四点，警士与保甲长因事势情形，以定其权位之高下，而成立其督察指导之关系。此种方式，在事实上极不易区分，且以义务性质之保甲长，对有给职之警士，为行政上之监督与指导，纵得施行于一时，必难期其长久，故此种方式，只可成为理想，绝难实现。除上述诸点之外，只有第五点比较可通，其原则即以保甲为社会干部之组织，以警察为人民辅导之保姆，警士对保甲长之关系，适成辅导之关系，不居于由上令下之指导地位，亦不居于以大役小之权势地位，二者之间，适为协助辅进之情势。保甲长之职役，自有其固定之业务范围，警士之职务，亦自有其固定之勤务范围。两者皆可于各不相谋之权势中，以协策社会事业中之具有同一性质同一对象者，而谋其事业之实践，与人民福利之实现。故此种方式，实为最切合事势之需要，而其理亦可通。①

闻钧天列举了警管区警察与保甲长处理相互关系的5种方式，并一一分析了各自的利弊得失。他认同第5种关系，即保甲为社会干部的组织，警察为辅导人民的保姆，两者之间不属于上下级关系，也不存在权势大小问题，而应互相协助、相互辅导。

---

① 闻钧天．警保联系之理论及设施．商务印书馆，1944：93-94.

（二）警管区制与保甲制的结合实践与效果

据资料显示，江苏昆山、江苏嘉定、重庆、福建福州、上海、四川乐山等地在实施警管区制过程中，成功实现了警管区制与保甲制的结合。

1. 江苏昆山的警保结合。根据汤鹤龄的记载，昆山县公安局实施警管区制后，从警管区到县警察局各层级，均与政府组织机构至保甲组织各层级建立起对应的联系，从而在警管区内，警力普及各保各甲，补救保甲存在的弱点，且与保甲长取得切实合作与联系，取得了共赢的效果，其组织关系见图 4.1。[①]

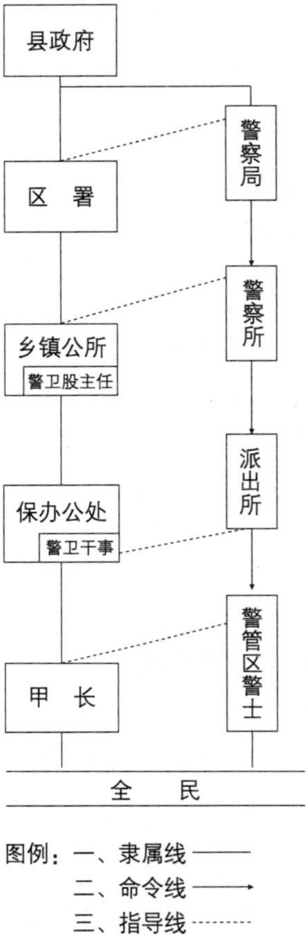

图 4.1　昆山县政府机构与警察组织关系系统图

如图 4.1 所示，从昆山县政府至最低组织层级甲长，分别与县警察局至最小细胞警管区建立起了对应联系。在乡公所内设置警卫股主任，警察所对其业务进行指导；在保办公处设置警卫干事，派出所对其工作进行指导；警管区警士则对甲长进行业务指导。

汤鹤龄还对江苏省昆山县警察局依据保甲划分警管区的情况作了说明，“警管区划分以保甲为原则。昆山县以保甲为原则基础上，将昆山县城区五镇五乡划分为 30 个警管区，警士在各个管区内负一切责任。昆山县划分为 8 个警区，每个警区设置警察所，根据地方状况、户口稠密程度划分若干个警管区。昆山县城区以 2 保至 3 保，乡村以 3 保至 5 保划为一个警管区”。[②]

昆山县警察局玉山分局警管区警察协助保

① 汤鹤龄．警管区制之实施．警声月刊，1947，1（6）．

② 汤鹤龄．县警察行政实录．万元斋书社，1947：88．

甲，主要有三项工作，即协助保甲训练、协助办理户籍、举行警保会议。汤鹤龄也作了介绍，“保甲训练之协助：关于各乡镇自卫壮丁训练；对于劝导及学科之讲授，管区警士，无不尽力为之。办理户籍之协助：保甲制之有学识者固多，而较逊者亦有之，因此办理户籍，难于精密，警士专办本身户口事项外，复协助保甲长办理之。举行警保会议：为使警保密切联系，定期举行警保会议，共谋地方一切事业之发展”。①

根据吴则中《昆山县试办警管区制视察报告书》的记录，昆山县划分警管区的标准，纯以保甲组织中之“保”为基础，且以不分裂“保”的单位为原则，“故每一警管区包含一保者有之，包含二保三保以至五六保者亦有之”。如表4.1所示，有14个警管区包含1保，18个警管区包含2保，53个警管区包含3保，41个警管区包含4保，12个警管区包含5保，2个警管区包含6保。可见，昆山多数警管区包含3保或4保，包含5个以上保数的警管区较少。②

表4.1　昆山县警管区含保数量表

每一警管区包含的保数（个）	包含该保数的警管区数量（个）
1	14
2	18
3	53
4	41
5	12
6	2

刊载于《江苏警察》第4期的《昆山县试办警管区制各公安分局工作概要》记载了昆山县警察局下属各分局警保协作方式及取得的效果。

（1）昆山县公安局第二分局：警管区警察主要协助保甲长办理三件事项，即保甲训练、户籍办理与保甲事业的推进。“一是保甲训练之协助：7月间各乡镇举办甲长训练，关于劝导受训及学术科之教授，该分局员警，无

① 汤鹤龄．昆山县警察局玉山分局实施警管区制概况．警政导报，1947（4）．

② 吴则中．昆山县试办警管区制视察报告书．江苏警察，1936，1（4）．

不尽力为之。唤起民众注意保甲；保甲编组后，民众对保甲之意义，或有未尽明了者，间有对己身保甲番号，亦复不知，因于人民报告或受讯时，必询问其保甲番号，有不知者，随时唤起其注意，积日既久，互为传说，近月来民众之来局报告或受讯者，均能对答其保甲户之番号，及甲长保长乡长之姓名，由此知其对于保甲组织，已有相当之认识矣。二是办理户籍之协助：保甲长有学识者固多，而较逊者亦有之，因此办理户籍，难于周密，警士办理本身应办户籍事项外，复指导保甲长办理之。三是保甲事业之推进：办理保甲，非徒具形式者，故须有定期举行之保甲长会议，共谋一切事业之发展，玉溪乡现已行之，由农教馆指导警管区警士协助，实行以来，成绩尚有可观。”①

（2）昆山县公安局第三分局：第三分局警管区警察主要协助保甲了解自身职能与训练甲长，取得了融洽警民关系的效果。“境内各保甲长或有未能明了保甲意义，于自己责任者，亦有识字不多，未能办理人事登记者，故警士每与保甲长接谈，必论保甲之意义，查有人事异动，即行知会保甲长，或则代为书写登记，俾得便于转报。8 月份区公所举办甲长训练班，该分局员警，均担任教员，分往各乡镇训练所授课，藉此机会与各甲长接近谈话，感情颇好，故现在警士下乡，一般民众均称呼先生。”②

（3）昆山县公安局第四分局：第四分局警管区警察通过教授课程与甲长和谐相处，效果明显。“参加训练甲长事宜：8 月间第八区公所奉令开办甲长训练所，该分局暨各巡守所区员警担任教授保甲须知，军事训练等课程，虽为其甚短，而警察与保甲得借此机会以联络感情，打成一片。”③

对于昆山县警管区警保联系取得的良好效果，张达表示了充分肯定。他说：“政令颁于政府，而教化成于人民，故训政之鹄的，即在督促人民自觉自治，早规宪政之实现。政府但擘划指挥，以总其成。警察为行政之基干，保甲为自治之础石，互为车辅，相须至殷。故本局划分警管区，首重保甲之

① 编者．昆山县试办警管区制各公安分局工作概要．江苏警察，1936，1（4）．
② 编者．昆山县试办警管区制各公安分局工作概要．江苏警察，1936，1（4）．
③ 编者．昆山县试办警管区制各公安分局工作概要．江苏警察，1936，1（4）．

完整。至今查报户口，防盗除螟，禁烟禁赌，诸要政，皆与保甲人员，呵成一气，共策进行。而本县各区训练保甲长，均由本局各分局所或警管区之官警担任军训。警保人员，精诚合作，收效颇宏。”①

另外，彭百川也肯定了昆山警管区警保联系取得的良好效果。“昆山试行警管区制，以清查户口，防患制危为先务。保甲与警察，目的相同，责任共负。由公安局会商区公所拟定户口异动查报及保甲守望等暂行办法，双方密切联络，拼力共赴，颇收警保相辅为用之效。”②

2. 江苏嘉定的警保结合。据陈幼民描述，嘉定试行警管区制期间，“分派警士辅助保甲查口工作，并划定每二保至五保为一警管区，指定警士一人主持该区警务”。至 1935 年 7 月，“第二期学警训练完成，指定第一分局之四城镇暨四郊乡继续试行，城市保之户数较多，且系循环编组，着重大街整齐，至小巷住户，编保不易联系，遂改变办法，以保甲为运用，而不拘泥于保之地域”。其中州桥与南门巡守所户口状况见表 4.2、表 4.3。③

表 4.2　州桥巡守所户口统计表

管区番号	甲数	户数
第 5 警管区	20	188
第 6 警管区	17	179
第 7 警管区	24	263
第 13 警管区	18	192
第 14 警管区	24	229
第 15 警管区	22	237

表 4.3　南门巡守所户口统计表

管区番号	甲数	户数
第 1 警管区	15	132
第 2 警管区	15	148
第 3 警管区	21	208
第 4 警管区	21	176

① 张达．昆山县公安局五月来试行警管区制述略．江苏警察，1936，1（4）．
② 彭百川．昆山县试办警管区制之感想．江苏警察，1936，1（4）．
③ 陈幼民．嘉定县公安局试行警管区制概述．江苏警察，1936，1（4）．

由表 4.2、表 4.3 可知，嘉定县警察局第一分局警管区划分不再拘泥于保组织，而细化到甲组织，以求更灵活地编排。

3. 重庆的警保联系。抗日战争时期，国民政府迁都重庆，为了应对日益繁重的警卫工作，重庆市警察局实行警政改革，推行警管区制，并在城市与乡村普遍推行警保联系制。[①] 警保具体联系办法见图 4.2。

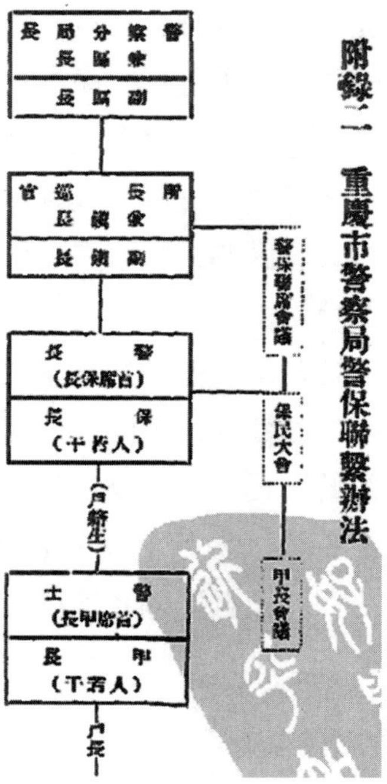

图 4.2 重庆市警察局警保联系办法

如图 4.2 所示，重庆市警察局警保联系密切，具体说明如下：

（1）警察与保甲管区合一。警察分局长兼任区长，警察分驻所或派出所所长（巡官）兼任镇长。

（2）每个警管区包括一保至二保为原则。每个警管区设置警长 1 人，户籍生 1 人，警士 6 ～ 10 人，警管区办公处就设在保联办公处内。

（3）警管区警长与该管区内保长的关系。警长可以指挥保长，如果该管区保长人数在 2 人以上，则以警长为首席保长，警士为首席甲长，所辖甲数依照实际情况进行分配。

（4）警察分驻所或者派出所每半个月举行一次警保联席会议，商讨警保业务的有关事宜。必要时需要由所长、巡官（兼镇长）临时召集。

（5）每保每月举行一次保民大会，甲长

① 民国重庆市警察局实行警管区制原始档案. 重庆市档案馆藏 . 档号：0053.3.103.

会议由保甲长随时召集，以商讨保内各种工作进展情况。保民大会以保长为主席，警长（首席保长）为督导人，该警管区休（预）班警士均需要列席会议，正副镇长以及分局官员也应该出席。在会议上，应该详细阐释警保联系方法以及最近政府有关法令与国内外军政要闻等。

（6）警察与保甲应该联合进行户口调查、办理人事登记以及联保切结。调查登记的各种表册，各存一份，并且需要规定警保户口段，使每一个警保人员均有单独负责的地段，使每一个警管区段都有人员负责。保甲长负责抽查和报告有关户口变动情况。

（7）警察与保甲应该共同办理警管区内的物资生产以及调查统计等事项，并绘制警保管区略图。

（8）民兵团区队长、镇队长、防护团区队长、分团长，都由警察分局局长以及所长（巡官）分别兼任，各级队（团）副需要选举产生。

（9）镇中心学校、保国民学校以及战时民众学校、国民兵团队、防护团等，应由警察人员讲授警察常识以及违警处罚法课程，使人民群众了解警察法。

（10）由警察局或者分局举办保甲长训练班，除了讲授有关保甲长的课程外，还需要讲授有关警察方面的课程。长警常年教育，由分局训导员或局员讲授保甲以及自治法令。

（11）所有工作的推动，在一切可能的范围内，责成警察与保甲联合办理，以增进保甲与警察之间的感情。①

可见，重庆实施警管区制后，警保联系相当密切，在警管区划分、勤务工作以及教育训练方面均体现了紧密协作。

4. 福州的警保联系。《福州市警察局警管区派驻警士规则》第1条规定：“福州市警察局为严密组织警察起见，特就各分驻所辖境内依保甲区域划分为若干警管区，其区域范围暂与保甲之辖境同。”②其警管区划分原则是“以每一保为一警管区，惟如因警力单薄，可酌量情形，以警士1名负责2个警

① 李士珍．警察行政研究．商务印书馆，1943：165-167.

② 福州市警察局警管区派驻警士规则．警声月刊，1943，8（4，5）.

管区。两保地势相毗连，并参照当地情形而事务繁简，酌量划分”。[①] 福州的警保联系主要体现于警管区的划分。

5. 乐山的警保联系。1944 年，四川乐山推行警管区制。城区警管区划分，以保甲为原则，参照各保户口的多少以及辖区的大小进行设置。警管区警察办公处与保办公处合用，实现警保联系。[②]

6. 上海静安寺分局的警保联系。“保甲绝对不能离开警察而单独实行，而且必须由警察督导，才能使其充实健全。所以我们划分警管区，是完全配合保甲组织为原则，调查户口，整理市容，组训民众，督导卫生，以及辖区与应各事宜，警管区警员均竭力协助保甲。”[③] 在上海静安寺分局，警保联系主要体现于警管区划分与勤务工作两个方面。

（三）警管区制与保甲制结合出现的问题及解决方案

警管区制与保甲制通过结合相互促进，实现了双赢。同时，两者在结合过程中，也产生了一些合作不畅的问题，主要体现于警察与保甲长的权力冲突，以及警管区的划分问题。

警管区制和保甲制在合作过程中缺乏明确的职权界定与分工，从而在工作中引发冲突。

警察与保甲在组织上属于不同的系统，警管区警士归地方公安局管理，保甲则属于地方自治组织，归地方乡镇区管理，这种归属上的不同，势必导致管理上的混乱，责任相互推诿。因此，警保之间如何管理与配合，成为一个需要解决的重要问题。[④]

为解决基层警察和保甲之间，尤其是警管区警察与保甲长之间的职权冲突，国民政府在部分省份对军警与保甲长之间的关系作了严格规定，如江苏省民政厅规定，正在服役的军警人员不得兼任保甲长。这起因于南通县县长

---

① 福州市警察局警管区派驻警士规则．警声月刊，1943，8（4，5）．

② 四川乐山县警察局警管区制实施概况．“中央警官学校”校刊，1945，8（1）．

③ 周蔚庭．静安寺警察分局警员警管区制实施概况．上海警察，1947（9）．

④ 闻钧天．警保联系之理论与设施．商务印书馆，1944：94.

金宗华针对军警与保甲长的冲突与矛盾向江苏省政府提出的建议。他提出，地方军警调动频繁，保甲工作一般固定在当地，虽然二者在保卫地方治安稳定方面有共同点，但现役军人和警察通常调动频繁，一旦军警兼任保甲长则会造成地方治安问题不能得到有效解决。另外，警管区警察本身工作繁重，需要处理大量的警察事务，“对于其家室所在之保甲事务，平时已难兼顾，一旦保甲有事，而军警勤务适值吃重之时，更属困难”。金宗华主张，正在服役的军警人员不得兼任保甲长。最终，金宗华的建议得到江苏省民政厅的采纳。①

叶木青也提出保甲长与警士在权限上可能发生争执，“警管区警士，既负各该管之责，自应该授以相当之权力，以便处理一切轻微事务，如此则恒不免两种困难。即对外与乡镇保甲长权限上之争执，对本身常感有力量单薄，呼应不灵之艰虞也，而过去或者目前各地警察，仅供豪绅之爪牙，肆鱼肉于乡民，有弊而无利，更不待言”。②

陈幼民也认同此点，“警管区警士既负一个管区之责，自应授以相当之权力，以便处理一切轻微事务，但处理事务，常发生两重困难，即对外与乡镇保甲长发生权限上之争执，对本身常感有力量单薄呼应不灵之困难。在人事上，如访问乡镇保甲长为公务上之恳谈，关于保甲户籍事项，协助保甲长办理，遇有户口异动，即互相对照；关于不良人之调查，烟民及其他案件之侦察，则要求保甲制协助，至正俗卫生等事，则共同办理。在处务方面，遇有轻微违警人犯，则呈递报告，票传不到，即用书面裁决送达，以免扭送逮捕等之烦累手续，但警士经验缺乏，能力有限，保甲长又未必皆贤，往往办理一事，利害互见”。③

韩梅岑经过参与宜兴县公安局警管区制的试办过程，发现警士与保甲在合作中确实产生了一些问题。“警管区的警士，是要他负一切的警察责任的，

---

① 铜山县政府第一科．保甲概要．徐州沿记萃文斋，1935：135–136.

② 叶木青．试行警管区制以利保甲推行保甲之商榷．浙江自治，出版年不详，1（11，12）.

③ 陈幼民．嘉定县公安局试行警管区制概述．江苏警察，1936，1（4）.

日常里不但有一切的消极干涉取缔工作，而且有许多的积极的保卫社会事业，农村事业，社会教育工作，工作是这许许多多，警士只有一个，要他实际的，把全般的责任负起来，实是不易的事。一个警士既不能实际自己去担负这些工作，自然只能由警士作发动机，去推动乡镇保甲长及其他人去做，但是目前有一个事实：中国国民自动的能力很微薄，乡镇长等在乡村中俨然都是士绅的地位，可统御人，不易受人统御，警士整个的统御力，一时把握不住，全般的工作责任，便一时的推动不了。”他认为，由于乡镇保甲长在基层的地位特殊，警管区警士指挥保甲长开展工作比较困难。

另外，吴则中对警管区以保为标准进行划分提出异议，他认为，由于地势复杂与警士体力有限，以保为标准划分警管区会产生各种问题。“分划警管区以保为基础，可谋警保联络及办事便利。惟警区面积往往受的牵制，发生交通不便，或管理困难之现象。例如，该县第二分局第四警管区含有四保五十三甲，因各保甲散处各地，中多河道阻隔，区域又复广泛，于警士之工作体力皆有妨碍，且保之户口，亦因保而异。例如，该分局第一警管区含有三保五十六甲，管辖六六四户，而第二十五管区含有五保五十三甲，管辖六八零户，又如第十八警区，含有六保六十二甲，管辖六七七户，而第二十六警管区含有六保六十六甲，管辖七七零户。可知，警管区面积之大小，与所含保数之多寡成正比例；而管区户口之多寡，并不随保户增减而转移。警管区与保之关系既如上述，则警管区之构成，利用保为基础则可，利用保为标准则不可。划分标准，应以警士之精神体力为唯一前提。”[①] 因此，他提出警管区划分，应以保为基础，并以警士体力为划分的基本标准。

① 吴则中．昆山县试办警管区制视察报告书．江苏警察，1936，1（4）．

第三节

关于警管区制与保甲制结合的认识

闻钧天在其著作《警保联系之理论与设施》末尾处写道：

由以上的研究，可知警察与保甲，是具有多方面的联系与作用。不论以保甲为主体来应用警察，或是以警察为主体来运用保甲，都有互相发明，互相协济的功能。要保甲制度能充分发挥其效能，警察运用很可以帮助保甲事业的进展，反之，要警察能圆满表现其任务，保甲组织正是警察设施方面一个最有用的阶梯。扣其一端，以小见大，故为不可，泥于成见，出主入奴，亦非所宜。

首先，从制度的综合方式上看两者的关系：

（1）从两者制度本身历史上的研究，是具有相应的因果关系，而其关系之显露，至今并存。

（2）从两者制度比较理论上的研究，虽各有出发点而总归宿的目的，仍趋一致。

（3）从两者制度客观环境上的研究，尤其是在今日之中国，不可舍此取彼，故步自封。

（4）从两者制度设施事例上的研究，都是用以保卫地方安宁、维持公共社会秩序的工具。

其次，从工作方式上看两者的关系：

（1）从两者工作个别独立的形式上研究，保甲以组织的方式来管理民众，警察因管理的程序，尤利于民众之得有组织。

（2）从两者工作彼此联络的方法上研究，保甲是有助于警察在人事方面管理工作之进行，警察更宜依据保甲工作的基础，以完满地辅进保甲的任务。

（3）从两者工作综合关系的原则上研究，保甲是以社会的力量自下而上以健全政治，警察是以政治的力量自上而下以安宁社会。

最后，从制度设计依据上看两者的关系：

（1）从两者在法令的意义上说：保甲为国家行政与地方自治的混合体，警察系单纯属于国家行政权的作用。两者意识虽有大小之不同，但两者之范围，却包含在有不同区分的同一成分里。

（2）从两者在国家的意义上说：保甲为政治阶段的最下层，社会组织的中心网；警察是政治阶段的协助执行者，社会组织的机密侦防者。两者任务虽有广狭之不同，但两者之对象，却多包含在不可分离的同一观点里。

（3）从两者在人民的意义上说：保甲是以有组织训练的民众力量，助政府以实现其对于地方社会的安全福利；警察是以有计划方式的政府力量，促人民以保障其对于法律经济享有之安全福利。两者关系虽有积极消极之不同，但两者之旨趣，却包含在不可划分的同一目的里。

（4）从两者在运用的意义上说：保甲是使散漫的个人，去做集体的动作，使每个人都能有规律地向上与向前动；警察则在使这集体及集体里的个人，都不仅能依其固有原则以动，且能在一切的原则下，都动得合理。两者方法虽有间接直接之不同，但两者之结果，却包含有不可区分的同一效用。

此外，再从行政效率上说，若欲以国家有限的财力，举办普遍的行政，及用很少数的劳力，获得最大多数的价值，尤非利用警察与保甲合一不可；并可使二者彼此相辅相成的功能，愈过缜密而愈形发挥。这是很浅的定识，不待我们多推敲的。

总之，在今日而言警制之改善，是不能抹煞事实而空言制度的；也不能只责以人事，而忽略制度的；同时更不能单方面注意制度与人事，而轻视当前的环境的。必也，谋制度与人事的合一，以适用于当前的政治环境与社会环境，方不致背道而驰。在今日而言保甲在自卫方面之施行，其理亦正同比。①

闻钧天的这段论述，极好地诠释了国民政府时期警察与保甲、警管区制与保甲制之间的关系，并阐述了两者结合有效发挥作用的理论依据与现实渴

① 闻钧天．警保联系之理论与设施．商务印书馆，1944：123－125.

求。无论是从保甲与警察产生的历史背景、理论依据、客观环境、制度设计，还是从两者的工作形式、工作内容、工作关系，以及从两者对于国家与民众的意义上说，均能表明警察与保甲并不是此消彼长，而是相辅相成、互为促进的关系。警管区制创设以后，警管区警察与保甲并没有脱离两者的历史渊源与天然联系，而只是使警政以一种更新更好的勤务制度，将警察与保甲在更广范围内、更深层次上更加紧密地联系在一起。

警管区制与保甲制紧密结合是为了“发挥制度上的精神，调整人事上的关系，节省经济上的浪费”，以“收行政上之实效”。警管区制与保甲制紧密结合，是国民政府时期推行地方自治的必然产物，其最终目的是更有效地促进国民政府基层政权的稳固，从而更好地实现国民政府在全国范围内的政治统治。

第五章 关于警管区制的争论

警管区制并不根植于中国的土壤，而是远袭英美警察的“比特区制”与日本的“受持区制”。尽管经由国民政府的改良与优化，但受制于其“舶来品”的身份，警管区制自在中国大地诞生之日起，就开始经历多番波折与排异反应。无论是实施此项政策的警政官员，还是引进与研究此项政策的警察学者，抑或为实行民主宪政奔走呼喊的民主党派，甚至普通民众都对此项制度给予了高度关注，进而在历史上对于此项制度究竟能否适用于其时的中国展开了一场激烈的争论。江苏省是中国警管区制最早的试行地。从 1935 年昆山被指定为警管区制试办县份，到无锡、宜兴、嘉兴等地的试行，虽然警管区制引进江苏有 10 余年，但其真正实行仅有两三年时间。由于实施范围有限，实施时间较短，没有在全国范围内形成广泛影响，对于它的分歧主要来源于亲身参与实践与研究的警政官员与警察学者，内容主要着眼于从学理角度对制度本身进行学理探讨。引起全社会范围内各民主党派与广大民众的广泛争议，主要起始于 1946 年 5 月上海市警察局宣布即将实施警员警管区制，争论的内容也从制度本身，延伸为一种政治批判。

第一节 制度设计层面的学理分歧

从抗战前在江苏部分县份的试行，抗战中在陕西、浙江等地的全面推行，到抗战后在南京、上海、杭州、重庆乃至新疆边陲重镇的施行，警管区制一直是国民政府警政建设与改革的重要内容。警察学者对此制进行了持续深入的研究与探讨，国民党警政官员对此制度给予了充分的肯定，并积极付诸实施。警察学者与警政官员均认为警员制是一种进步的警察人事制度，警管区制是很理想的警察勤务制度，这两种制度的配合运用，能充分发挥警察效能，达到警察的目的。[①] 均要求警管区要同保甲紧密结合，他们认为，“警察保甲各有其立场和责任，保甲是立于人民的立场，促进地方自治之基础，完成地方自治之阶段，负严密人民组织的责任。警察是推行行政的工具，政府用于执行一切政令的，警察得保甲制相辅，推行政令更多便利；保甲有警察协助，组织益见严密，困难亦可减少”。[②] “警察与此，应当协助保甲，促成保甲有完美的组织而相互辅进，完成地方自治。保甲长，多由地方选出，地方的详细情形、人民的好坏，自曾比警察明了，倘能双方合作，不独政令，易于推行，即对于地方上不良分子，也可以加以感化，使无职者，而得到有业者。”[③] “因为以一警管区的警士之力，在荒野乡村工作，若是警备不密，防范不周，非但不能警卫地方，并且自身亦将不保，故规划县内警察行政，除向外的方面须注意县与省警备线的联络外，必须对内在的方面，运用保甲以筹设县与区，区与乡镇，乡镇与保甲，以及保甲与公安之警备网。”[④] 警管区制只有与基层地方自治组织保甲紧密协作，才有可能充分发挥警察的作用，实现警察的职能。

对于警管区制的意义、实施方式、勤务分配等大多数问题存在一致性意见的同时，不同官员与学者对其制度在学理层面上尚存一些分歧，主要体现于概念、区域划分标准、组织机构等方面。

一、概念的认识分歧

（一）多种多样的概念

陈曾钦认为，警管区是从警察勤务区域之中，划分若干最小单位区域，并配置各种警力于每一单位区域，让每位警士专门负责管理本区内一切有关警察事务的警察勤务基本单位。警管区通过设置“巡守区”和“联巡区”等

---

① 汤兰瑞．警员警管区制——施行在上海常熟路区．警声月刊，1947，1（11）．

② 吴则中．警管区制之探讨．江苏警察，1936，1（4）．

③ 丛永康．来昆山实习经过之回溯及希望．江苏警察，1936，1（4）．

④ 闻钧天．警保联系之理论与设施．商务印书馆，1944：99.

系统组织为其附带条件，合成一个健全的勤务制度，就称为警管区制。如果将警士改为警员，则成为警员警管区制。①

汤鹤龄称，警管区是警察担任一切勤务的基本单位，每一个警员在其力所能及的区域内，担任一切警务。由若干个警管区组成整个县或市的警察网，整个组合警察网的关系就叫警管区制，即若干警管区组成一个健全的县或市警察网，实行共守分管的警察勤务制度。②

章承祖在刊物《上海警察》发表文章，认为“划定一个小区域而指定一名警士（或例外二名以上之警士），使其执行此一定区域内之警察业务曰警管区，根据此原则由于若干警管区之联合，办理警察业务之整个而言即为警管区制”。③

国民政府“内政部”部长张厉生在1946年6月4日接见中央社记者发表谈话时说，“警管区就是英美警察的‘比特’制度，‘比特’的解释，就是警察勤务之基本单位，正如在县设警察局，在区设警察所一样，如果再划一小区域，便是警管区，每一个警管区，指定一个或二个警士，负责执行区域内之一切事务，所以警管区亦即是警察行政组织中之最小细胞。”④

“中央警官学校”教育长李士珍在不同时期不同著作中给警管区下了两个不尽相同的定义。1942年其著作《警察行政研究》中载道：“警管区为警察执行勤务之基本单位，亦即警察行政组织中之最小细胞；‘警’是警士，‘管’是管理，‘区’是区域，‘警管区’即是警士管理之区域；换言之，划定一个小区域，指定一个或二个警士负责执行此区域内一切警察事务，即警管区。联合若干警管区组成之警察行政系统，叫警管区制。”⑤在1948年的著作《警察行政之理论与实际》中则这样定义：“在分驻所管辖区内，划分若干小区，分别指定一个警员清查该小区内之户口，并处理一切有关警察

① 陈曾钦．现行警管区制研究．上海警察，1948，3（1）．

② 汤鹤龄．警管区制之实施．警声月刊，1947，1（6）．

③ 章承祖．警管区制．上海警察，1946（2）．

④ 萧乇生．“警管区”述评．“中央警官学校”校刊，1947，1（夏季号）．

⑤ 李士珍．警察行政研究．商务印书馆，1942：91.

上之事务，谓警管区，亦叫警察勤务区，简称警勤区。此种制度是根据分工合作的原理，通用科学方法，确定每个警员服务范围，加强其责任观念，使之在一定区域内，达到安宁秩序之维持，奸佞宵小之预防，人民福利之保障，就勤务本质言，可称为警勤区。将 3 个或 5 个警管区组成警员联合办公处，以尽共守分管之责，叫警管区制，也叫警员联勤制。”[①] 此时已将警管区与警管区制的名称作了更改。

“内政部”警察总署副署长酆裕坤说，“警管区乃警察担任勤务之基本单位，每警管区由一个警士担任警察上之责任。……由几个警管区组成一个巡逻系统，由各管区警士轮流巡逻于整个系统之内，……警管区制之勤务方式，与英美巡逻制之方式相类，而与日本派出所之守望巡逻并行者相异，但其一人管理一区，则与日本受持区制之精神相似”。[②]

如上述定义，大家对警管区的警力配置与性质存在不同的认识。

（二）警士的数量

在警力配置上，陈曾钦、汤鹤龄、酆裕坤以及李士珍在后期的观点一致，认为每一警管区由一个警士负责管区内所有警察勤务。章承祖则认为在例外情况下可以安排两名以上警士负责，张厉生也没确定每管区内的警士人数，一个或两个警士都可以。另外，钟家谋还专门写了篇名为《论二人共任的警管区制》的文章，观点是：“独任制有缺点：警管区由警士一人负责，则当其服务外勤时，办公处无人照料服务；由于人类的自私欲，警管区警士的注意力，往往只是自己的小范围，不能与其他的警管区做密切的协作。警士分散各处，监督困难，尤其是乡村。警士在管区内单独执行职务，无人监督牵制，容易徇情舞弊。和民众太亲密，往往妨碍于职务的执行。”基于这种分析，他主张实施二人共任的警管区制，即每警管区置警士 2 人，管区内事务由 2 人共同处理。[③] 战后重庆在实施警管区制时，甚至将每警管区配备 6 人至

---

① 李士珍．警察行政之理论与实际．中华警察学术研究社，1948：106.

② 酆裕坤．论警管区制．警声月刊，1946，1（2，3）.

③ 钟家谋．论二人共任的警管区制．警声月刊，1941（7）.

9人，共同负责管区内事务，章承祖对此作了评价，“警管区专设户籍警，警管区警士不但担任户口调查，此制之优点，姑且不论，即谓为警管区制，未免名存实亡，以警士九名，共同负责较大范围之管区，实与警管区制责任分明之本意大相径庭，不使每警有单独负责之管区，方法尤为笨拙”。[①]这样的警力配备方式确实已经散失了警管区制初创时原有的意义。

（三）管区的组织属性

警政官员对警管区的性质认识也不统一。张厉生说：“警管区就是英美警察的‘比特’制度，‘比特’的解释，就是警察勤务之基本单位。”从这种角度来说，警管区只是一个巡逻区，是一个虚级的组织。他同时又说警管区是“警察行政组织中之最小细胞”，从这个角度来说，应是一个实级组织，究竟实还是虚，有点模糊。李士珍说：“警管区为警察执行勤务之基本单位，亦即警察行政组织中之最小细胞。”从这个概念不难推出警管区乃是一个实级的基层组织。酆裕坤说，警管区是警察担任勤务的基本单位，无法确定其是实级组织还是虚级组织。众人说法不一，以致警管区性质无法界定，则直接决定了警管区制的性质也很模糊，它的实施究竟是整个公安行政的改革，还仅是警察勤务方式的改革，就成为一个谜团。

二、区域划分原则与标准的分歧

（一）不同的划分标准

1935年被任命为昆山县公安局局长的张达认为，“在人口稠密事务纷繁之地，以户口之多寡为主要标准，每管区户口以200户至500户为度，面积不超过4方里；在人事简单，变动较少之地，以面积之大小为主要标准，每警区之面积，以9方里至16方里为度，户口不得少于200户，不超过800户，在村落人口疏密地，可为100至800户；划分警管区不以分割一保

① 章承祖．警管区制．上海警察，1946（3）．

之户口为原则”。[①]

汤鹤龄主张以四项要素为划分原则：（1）地势冲要与否；（2）是否为交通枢纽；（3）治安之情形如何；（4）地方位置与户口人事之繁简。划分标准为：城市以户口 200 户至 500 户为度，面积不得超过 2 方里；乡镇以户口 200 户至 800 户为度，面积不得超过 4 方里。[②]

韦瑞墀提出三个“注意”作为划分的依据，即“注意地势之冲要；注意水利交通的枢纽；注意市镇之位置及人事繁简”。“在城镇，户口繁密人事复杂的区域宜小户口宜少，以户口为标准，100 户到 200 户；在乡村，以面积多寡为标准，以户口做参考标准，9 方里至 12 方里，户口约 400 户至 800 户。”[③]

章承祖认为：（1）警管区之划分以配合地方基层组织保甲为原则；（2）凡人口稠密，事务简单之区，则以户口多寡为主要标准，每管区以 300 户至 600 户——二保至四保——面积不得超过 2 方里；（3）凡事务复杂，人口又复稠密者亦以户口为主要标准，管区以 100 户至 250 户——一保至二保——面积不得超过 1 方里；（4）凡地广人稀，而事务简单者，则以面积之大小为主要标准，每管区之面积以 4 方里至 12 方里，但户口不得少于 100 户或超过 600 户——一保至四保；（5）凡距离城镇之要道，名胜、渡口、港口，水陆码头，车站或县市交界之处而过往如云行旅众多之区，即以其地为独立警管区。[④]

苏寿祖认为要考虑的要素有人口的密度、工商业的状况、社会的情形、建筑物的情况、交通的情形、每月案件发生的数量、采取勤务分配的方法、警员的素质、配合保甲组织。要区别市区与郊区：（1）市区：80 户至 120 户，400 人至 600 人，以户口为主要划分标准，面积次之；（2）郊区：100 至 150 户，500 人至 750 人，4 方里至 9 方里。[⑤]

---

① 张达．警管区制之研究．中国警察，1943，3（3，4）．
② 汤鹤龄．警管区制之实施．警声月刊，1947，1（6）．
③ 韦瑞墀．中国警管区制的理论与实际．中华书局，1937：23-24.
④ 章承祖．警管区制．上海警察，1946（3）．
⑤ 苏寿祖．警员警管区制的理论与实际．上海警察，1946（3）．

（二）户数与面积

从上可知，依据警察事务的复杂程度，针对城镇与乡村实施不同的划分原则与标准，在乡村考虑地域面积，城镇考虑户口多寡，配合保甲，这是大家的共识。但是对于面积大小与户口多少则众口不一，或认为城市以户口200户至500户为度，乡镇以户口200户至800户为度。或认为在人事简单，变动较少之地，以面积之大小为主要标准，每警区之面积，以9方里至16方里为度，在村落人口疏密地，可为100户至800户。李士珍则认为城市以每警管区700人至1000人，乡村每警区以纵横二三里在2小时能步行一周者为准。[①] 对于每管区的户口数与地域面积似乎没有标准的答案，但李士珍是战后警员警管区制的创立者，又是国民政府警界高官，他的观点恐怕在实施过程中起到了主导作用。

三、组织结构的认识差异

（一）多样的组织结构

汤鹤龄将警管区制的上下级组织结构划分为："警察局——分局（警察所）——派出所（驻在所）——警管区。组成标准为：（1）繁华都市联合10个警管区组成派出所，设巡佐1人监督；（2）普通城镇联合7个警管区组成派出所，设巡佐1人监督；（3）乡村联合3个至5个警管区组成派出所，合2个或3个派出所共置巡佐1人监督；（4）分局或警察所因地区冲要为便于勤务之指挥并居中策应，得联合若干警管区设置分局或警察所，通常以5个至10个派出所构成，乡村如不设派出所则设分驻所。"[②] 派出所要根据都市、城镇与乡村的不同情况联合不同数量的警管区组成，组织机构也可以根据勤务状况进行越级设置。

"就管辖区域内，酌设警察所、警察分驻所、警察派出所；划分若干警管区担任勤务之基本单位。""警察所或警察分驻所，为指挥勤务之机关；

---

① 李士珍．警察行政之理论与实际．中华警察学术研究社，1948：107.

② 汤鹤龄．警管区制之实施．警声月刊，1947，1（6）.

警察派出所为联合执行各项勤务之机关；警管区驻在所，为警管区警士单独驻在执行勤务之处所，应直辖于警察所或警察分驻所。”① 与汤鹤龄的设置相比，张达多设置了一个与警察所平级的分驻所。

韦瑞墀在其论著《中国警管区制的理论与实际》中提道：“全县分若干警区，每警区又分为若干警管区，设办公处于管区适当地点。合 3 至 5 个警管区为一‘巡守区’，合设办公处所于适当地点，轮流负守望或巡逻之责。视时与地之需要，设 3 至 5 个‘巡守区’为一‘联巡区’，以为夜间增岗减巡之用。”② 这是依据当时《江苏省各县公安局组织规程》提出的看法。多个警管区组成巡守区和联巡区，弥补了单一警管区巡逻与守望不可兼顾的弊端，确实是一种比较有效的组织方式。正如陈曾钦所评价的，“警管区，有了巡守区和联巡区系统组织为其附带条件，而共同组成一个健全的勤务制度，始可谓为‘警管区制’。”③

1936 年，吴则中经过视察昆山县试办警管区的状况之后，发现警管区在实施过程中存在不少问题，据此他针对原有的机构设置提出建议：“（1）凡人事较紧之地，以联合 2 至 3 个管区，组成巡守所。各管区警士办公食宿，均在所内，不再另设警管区办公室。如此，则所内常有一人驻守，并可接受人民报告，互为转达。各人执行内外勤务皆可依时轮流。往分局受训，亦可分别抽调，警士食宿集中，管理较便，距离缩短，不致耗费精力。（2）凡人事较紧，地处冲要之所。如重要市镇，或警备线上之出入口等，有执行巡守勤务之必要者，以联合 3 个以上管区组成巡守所，为普通原则。各管区警士食宿办公均在所内，不另设警管区办公处，其理亦与上项相同。（3）凡地形特殊，管区孤立，不能合驻，须警士单独办公者，成为某地驻在所，原有警管区办公处，一律取消。”④ 他认为同时设置巡守所与巡守区办公处，意思有重叠且易造成含混的局面，提议取消警管区办公处的设置，统一改为

---

① 张达．警管区制之研究．中国警察，1943，3（3，4）．

② 韦瑞墀．中国警管区制的理论与实际．中华书局，1937：30−31.

③ 陈曾钦．现行警管区制研究．上海警察，1948，3（1）．

④ 吴则中．昆山县试办警管区制视察报告书．江苏警察，1936，1（4）．

巡守所，这与《江苏省各县公安局组织规程》的规定就不一致了。

章承祖的观点是："（1）事务简单，以户口为主要划分标准的警管区，以联合5个以上至9个管区为一组合区，由2至3个组合区组成一巡守区，不再另设派出所；（2）以面积为划分标准的管区，以联合2至5个管区，组成一个组合区，由2至5个组合区，组成一个巡守区；（3）若干巡守区，如地区要冲，与分局距离较远者，设巡守所。"[①] 他在警管区与巡守区中间增加了一个组合区作为承上启下的组织。

苏寿祖在其文《警员警管区制的理论与实际》中，提出警管区制的组合是："（1）全市分为若干警区，每警区设一分局。每警区又分为若干联管区，每联管区又分为8至14个警管区；（2）在市区的分局，为减少层次周转便于敏活运用起见，不设置分驻所，直接控制联管区，郊区分局因管区辽阔，得设若干分驻所，每分驻所管3至7个联管区。"[②] 区别于章承祖的观点，苏寿祖将联管区作为警管区的上级组织，可以说是首创。

李士珍采取区别城市与乡村的策略："城市人口密集之区，以7个至10个警管区组成一个勤务单位——分驻所；乡村人口疏散之区，以4个至7个警管区组成一个勤务单位——派出所。"这种机构划分层级较少，分驻所或派出所直接管辖警管区。

（二）层级数量及名称

综上所述，各家对于警管区制的组织结构观点不一，层级划分数、层级名称以及警管区组合的数量都差异甚大。有认为从分局往下划分成4个层级，有认为3个层级，有将警管区的上级机构命名为巡守所，或组合区，或巡守区，甚至直接将警管区直接作为分驻所或派出所的下属组织。在警管区的组合数量上，有的联合3个以上管区组成巡守所，有的联合3个至5个警管区组成派出所，每8个至14个警管区合成一个联管区。

---

① 章承祖．警管区制．上海警察，1946（3）．

② 苏寿祖．警员警管区制的理论与实际．上海警察，1946（3）．

四、其他分歧

除上述三点之外，还存在其他分歧，如警管区与保甲的关系问题，尽管众人均同意要警保合作，但在实践过程中采取了不同的结合方式。可用一篇文章的观点作阐述："其一，各保都设有警卫科，并且都以一保为其管辖范围，这可以说是一种变相的警管区制。其二，其警管区之巡管，可于区公所之内设置若干，其上县政府设公安科或股，以资统率指挥。这两种方法都是采用基层行政机构同基层警察体系相结合的方法。其三，就是采用警士来监管保甲长的方法，来间接对其普管区实行有效的监控。'以一警区之警士，管理百户，不如以其直接管理十甲之甲长，间接管理百户，较便利指挥，以一警区之警士，管理千户，不如以其直接管理十保之保长，而间接管理千户，可收事半功倍之效。'李士珍对这种警管区与保甲的结合方式作了注解：'应以保甲组织中之保为基础，以谋警保联系，如每管区包括二保至四保，以保甲长协助管区警士'。"[①]限于篇幅，余下分歧在此不再一一论述。制度设计层面存在的多种分歧，可能会为后续他人对此制的政治批判埋下伏笔。

第二节

对于警管区制的政治批判

警管区制于部分县份试行不久，由于抗战爆发，其在全国范围内推行受阻，"且终因经费拮据，设备简陋，形势复杂，未能再取得显著成效，竟至

① 杨焕鹏．国家视野中江南基层政治（1927—1949）．复旦大学博士学位论文，2005.

无人问津”。[1]抗战后期，时任“中央警官学校”教育长李士珍在其拟定的“五年建警计划”与“十年建警计划”中又大肆提倡，并积极推行。李士珍在当时警界地位尊崇，加之得到蒋介石的认可，其主张得到了广泛响应。尤其是抗战结束后，自南京、上海、杭州、重庆以至边疆重镇，相继实行警员警管区制。警管区制遭遇的政治批判，集中发生于战后上海宣布开始实施警员警管区制。

一、遭遇“口诛笔伐”

1946年5月4日，国民党上海警察局宣布，自6月1日起实行警员警管区制。其办法是每个警员在其分局范围内管辖80户到120户（或400名到600名）居民，主要职责是经常前往私人住宅或商店，作定期或不定期的访问，目的在于明了各户详情，“俾宵小匪徒无从匿迹”。消息一经发布，引起上海全市各界极度愤激，中外舆论一致予以抨击，认为此举是继保甲制度之后又一新的侵害人民自由的措施，将秘密非法的特务活动，转为公开合法，达到监视人民、钳制人民的目的。

5月9日，《文汇报》发表题为《反对所谓“警员警管区制”》的社评。上海人民团体联合会于5月12日举行第一次理事会，除选举常务理事外，专门讨论通过了把反对警员警管区制作为中心工作的决议。马叙伦、林汉达、周建人、许广平、王绍鏊等随即发表谈话，痛斥警员警管区制。为了抵制和反对警员警管区制，共产党和各民主党派动用了其领导和影响的所有报纸杂志。5月12日出版的《消息》杂志第11期专辟特辑，指出“警管区制度是市民头上的新圈套”。5月16日出版的《文萃》第30期以全刊二分之一的版面，辟《反对实施警管区专辑》，以《一片反对警察“访问”声》为标题，刊载了民主人士反对警管区制度的意见。《联合日报晚刊》发表题为《何能嫉民如仇》的社论。当时恰逢吴国帧接替钱大钧担任上海市市长，该报于5月21日头版又刊载社评《等待新市长的第一炮》，指出：“我们虔诚希望

① 余秀豪. 警察学大纲. 商务印书馆，1946.

新市长的第一炮就是撤销这个为市民所不欢迎的怪制度。”共产党在国统区公开出版的机关报《新华日报》5 月 14 日以《以警治国》为题发表社评，5 月 18 日又以《斥所谓警管区制》为题，载文抗议，并“号召全国人民赶快睁开警觉的巨眼，揭穿这种舷害人民自由的戏法，以进行坚决的反对”。《联合日报晚刊》等均在显著位置转载《新华日报》的文章。5 月 26 日，上海人民团体联合会发表《反对警管区制宣言》。国民党当局没有顾及广大市民的激烈反对，仍然决定于 6 月 1 日起在常熟区开始实行“警管区制”。《文汇报》于当天发表题为《接受警察局的挑战》的社评，指出：“我们希望政府能够幡然悔悟，不仅在上海而且也在全国各城市，毅然决然地撤销这种拙劣的统治方法，如果是要同‘异党’斗争，那就应在整肃官场，严格党纪，实行民主等方面多用力，决不可把老百姓个个都看成是‘异党’……今天的人民，决不同于 16 年以前的人民，任何政府假如不顾及这一点，而硬要根据 16 年前的陈腐法令来向人民挑战，那结果是一定会失败的。”“既然警察局坚决地向市民挑战，那我们也不得不接受它，而以同样坚决的态度应战，我们唯一的武器就是不合作。我们可以干脆不准任何警察‘访问’我们的家门，除非他有法院的‘公事’，我们可以干脆拒绝答复警察任何问题，除非他有十分正当的理由……”社评最后号召“全市民众团结起来，一致做常熟区市民的后盾，来接受上海警察局长对我们的挑战”。[①]

《文汇报》《民主周刊》《联合晚报》等刊几乎天天都会刊登共产党、各民主党派、普通市民及外国媒体反对警管区制的文章，部分文章可见表 5.1。

表 5.1　“批判警管区制”部分文章列表

篇名	刊名
1. 反对所谓“警员警管区制”	文汇报
2. 接受警察局的挑战	
3. 反对“警管区制”	

① 中共上海市委党史研究室 . 中共上海党史大典 . 上海教育出版社，2001：50.

② 《读者的话》为《文汇报》副刊，创刊于 1946 年元旦，由柯灵主编 .

（续表）

4. 读宣局长宏文后	读者的话[①]
5. 一片反对声	
6. 保卫家园	
7. 暴风雨前奏	
8. 市民头上的新圈套	消息
9. 台湾的“警管区制”	
10. 警管区秘密泄露记	
11. 警管区制实行以后	
12. 一片反对警察“访问”声	文萃
13. 驳宣铁吾局长	
14. 何能嫉民如仇	联合晚报
15. 等待新市长的第一炮	
16. 以警治国	新华日报
17. 斥所谓警管区制	
18. 所谓“警管区”在英国	周报
19. 美国人民权利的保障	
20. 我想起盖世太保	
21. 反对访问争取民主	
22. 论警管区制	
23. 法国警察制度	
24. 苏联也有所谓“警管区制”吗？	
25. 各方声讨警管区制	民主周刊
26. 关于警员警管区制	
27. 警员警管区制到底是怎么一回事	
28. 论民主逆流亟须遏止	
29. 警管区制之类	中国建设
30. 警管区！特务国	重庆民主报
31. 第一盘祭品——上海人	华商报

除了来自国民党外抵制的呼声，此项制度的实施在国民党内也面临重重阻碍。1946 年 7 月，唐纵被蒋介石任命为国民党“内政部”警察总署署长后，便下令在全国各大城市普遍推行之。结果遭到各省市参议会的强烈反对，认为警管区制度侵犯了人民的权利，要求取消。最后导致国民党的立法院也出来反对，说这种办法不符合宪法保障人权的精神。唐纵只好去报告

蒋介石。蒋介石认为这种办法对肃清城市暗藏的共产党和维护城市治安有很大作用，便叫他坚持实行下去。后来立法院开会叫他去说明，指责他这种办法是“违法”的措施，他又不能把蒋介石这块招牌抬出来作为挡箭牌。他只好向立法院解释警管区制只是警察勤务制度的一种，是使警察业务更加精密化的一项分工，采用警员也只是为了提高警察业务的素质等。结果，有的立法委员仍不满意他这样的说明，仍旧要他取消这种侵犯人民自由的制度。①

二、来自各方的政治批判

共产党、各民主党派、普通市民以及外国媒体纷纷在报刊载文批驳警管区制的反动性，但他们主要不是以制度本身是否科学合理作为出发点，而多是从政治角度抨击此制的非法性，可以从以下四个方面来进行简单回顾。

（一）民主人士的批驳

各民主党派人士对于警管区制的批判主要着眼于两点：一是认为此制是一种反民主的法西斯制度，二是谴责此制侵犯了人民的自由权利。

1. 反民主的法西斯制度。1946 年 5 月 12 日，上海人民团体联合会召开第一次理事会，会议认为警管区制严重妨碍了人身自由，是国民党扑灭上海民主运动和加强法西斯统治的重要步骤，必须坚决反对。②

随后，中国民主促进会领导人马叙伦和周建人分别发表专论，揭露这一制度用法西斯手段来钳制民主运动分子，是“公开化的特务组织”，是彻头彻尾的法西斯统治制度。③沙千里在《文萃》上著文，愤慨地感叹：“这种事情，假如在东京的法西斯制度下，我们就不必惊奇了，可是我们国家是中

① 沈醉．军统内幕．文史资料出版社，1984：371.

② 周淑真，等．中国民主促进会、中国致公党、九三学社、台湾民主自治同盟历史研究．中国人民大学出版社，1996：28.

③ 周建人．周建人文集．中国文史出版社，1988：101.

华‘民’国呀！”[①]

《华商报》刊载的文章《第一盘祭品——上海人》，出自秦牧的手笔，他认为全国人民都应支持上海人民反对这种法西斯制度。“使上海舆论哗然的‘警员警管区制’，政府硬要实行了！‘一个警察管理一百户，把户里的人口登记得清清楚楚，那户里的好人坏人统统要知道’的妙法转瞬就要在上海开办了！自然，理由一大堆，为了国家，为了家族……什么什么的，总之，是一种好到了不得的制度，‘旨在除暴安良，凡是良民，决没有反对的理由’（宣铁吾语）。这一种‘除暴安良’的好制度，上海行得通了，平津粤汉以至小市小镇也非行不可了；上海人是法西斯天神的第一盘祭品，紧接着自然有第二盘和第三盘，‘好制度’怎么会不推行到全国去呢？”“毫无疑义的，这是一种压迫自由分子民主分子和在野党派的标准法西斯制度。”“是不是一般平民在这种制度下就舒服点呢？决不，这些‘城门失火，殃及池鱼’的‘池鱼’，简直就像生活在元代鞑子们掌握下的小百姓。那位掌握百家命运的警察先生来‘访问’时，如果正逢他们进餐，他们敢不招呼一声请吃饭？如果他们营业上稍有盈余，而这位警察先生又正需要借点钱用的话，他们敢不借么？也许有人以为是想入非非，但你正视一下目前还存在的保甲制度吧！保甲制度使一些保长之类变成了民间的帝王，已为天下人所同声诟病，这样深夜可以人‘访’民居的‘警员’威风比保甲长又不知大若干倍。我敢断言，这种‘良民决没有反对理由’的法西斯制度，将使千千万万的警员发财，将使上海到处有啼痕，也将使自由分子民主分子无地容身了。‘警管区制’不单是上海一隅的事情，这一法西斯制度如果在上海行得通，必定推广到内陆各地。全国必须支持上海人，反对到底。”[②]

在同一期《民主周刊》上，专门转载了郑初民、黄炎培、罗隆基、张申府等知名民主人士反对警管区制的言论。郑初民先生：“（一）这是一个国家与政府不能照旧统治其人民的宣告，因为一个真正像样的国家与政府，政府是应该为人民服务的；决不是应该仇恨人民，因此，就用不着拿异民族统

---

① 沙千里．一片反对警察“访问”声．文萃，1946（30）．

② 秦牧．第一盘祭品——上海人．华商报，1946-05-30.

治被政府民族所采用的‘家鞑子’的办法，更用不着效颦东西法西斯日本德国‘警察治国’‘特务治国’的办法。（二）正是这些措施，答复了当前几个少数人争论不决的现实问题：（1）到底是谁真正要民主，和平？谁处心积虑要破坏民主、和平？（2）到底谁是法西斯谁是在拼命加强法西斯统治，谁是民主，谁是在拿民主消灭法西斯统治？”黄炎培先生认为这种反民主的法西斯制度，“即使翻破了所有法律书，也找不出依据来。德日意法西斯也不曾有如此狂妄的公开特务。‘罗马法上固然没有这一条’，几个六法全书也找不到，就连已毁灭了的德日意法西斯，也找不出这样一条法规；不错，在东京、柏林都有过秘密警察的出现，可是，谁想到今天德日意法西斯细菌未死，却又进一步地想将特务予以公开活动。我要问，爱讲‘合法’的先生们，这是根据什么法？”黄炎培甚至认为这种特务制度甚至在德日意法西斯国家都未曾出现过。罗隆基先生：“这种警管区制，想不出与德日意法西斯国家对人民的专制与统治有什么区别。今天在中国竟还有这种法西斯的东西出来统治人民，警察可以任意跑入老百姓的家里，用什么白色黄色红色的卡片来加强法西斯统治，站在中国人民的立场，站在民主同盟的立场，表示坚决的反对。这种反民主的法西斯‘警员警管区制’只有把中国的政治及中国的人民陷入更深的纠纷与痛苦，现在我们要以全国人民的力量不许有这种法西斯的东西存在。”张申府先生认为：“在全世界的民主潮流中，这是倒行逆施，也是笨拙手法。在元朝也曾用这一类的办法，统治汉人，其结果是可歌可泣的。人民起义，八月中秋杀家鞑子[1]。历史上已对这种反人民的制度作了结论。政府应该赶快停止这种招民怨而引起全国纠纷的办法。”[2]他们均认为警管区制是一种法西斯的制度，号召人民反对、政府停止这种制度的

① 元朝蒙古贵族统治中国的时候，对汉族和其他兄弟民族进行残酷的民族压迫。他们为了把汉族当作最卑贱的奴隶，除了建立各级地方蒙古贵族对汉族的统治机构外，有的地方汉族家里还要派驻一个蒙古兵，用以牵制和监视汉人。当时人们称这个蒙古兵为“家鞑子”。家鞑子与汉族住户同吃同住，他的生活由住户的汉人供养，行使的是为蒙古贵族统治者服务和欺压汉人的特殊权力。

② 各方声讨警管区制．民主周刊，1946，3（12）.

推行。

《时事新报》也写了社评：“这种制度是一种反民主的法西斯制度，是一种对征服者的制度。这种制度的本身就建立在全市人民都是‘宵小’，都是‘强盗’，都是‘叛道’这一假想之上，希特勒总该是法西斯魔王了吧，可是他除出对于犹太人和征服者的占领区人民之外，在本国也没有对自己的人民采取这种荒谬的办法。”此社评认为国民政府实施此项制度行为的恶劣程度都已超过希特勒的专制统治，可见攻击程度之激烈。

1946 年 6 月 16 日，罗隆基、史良与其他社会知名人士 89 人，在上海发表告国人书，提道“又政府行将实施警员警管区制度，此制实日本、普鲁士、帝俄等君主专制国家奴役人民之恶毒制度，亦为法西斯主义者压迫统治人民之残酷措施。视人民如奴隶，变特务为警员，不特完全剥夺人民之自由，抑且侮辱人民之人格，是可忍，孰不可忍”。[①]《罗隆基史良等八十九人》是揭露当时国民党政府撕毁旧政协决议，扩大内战，压制民意，号召全国人民奋起反抗的倡议书，在此将警管区制特意提出并加以号召，可见民主人士对其憎恨之强烈。

上述文章均将警管区制的性质定位于反民主的法西斯制度，并将它与德日意法西斯及元朝统治者进行比较，民主人士的用意是相当明显的，实际上这种横向比较确实成功号召了各方人士对此制加以抵制的决心与勇气。

2. 侵犯了人民的自由权利。徐铸成在 1946 年 5 月 9 日出版的《文汇报》撰文《反对所谓“警员警管区制”》，文中称，“上海市警察局最近决定，自六月一日起，推行所谓‘警员警管区制’，警员得在任何时间随意进入管区内的私人住宅或商店，作定期的或不定期的‘访问’……在人民世纪的今天，在号称‘三民主义新中国’的国度里，居然有这种蹂躏人权的决定，这应该不仅仅只令人感到奇怪，而且会惹起全体市民的愤怒！”“政治学家把人民的自由权利分成三大类：一是人身自由；二是社会生活的自由；三是精神生活的自由。这三种自由都是神圣不可侵犯的。非依法律不得侵犯，居住自由

---

① 中国民主同盟中央文史资料委员会．中国民主同盟历史文献（1941—1949）．文史资料出版社，1983：171.

实在是人身自由的一种。在任何一个文明国家里，非依法律不得侵入人民的住所，甚至检查户口，检查卫生，收缴房捐，都要先行出示委任状或书面命令。毫无疑问地，‘警员警管区制’的实行，事实上等于破坏、侵犯人民居住的自由权。这，我们人民是不能答应的，是要大家反抗的。”“我们所以要三番两次地严厉指责警局这种措置，是因为我们觉得这种措置的意义太严重了，问题太根本了，不能不大声号召全体市民来共同反对。在 1761 年美国革命之前，英国在美国的税警也奉有一般的授权，可以在‘防止走私犯’的理由之下，随时随意进入民家去访问，去搜查，结果惹起了一场大骚动。在 1761 年的著名审判当中，奥替斯法官曾痛斥这种授权是违法的，侵犯人民基本权利的，断然要求予以废止。后来这一点还被装订成为美国宪法的一条，直到今天。我们必须严正地指出：元朝的‘蒙古人管区制’，结果只获得了‘杀鞑子’的后果；英国人对美国的‘税吏管区制’，结果只获得了美国的革命。这是历史的教训，任何人都应该切实记取。防止宵小不是没有更好的技术，同‘异党’斗争也尽有许多正当的方法，为什么定要把全体市民的基本权利都予以破坏呢？这种玩火的事情千万做不得，我们诚恳地希望警察当局悬崖勒马！”[①] 徐铸成以国内外类似事件的历史教训，来警示国民政府停止实施这种侵犯市民基本自由权利的制度。

沈钧儒在重庆与《文汇报》记者发表谈话时说：“我绝对反对这种违反孙中山遗教，妨害人民自由，破坏民主政治，镇压民主力量的法西斯办法。”他指出：“现在要实行的所谓‘警员警管区制’，是没有法律根据的。从过去到现在，所有的法律上都找不出‘警员警管区制’的根据来。相反的，所有的宪法上都规定着人民有信仰、思想、集会、结社、言论、出版和居住的自由。而‘警员警管区制’却正是侵犯了人民这种自由权利。”“法条上明明的规定着人民有居住的自由，就是司法机关传人，也得依照法律手续。现在要实行的‘警员警管区制’，警察可以不分昼夜地出入你家，在目前政治经济正入混乱状态时，这样做不但不能维持治安，反是增加了社会人心的不安。”“以前的保甲制度已经失败，假如这个‘警员警管区制’一定要做，

① 徐铸成．反对所谓“警员警管区制”．文汇报，1946-5-9.

将来一定也要失败。因为这办法是由上而下、本末倒置的统治手段，根本是违反人民侵害人民自由的。这办法我们一定要反对，这就是我对于‘警员警管区制’的认识和态度。”[①]沈钧儒从违宪的角度，论述了警员警管区制侵害人民自由的违法性。

马叙伦在郑振铎主编的《民主周刊》第31期发表《关于“警员警管区制”》一文，列举了多家报刊针对警管区制发表的社评，包括：（1）《时事新报》——“警员得以随时进入管区内的私人住宅和商店实行‘访问’，以便‘深入民间，使警民打成一片’，使宵小匪徒无从匿迹，这些‘努力’确使人钦佩。可惜含义所及，不免有把上海市民都当作贼之嫌。这种制度违反了‘临时约法’居住自由的规定，侮辱了全市人民的人格。”（2）《联合晚报》——“居住自由是人民最基本的权利之一。民主与专制的界限，就在有没有这种自由。就是现在一党专政所依据训政时期‘约法’第一条也规定‘人民有居住自由。’政府要搜捕人民本无不可，但必须有法院的拘捕状，由法警执行，普通警察或任何特种人物，不得侵入人民住宅。”（3）《新民报》——“现在保甲制度未取消，反而加上警员的管制，那是警保联合的双重控制。控制的结果，人民将无丝毫自由可言，基层政治的黑暗程度，也一定比过去更甚。进步的警政制度，应该有力量可以控制罪恶，却不应以全体人民为控制目标。任何人在未有犯罪的行动之前，就不应该受犯罪的待遇，这是民主法制的最低条件。优良的警政，要能保障人民的自由，保护你民主的权利，决不应当视民众为奸匪，处处只想剥削人民的自由。为了防止少数‘宵小’，而置大多数人于警权威胁之下，这不仅不民主，也可以证明我们警察的落后性。”[②]

周建人也表达了对于此制的批判，“如果这一点最起码的居住安宁的权利也被剥夺掉，那么人民的自由权就被收缩到极小，他的生活就受到威胁，他的生存也将受威胁了。”“如果一种官员，可以任意侵犯个人的自由，那么进一步也可能就要侵害到他的生存或威胁他的生存。对于没有自由的奴

① 周天度．沈钧儒文集．人民出版社，1994：516–519.

② 以上列举各报文章均引自：马叙伦．关于“警员警管区制”．民主周刊，1946（31）.

隶，奴隶主可以随时责备他，打他，甚至于因一点细过，或者实在连细过也没有，便可以弄死他，这是历史的事实。自由权虽然与生存权是二件事，但是不可分离的。自由如果逐渐被剥夺，便是生存逐渐失去保障。”“妨害个人自由，不是全国的个人，有一些是不受妨碍，反得更大的自由的，例如指挥这等警员的官员，决不因设警官而减少自由。据报上所讲，规定有十二项不同的人，应受警员的特别注意，其中包括共党嫌疑，民主派活动，喜欢参加团体活动，往来朋友很多，没有职业的人等。”①

以上各家批判的着眼点在于，警管区制不具有法律的依据，严重干涉了群众的正常生活，侵犯了人民的自由权利，甚至威胁到了人民的生存。这些论点攻击的对象是对于“警员可以随意进入居民家中进行‘访问’”的规定，此条规定实际已成为民主人士攻击制度的靶心。

（二）“围剿”警察局局长宣铁吾

上海市警察局宣布即将在上海实施警管区制，遭到众人在刊物纷纷著文作不间断的抨击后，上海市警察局局长宣铁吾为减少实施此制的阻力，开始出面辩解与澄清。1946 年 5 月 11 日，《新闻报》刊载宣铁吾发表的文章《论警管区与住居自由》，文中说道，“对‘警管区制’解释称：‘居民自由，并非绝对自由……以侵入搜索’。英、美、法、德等民主国家都通行这种制度，并非他的独裁。”不料，他不解释则好，一解释则招致更大的麻烦。唐弢、柯灵在其主编的《周报》第 37 期专门制作了一期“警管区问题特辑”，题为《警管制剖析》，组织了一次对这位警察局局长的集体“围剿”，由通晓欧美各国国情的朋友——为文反驳宣铁吾的言论。参加这次“围剿”的，有刘西渭（李健吾）、傅雷、邱去耳（钱钟书）、肖思明（戈宝权）、孟木、文西（乔冠华）、严景耀等人。②

《周报》首先在封面上登载了丁聪的漫画《彻底的“警管制”》，画着

---

① 周建人．民主逆流急须遏止．民主周刊，1946（31）．

② 本小节以下内容均参照和引用：（1）警管区问题特辑．周报，1946（37）．（2）叶永烈．傅雷画传．复旦大学出版社，2005：78-80.

军警在抓人。紧接着，“特辑”在醒目的位置全文转载宣铁吾《论警管区与住居自由》。全文摘录如下：

论警管区与住居自由

最近自报载上海市警察局将于六月一日起实施警管区制的消息以后，跟着就有很多似是而非之论，说什么“法西斯的遗毒”，又说什么“天真的警局理论”，血口喷来，简直使人无法抵挡。其实这个消息，从何而来，挨户访问的办法，究在何处，连警局本身也莫名其妙。笔者深恐淆惑听闻，影响治安，故不得不根据警察学理及法律立场，对本题有所阐述：

所谓警管区，广义言之，是整个警察局的管辖区，狭义言之，是每一个警士的警务区，凡是世界上设有警察的国家，无论民主集权都有这种区域的划分。在英美名为Post或Beat，在苏联为Okoromok，在德奥为Revier，在法国为Rayon，名称不同，意义则一。它是一个管辖单位，也是警察的基层组织，凡是研究警察或者办理警察的人，都了解它的意义，并且认识它的重要性，可是我们是一个教育落后的国家，国民对于警察没有深刻的认识，新名字易引起误会，已成为司空见惯之事。

警管区的意义既经阐明，那是否需要“抗议”，也就用不着申诉了。盖国家行政机关，原有意思机关，与执行机关的分别。警察就是执行机关的一种；他是国家政令之推行者，也是保证社会安宁秩序的堡垒。因为警察肩负着这样重大的使命，所以他的组织，须力求严密，分工须力求精细。凡是善良分子，应当依法保护，宵小之徒，亦应依法取缔。除非是无政府社会，那就另当别论了。

至于把警管区与居住自由闹在一起，实有牛头不对马嘴之憾，亦为本末倒置之论。正因为人民需要基本自由权利，所以警察应该站在人民立场，将弁髦法令，损人利己的自私自利主义者，予以防止。而使久经战乱，殷殷望治的老百姓，无论生命财产都得到合法的保障。所谓自由，自由岂仅居住自由而已哉。

谈到挨户访问，实为无稽之谈，因为警局方面，根本无案可稽也。不过话说回来，欲使人不知，除非己莫为。凡是妨害人民真正自由权利之非法活动，尤其是祸国殃民的犯罪行为，凡是中华民国的国民，都有依法检举之权。

因为我们的约法所规定的居住自由，而是需要合乎法律的相对自由，这就是说：人民之住所，依照法律，可以侵入、搜索，或封锢，又岂仅访问而已！

《周报》编者以头条转载此篇文章，目的恐怕就是竖起一块靶子，供精通西洋文化的几位学者，“无情地剥下了他的外衣”。

肖思明（即戈宝权）的文章《苏联也有所谓“警管区制”吗？》针锋相对地指出：“照宣局长的文章看，说这种警管区制，在苏联名为‘Okoromok’，笔者为此事下了一点小功夫来研究一番。首先发现宣局长写了一个大错字，俄文字典中并没有‘Okoro-mok’这个字，有的却是另外一个字：‘Okolotok’（这两个字差别很大，可以断定不是宣局长的误笔，而且直到今天，也未见更正）。什么是‘Okolotok’呢？据字典中的解释，这是帝俄时代大都市中的警察区域的单位。请注意：这里讲的是帝俄，并不是苏联。那么我们进而就可以说，这个所谓‘Okolotok’的制度，是早已和沙皇的暴政‘寿终正寝’将近三十年了……”

严景耀的《反对访问争取民主》惊叹道：“想不到上海市警权远超过临时约法，可以随时违反蒋主席的诺言来侵害人民的自由。我们不知道普通警察可以随时进入人民住所访问的法律根据，究竟出自什么地方。后来请教了几位大律师以及市政府精通法律的高级职员，都说不出其出处。不知口口声声说依法的当局，能不能给我们明白解释一下……至于敌伪警察的访问住所，凡在沦陷区被他们访问过的人民，都知道得很清楚，当时敌伪屡次声明要东亚共荣，也要与人民打成一片。当时访问与搜查的目的，也是要‘使宵小匪徒无从匿迹’。而当时的宵小匪徒，不是别的，就是爱国分子这种访问闹的鬼神不安，人民对这种办法，简直恨入骨髓。”

刘西渭的《法国警察制度》讲述了一位留法前辈对于警管区制的认识，他说：“上海的法租界，大家都是亲身经历过的，难道感觉警察制度有什么特别吗？谁几时看见警察可以随便撞入人家的？有一种警察可以在弄堂巡查，那是卫生警察，没有行政责任，以住家妨害公共卫生与否为巡查目的……我在巴黎住了许多年下来，虽说是一个外国人，也没有遇到过任何警察来‘拜访’……当然法国对付殖民地比较厉害多了，但是就拿安南来说，也没有警察可以随便‘挨户访问’的道理。”

孟木的《美国人民权利的保障》讲述了美国警察的真实情况，他说，“美国警察如果搜查一个人的屋子，必须有当地法院所颁发的搜查证。警察拿了这张搜查证，他所搜查的范围便仅限于特定的事物。警察可以没有搜查证就搜查人，但仅限于出事地点，像上海那样随处抄靶子，是为法律不允许的，人民有权控诉警察。警察要熟悉居民生活而随时作‘善意访问’，那根本是美国人做梦也没有想到的德政，因为美国宪法中规定的‘合法手续’，便是要搜查或逮捕某一人，事前必须向他书面通告拟向他实施的一切。”

在《我想起盖世太保》一文中，曾经旅居德国的文西将警管区与盖世太保联系起来，他说，“盖世太保这个组织由 2450 个人分组负责，在国外有几万名密探。国内呢，除了密探以外，由警察协助，实行 Revier，翻译过来是警管制，一点不错，这就是上海警察局宣局长称道不止的警管制。Revier 里没有‘访问’这个动听的名目，有的是侦查。这种制度，完全是为了便利盖世太保的活动，以巩固法西斯的统治。看宣局长的文章，警管制的确是 Revier 的中国版。在打垮日德意轴心国以后，却来实行法西斯的办法，这是什么意思！请教宣局长，难道中国也有希特勒？难道德国的希特勒没有在德国自杀，逃到了中国，需要你们的保护吗？”

邱去耳的《所谓“警管区”在英国》从另一个角度批驳了宣铁吾，行文颇为幽默：“笔者虽然曾经在英国住过 6 年，却诚如宣局长所言，的确是一个‘教育落后国家’的一分子，对于‘新名词’更是莫名其妙。正因为这个缘故，笔者特地跑到一位英国朋友的家里，去请教他，这位朋友是研究法律的，平时最喜欢读侦探小说，所以对于警察制度相当熟悉。据他说，英国之‘Beat’与宣局长所谓之警管区大有出入。‘Beat’的意思仅是警班巡逻的制度，它是中世纪的更夫演化而来的。警士……他的责任是维持该区之治安，但绝对没有任意侵入人家，任意搜索，访问，或其他搅乱居住自由的行动……”

曾经留学法国的傅雷写了《论警管区制》一文，措辞十分激烈。“旬日以来，警管区问题闹得全市人心惶惶。当局说是‘血口喷来’，仿佛真有谁在造谣中伤，其实倘不是施政手段过于离奇，决不致‘淆惑听闻’到这步田地……”“所谓警管区，宣局长说各国皆有实例。查法国警察并无此种组织，唯宣局长所提出的Rayon一词，却略有端倪可寻。”傅雷查阅了法国《行政法》后指出，“在法国，即使是专司预防严重刑事案件的‘流动警察’（Police-Mobile），也无‘以访问为名擅入人家之权’。”“其实，我们明知道这制度是真正有它的来历的，不过当局还不好意思明白宣布罢了。中国历史上蒙古人入主中华奴化汉人，便是用的这套法宝。日本人对付吾国的台湾人和‘满洲人’，也是这一套。这些来历可惜皆非‘先王之法’，而是夷狄之邦对付亡国奴的枷锁，所以当局只好迂回一番，借用英美法苏等幌子唬一唬我们这个‘教育落后’国家的民众！”

肖思明、邱去耳、傅雷等人的文章，以自身的国外经历与学识，揭发宣铁吾所论述的“警管区制”非苏、非英、非法、非美，确实是一个无情的驳斥。这种“虎口拔牙”、“太岁头上动土”的行为最终还是给《周报》带来了灾难，宣铁吾从此视《周报》为眼中钉，并于当年8月30日第48期出版那天，就派大批警察驾卡车一辆，到代发行的五洲书报社，把所有的《周报》没收，并最终将《周报》查禁。

另外，宣铁吾还于文章《论警管区与住居自由》刊发的同一天，召开记者招待会，继续为警管区制作阐释。他在会上说：“实行警管区不过是要加强警察工作，对善良人民有保护。……只有警察及司法机关可以拘捕人，警察不必在实行警管区制度后也可以进入民家。”针对记者提出的“挨户访问”，他解释道，“警局并未规定要挨户访问，此种曲解引起一部分人误会，警察制度进步，警察布置周密，不正当活动不方便，因此引起恐慌。其实我们是良为什么不给警察知道，如果是暴也要使警察知道，只要自己是良，相信都会赞成的，没有反对的余地。”记者问警员怎样访问，他都回答：“假定警员负责访问一百户，则此警员对于每家人口要登记得清清楚楚，那户里有好人坏人要统统知道，哪家搬出，哪家搬入，哪家有些什么客人都要明白。”记者又问，如果警员以工作为名，经常访问民家，如何处理？宣局长认为这点考虑得有点多余，“警察没有必要不会去民家，他要管那么多家人，怎忙得过来？”[①] 马叙伦在其文章中对此次记者会也作了强烈的抨击，在此不再

① 马叙伦．关于“警员警管区制”．民主周刊，1946（31）．

赘述。

（三）普通市民的质疑

普通市民在对于警管区制的论战中，并未袖手旁观，而是积极参与到这场“争取民主自由的斗争”中。《消息》周刊接连两期刊载市民投稿的文章质疑警管区制的实施。第 11 期上刊载的是《市民头上的新圈套》，文章部分内容转载如下：

警察局决定于6月1日起，实行警员警管区制。

这样一来，有行政区、有保甲区，再加上一个警管区，上海市民的头就被套得牢牢的了。

警员并不以防止“宵小匪徒”为主要训练课程。中心的还是这一套——思想训练。“国民党是唯一正统合法的政党，是最民主的党”。

在机构上，又准备各区建立派出所，每个派出所管辖几条马路，所属警员各分管若干户。派出所里最重要的设备便是户籍牌，每个警员要背熟，以便随时抽查。更进一步，所有警士以后准备“地方话”。就是在哪个分所服务，就“食于斯居于斯”，他们的家眷一起搬到这条马路，在一定的弄堂里找房子住，这样可以做到：“警民打成一片”。这使我们想起：胜利以前日人为监视上海市民与国军里应外合，曾计划日人化妆华人，在重要马路上，每几家住户中插进一家日人去住，专做地方化的特务工作，后来敌人投降，这计划没有实现。

与此有关的还有这两件事：第一是在报章上不断传说军统局即将结束，所有人员即将安置在交通警察宪兵里去，一取得公开合法的身份，据说现已有12个警察分局的副局长，是由军统局转过去的，确否还在证明；第二是警察局招了不少女警，有时也在路上见到过，但不知有何妙用？有人说他们大部是什么什么团的女团员，恐也是猜测之词，不过警管区制实现，他们也出来一显身手，那么这个猜测就有几分中了。

听说天津曾经实施大抽查，市民被捕下狱者达千余人，这种合法的“防止宵小匪徒”，恐怕上海也会来个大演出，管你什么民主自由，捕人的自由是很充分的。①

文章恰如其分地表达了市民对警管区制性质的担忧与惊慌，抗战时的军统特务恐怖行动仍让当时的市民心有余悸，如让其继续迫害人民，大家怎么能接受？这应能对号召人民集体抵制警管区制起到相当大的鼓动作用。

第 12 期发表了一位台湾市民极具调侃性的文章，他以一篇有趣的故事来讽刺警管区制实施后产生的滑稽事实。内容如下：

台湾的“警管区制”②

最近上海实行警管区制，我们台湾同胞听了不觉诧异，因为早在十年以前，日本人就已惠施过这些恩典。下面就是一个有趣的故事。

三年前一天早晨在我们镇上通警署的一条街路上，拥挤了成千的乡下人，纷纷竞相观看台湾下级警吏捉了他的上司乡下日警长，后者且被绳子绑得结实。他的粗胖的大腿，只有一条三角巾（日人短裤）遮住了私处。平时冠冕堂皇的制帽、制服、佩剑，另外扎在一边，后面紧随着拉紧绳子的台湾下级警吏——许某。

大家围绕在警署广场的外围，静悄悄地等着消息的传出，等着下一幕的展开。下午二时光景，刚才被捆扎的那位日警长，重新戴帽配剑摇摇摆摆地出来了，原告的许某竟无下文。大家在奇怪在交头接耳，邻居谢老伯顿足大呼：“岂有此理，问个明白去！”刚踏进广场里。黄翻译由内衙出来了，大家围上去问讯。他却不慌不忙地说道：“咳！你们晓得什么？原来是西岗派出所管区警长，当夜间巡逻的当儿，在门缝里窥见一位女人赤裸裸的在盆浴，竟然欲火焚身，色胆包天，便利用‘清查户口’，穿门入户，闯进房间。女人不允所请，竟动武用强，正在紧要关头，他的丈夫许某适由办公厅落夜班回来，恰看此怪剧，当然怒不可遏。好在他也是警吏，职位虽低，武器现成，就把他捆扎送官，孰料警长的‘圣’判是：‘许某即身为警吏，胆敢故违上

① 市民头上的新圈套 . 消息，1946（11）.

② 台湾的“警管区制”. 消息，1946（12）.

司，妨害公务，剥夺自由，伤害人身等罪，正式提起公诉。’许某被押了，明天还要提讯他的妻子呢！”

最后的结果是许某被判三年，他的妻子属于从犯被判一年。

故事恐怕目的在于揭示实施警管区制并不能实现保护人民自由、使“宵小匪徒无从遁迹”的使命，反而引发一场颠倒黑白的奇怪闹剧，这必然让市民对之坚决反对了。

同一期《消息》还有另外两篇市民的文章：《警管区制实行以后》和《警管区秘密泄露记》。

第一篇文章设想警管区制实行以后对普通市民正常生活造成的极大不便，作者设想道：“早晨，妻子去买菜了，我将上办公室。警员来‘访问’了，我得陪着聊天，过了办公时间不能因为招待‘访问’而免扣薪水。或者妻买菜回来，为了招待‘访问’我回家午餐得吃生米饭。傍晚，我带了一天的疲劳回到家里，宽衣洗足，正想休息休息，偷得一会闲空，‘访问’来了，必得整衣而起，陪他聊个几个钟头。深晚，我正呼呼好睡，突然警员之流有来‘访问’的‘必要’了，于是，我只得置睡眠于不顾，张开睡眼，起而招待，或者到天亮，或者一忽，但虽是一忽儿，我的睡意被打消了，只得张着眼睛等天亮。天热了，我（或者我的妻子）正在洗澡，警员有来‘访问’的‘必要’了。又没有第二个房间可以暂充会客室，只得赶紧从浴盆里爬出来，即使只洗好半个澡。星期天，我正与两三好友品茗谈天，大家讲心里要讲的话，这时警员来‘访问’了，我只得劝好友先行离开……”①

第二篇是某市民借一警员之口表示对警管区制的怀疑与不满，“警管区已不止居住自由的问题了，似乎什么都干涉到了，言论、思想、集会、营业等。警管区‘发明人’是现任督察处的张某，他是属于军统系的，难怪会这样精密周到了。”②

---

① 警管区制实行以后．消息，1946（12）．

② 警管区秘密泄露记．消息，1946（12）．

（四）外国媒体的评论

马叙伦在其文章《关于“警员警管区制”》中列举了3家外国报刊的评论。[①]

1. 英文《大美晚报》[②]：“‘一个人的家就是他的堡垒’，中国则例外。因为自六月一日起，警官可以自由出入上海的住户与店铺，这情形必然会在伦敦或纽约引起狂热的愤怒，虽然在以前的东京和柏林则视为平常。警局的理论，是‘为了使他们熟悉人民和地方地形，而允许他们访问私人住所’。据警局命令，这一措置是为了‘加强地方治安’，其必然的结果，是授权警员无须据票，便可以随时自由进入私人居所，去完成‘访问’的目的。据说这种措置的目的，是‘俾宵小匪徒无从匿迹。’警察局方面对于宵小匪徒等的如何自处，似乎有其天真的想法。他们假定是所有的恶棍暴徒，都是在房门里等候着的，并且是随时准备招认他们全部的罪行的，而让警员随心所欲走来拘捕他们。这真是个令人快慰的理论，如果是真的如此的话。我们相信少数宵小是会在这种策略下，遭受打击的。但在另一方面，一切诚实之士，都必遭逢不可忍受的命运。在民主观念下绝无法律根据的窥探与干涉阻挠。”

2.《字林西报》[③]：“本市警察局颁布命令，自六月一日起，实行警员警管区制度。上海各区之警员，得于任何时间访问民屋，以期明了民隐及当地之情况。此等警员均受有特殊训练，能操英语。本市市民聆悉之下，不胜惊

---

① 马叙伦．关于“警员警管区制”．民主周刊，1946（31）．

② 《大美晚报》是20世纪上半叶美国侨民在上海发行的一份著名英文报纸，1929年4月16日在上海创刊。1930年8月13日，合并英文《文汇报》。1931年美国记者高尔德任总编辑。1933年1月16日，增出中文版。1937年12月1日，又增出中文《大美晚报晨刊》，经常发表宣传抗日文章。1941年12月日军占领租界后，接管此报。1943年高尔德到重庆恢复此报。1945年8月，高尔德返沪恢复该报。1949年6月下旬，《大美晚报》停刊。

③ 《北华捷报》为其前身。英国商人奚安门1850年8月3日在上海创办《北华捷报》周刊。1856年增出《航运日报》和《航运与商业日报》副刊。1864年《航运与商业日报》扩大业务，改名《字林西报》，独立发行。该报曾发表大量干预中国内政的言论。主要读者是外国在中国的外交官员、传教士和商人，1951年3月停刊。

诧，历古法律之摧残人民自由，实无过于此者。每人保持其独自之小天地，为民主主义基本权利之一，除非长官颁发传票，警官无权擅入民屋。且即有上官命令，亦须有法律为之根据。逾此限度，即犯家宅侵入之罪。日人亦有此种侵害自由之办法，然与目前之法令相较，仍不免相形逊色。支持此法令之另一理由，为欲与人民热识。然吾人可坚决答复，倘不触犯法律，警员熟无与吾人热识之必要。吾人并未干犯法律，自应享受自由快乐之家庭生活，任何人均不得闯入。”

3.《密勒士评论报》[①]：“上海的公民，不论种族、肤色、信仰、政见，将于六月一日起再度失去一项自由。因为市政府新闻发布组最近宣布自六月一日起，实行‘警员警管区制’。对于这种措施，在一个愤怒的英国人看来，该是绝对无谓的。因为无论如何，对于一个英国人，不论他的家庭是多么卑下，总是他的堡垒。如有任何热心过度的法律的嬖臣，除了持有正式传票者以外，胆敢侵犯他的神圣，都是该死的。人身的自由，不论贫富，都同样视之为至实的。有谁能想象，我们的熟悉的工头，一位六个孩子的父亲，在印刷厂内辛劳疲倦地工作了一整天之后，回到家里，在他宝贵短短几小时的休息时间内，他还能愉快地去接待一位不论赋有多大权威的烦扰的警察的访问？而每一个警察当他监视着配给他管辖的八十户到一百二十户家庭时，对于在他区域内的市长先生，或其他政府高官厚爵，是否会予以同样热切的注视，我们怀疑。”

三篇文章认为国外民主国家都不曾存在这种随便侵入人民住宅的制度，而只有法西斯国家曾经拥有过，以此彰显警管区制的反动性。

① 此刊英文名称原为《密勒士远东评论》，一度更名为《远东每周评论》，1923年6月改为《中国每周评论》。中文名称《密勒士评论报》沿用未变。1941年太平洋战争爆发，鲍威尔被日本侵略军逮捕，刊物被查封。1945年10月，在上海复刊。以报道、评论中国和远东的政治经济时事为主旨，长期奉行密勒士提出的“无所顾忌地发表言论”的编辑方针。抗日战争爆发后，支持中国人民和南京国民党政府抗战，反对日本侵华政策。1950年曾揭露美国在朝鲜进行细菌战等暴行。1953年6月，美国政府对其实行禁邮，被迫停刊。

三、招致批判的原因剖析

从某种程度上说，警管区制只是国民党内部警政制度的一次改革，之所以会遭到众人如此强有力的批评反对，详加分析，不难发现其中的一些原因所在。

（一）认识不一与阐释不清，是招致强有力反对的直接原因

警察学者萧电生对原因作了分析，他说："意义不清楚，概念不明白，要想实行起来完全免予错误是不可能的，而在民主政治的时代，要是人民对于一些可以疑虑的地方不予争执，恐怕也不是一种好的现象。""人们对于警管区制的非难和企图加以阻止，其原因所在，不外乎一方面是对什么是警管区制莫名其妙，另一方面是疑虑警管区制的实行将会侵犯人民的自由权利，因此，为要免除一般人士不必要的疑虑，统一警管区制的意义和确定警管区制的概念是必要的，而一个标准的警管区制实施方案也是必要的。"[①] 国民党警政当局无法统一制度的概念和实施方案，又对制度胡乱解释，给他人攻击制造了许多把柄。比如上文提到的宣铁吾身为警察局局长，却用明显错误的理论来解释制度，企图"蒙混过关"，实在不是一个高明的手段。另外，对于制度内容中大家作为攻击对象的"访问"，各位警政高官也解释不明确，甚至有互相冲突的地方。宣铁吾在《文汇报》发表的文章中说"谈到挨户访问，实为无稽之谈"，又在一次记者招待会上申明，"警局并未规定要挨户访问，此种曲解引起一部分误会……"时任上海市警察局副局长的俞叔平也发表谈话，声称并无外传"挨户访问"或者"随便侵入人民住宅"。而督察处处长张达却发表公开讲话，向记者保证"访问是要访问的……"[②] 三位上海警察局的高官在基本问题都产生分歧，自然给他人攻讦制造了借口，以致在国民党内立法院和各地参议院也无法通过。

① 萧电生．"警管区"述评．"中央警官学校"校刊，1947，1（夏季号）．

② 马叙伦．关于"警员警管区制"．民主周刊，1946（34）．

（二）长期以来中国警政制度不健全、警察形象不佳，是遭到民众抵制的历史原因

李士珍曾对近代历史上的警察做过深刻检讨。他说，过去警察有“三宗罪”：（1）不重道德——过去警察开口骂人，动手打人，习以为常，尤其对车夫苦力，欺凌备至，不知爱民保民，毫无道德修养；（2）不明法律——法律为处事之依据，过去警察，纵徇亲朋，苛虐仇怨，全凭一己私见，假借权势，鱼肉人民，违法乱纪，莫此为甚；（3）不知科学——过去警察，不明是非，混淆黑白，刑讯毒打，冤屈无辜，缺乏合理之查询方法。由于不重道德，借势凌人，致为人民厌恶，社会鄙弃；由于不明法律，全凭私见，致使恶者逍遥，善者戒惧；由于不知科学，残酷成性，致使社会恐惧，民心惶惶。他感叹道：如此毫无方针之警察，欲其负建国大责重任，嘎嘎呼难矣。①尤其是公共租界时期的巡捕房和敌伪时期的警察局一直以来与宪兵、特务存在千丝万缕的联系，与民众长期处于对立面，而没有负担起警察应有的职责，这种欺民与防民的传统作风既是警政亟须改革的原因，也是民众对警察反感的体现。

（三）抗战后国内党派斗争与民众对民主自由的渴望，是招致反对的根本原因

国民党在抗战前和抗战期间均采取了一系列打击各种社会团体、进步青年和民主人士，摧残文化事业，实施新闻检查，封闭书店的措施，对提出自己政治主张的各民主党派采取打压的态度，这就使国民党早期就没有与坚持民主、团结、抗战的各民主党派建立好融洽的关系。抗战结束后，各民主党派领导人纷纷出面主办刊物，呼吁言论、思想和学术自由，宣传民主宪政，要求民主改革。在这种呼声已为人心所向、众望所归的时期，国民党实施的打压政策则进一步为自己竖起了更多的敌人。因此，在这种背景下，国民政府针对政治统治采取的任何改革都会被民主人士认为是实施独裁的政策，自然遭到各方的反对与批判，警管区制作为一种警察勤务方式的改革也不会逃

---

① 李士珍．中国警察问题之检讨与改进．中央训练团党政高级训练班，1944：3.

脱这个命运。从批判者的身份和文章载体来看，马叙伦、沈钧儒、周建人、傅雷、钱钟书、戈宝权、徐铸成、罗隆基等人，都是文化界的名人与各党派民主人士。刊载文章的报刊《文汇报》《周报》《联合晚报》等，都属于民主党派创办或民主人士担任主编的报刊，他们均以宣传自己的政治主张、实行宪政为己任。因此，这场关于警管区制存废的论战无非就是一场各民主党派与国民党之间的政治斗争，是一场追求多党执政与一党专政之间的论战，是特定历史条件下的必然现象。

第三节

面对批判的反思与辩解

警管区制尚未实施，即招致如此众多的责难与批判，国民政府警政当局与警察学者开始积极反思制度自身存在的问题，并积极利用报刊、记者招待会、演讲等媒介针对批判进行反驳与辩解，意图澄清事实，消除误解，意图借助舆论确保制度的顺利实施。

一、针对批判的反思

（一）战前试行时的反思

早在抗战前于江苏试行时，国民政府警政当局就开始对警管区制在各地的实施效果进行调研，并要求各分局警察部门负责人就实施情况积极整理汇报，以了解试行效果并及时发现漏洞，以期不断更正完善，取得应有的成效。

1936 年出版的期刊《江苏警察》第 4 期就刊登了几篇各地警管区制试行情况的汇报材料。其中就有周知非与陈幼民分别就昆山县和嘉定县试行的状况所作的汇报，对其在实施进程出现的问题进行了总结。这可认为是国民政府对警管区制进行反思的起始。

周知非认为昆山的警管区制存在以下问题：（1）管区面积划分过大。从学理上说，警管区的划分，城市以300户至500户为度，乡区约以纵横两三里，在2小时内可绕管区步行一周，为一警管区，但现在管区，不论在城市或乡村，都超过了规定，这种状态虽然是因为人少地大的原因所致，但对于执行任务已经造成了不便，警力有限，造成顾此失彼的危害。（2）设备不完善。警士本应分开居住于各警管区中，以执行一切法令，管理一切勤务，但因环境的限制，以及设备的简陋，各警士一般都合住于巡守所中，执行法令及管理事务，这对于警察职能的发挥有很大妨害，尤其是比较远的地方会鞭长莫及。（3）人民知识水平低下。他刚来昆山调查户籍时，感到困难，究其根源，双方语言不通是一个障碍，而人民知识水平低，不明调查户口的意义，也是重要原因。就拿最近根据上级要求组织保甲守望来说，本来目的是为人民谋福利，保护他们的安全，而人民仍然怀疑，如不能设法开导，使他们了解自身的责任，认识现代的局势，政令能否推动还存在疑问。（4）警士们缺乏经验及新知识的灌输。刚刚离校时，所长会谆谆教导大家努力工作，不断研究学问，来昆山后以生疏的身手，担负试验新制的使命，以致经过数月艰难的努力，尚无优良的成绩表现，且环境不良，对于应付上感到困难，虽有上级经常指导，终因勤务较忙，不能经常受教，因而对于新知识及技能的需要，感觉更加迫切。①

根据陈幼民的描述，嘉定在警管区制的实施过程中尚且存在一些困难：（1）警士人选的困难。试行警管区制的最大困难，就在于长警的人选问题，警士管区须有独立治事的能力，吃苦耐劳的精神，德行、学术、体质三者并强，才能胜任，照目前社会状况，凡受过中等教育的学生，大都属于中产人家，其虚荣心颇强，而且过惯舒适的生活，一旦使他忍苦耐劳，抛弃升官发财的观念，以从事于警察事务比较难。警局招考学警，要求具有初中程度、农人的身手、愿意过士兵生活的人为主要条件，但因待遇生活环境种种关系，

① 周知非．我对于实验警管区制之感想及改进意见．江苏警察，1936，1（4）．

不愿长时间从事这个职业，至于训练机关，警局曾办过两期，感觉事倍功半，这种训练事业，不是县局单独所能负担，除省警官学校附设学习班应多设学额外，拟由各县联合设所训练，质量要同时增进，才能够有效果。（2）警士管理的困难。警管区制为散在制之一，管理比较困难，虽说警士训练有素，当有自治能力，但人情恶劳而好逸，如日久玩生，精神涣散，危险性怕有甚于集中制。因此考勤须特别注意，但县局督察人员少，监督较难。[①]

参与制度实践的警长经过反思提出的中肯意见，对于警管区制的完善及职能的发挥起到了重要作用。

（二）战后对批判的反思

经过八年的抗战，制度除在少数后方省市有所延续，其他地方均已停顿。时隔十余年，国民政府刚刚宣布将在上海实施警管区制，即招来阵阵猛烈的炮轰，警政官员和警察学者被迫重新审视制度本身存在的问题，引起民众如此强烈的抗议起因何处？通过反思，官员和学者提出了一些相对客观的解决办法。

陈曾钦通过对现行警管区制进行一番理论研究后提出，“考察一般人非难此一新制度之原因，或为其对我国警察立法精神，认识不够或另有作用，然而当局对于‘警管区制’之意义在事先未加明确与一致之阐明，亦为引人误会曲解之原因”。“故余以为推行‘警管区制’必先阐明其意义，确定其组织，宣扬其特点，然后从中央计划方案，各省齐一步骤普遍推行。并充实执行人员之优良条件，健全警察人事，俾能达到吾人理想的收获，则新制度之建立，风行草偃，一日千里，警政之前途蔚然可观矣。”[②]他认为一般人反对此项制度的原因，在于警政当局未对制度加以厘清和统一认识，并认为要让制度得以顺利推行，应在中央层面制定统一规划，各省统一推行，他的反思尽管有所片面，但确实分析到了问题的原因所在。

苏寿祖对于制度的两面性也有较为清醒的认识。他说，“大凡行政上的

① 陈幼民．嘉定县公安局试行警管区制概述．江苏警察，1936，1（4）．

② 陈曾钦．现行警管区制研究．上海警察，1948，3（1）．

制度，尤其是警察行政上的制度，要想金瓯无缺，吹毛无疵，简直可以说是不可能的事。任何制度都有他的优点，也有他的缺点。所谓一种制度的好坏，是相对性的，是比较性的，而最主要的秘奥，依旧在运用之妙，存乎一心，取其所长，弥其所短，扬其优点，弃其劣处”。他也对制度在实施过程中可能会遇到的困难做了较为清晰的总结。他认为，警员警管区制虽然是一个比较理想的警察人事制度与勤务制度的结合，但也存在一些问题：（1）难期普遍推行——以中国当前各地财政的困难，维持长警的经费，筹措已属非易，如果实施警员制，支给最低级委任待遇，经费无法筹措，巧妇难为无米之炊，势必难期普遍推行；（2）考选警员非易——当前建国工作伊始，各部分的事业，都需要知识青年，全国推行警员制，报考初中以上毕业者，为数浩大，难期如愿；（3）勤务督察困难——警员警管区制的共同勤务，人员与时地有定，构成健全体制，督察自属易举；唯个别勤务与特别勤务，时地无定，人员分散，查不胜查，稽无可稽，勤务督察，困难万端，非赖有高度的自治精神与自动能力不为功；（4）历久易孳弊端——警员警管区制，推行日久，深入民间，洞悉隐秘，一方面固然易于控制管区内的莠民，另一方面也易于勾结管区内作奸犯科的分子。熟中固能生巧，熟中也易作弊，必有赖秘密督察严格监视与定期交互调勤来克服此困难。[①]分析不可谓不具体和切合实际。

马造在其著作《警管区制的析疑》中对制度的有效推行提出了多条建议。他说：“惟我国已往之低级警员，待遇菲薄，程度太浅，往往有敲诈勒索、违法扰民之举，于是而失去人民之信仰，警管区之警员，权力大于现在之长警，责任亦重于现在之长警，程度待遇，均应提高，且需严加监督，否则弊害之大，较之现在及以往之情形，恐有过之而无不及，政府施行此制，应有周密之计划，方足以赴事功。”他认为要从以下几个方面有效推行此制：（1）警管区之警员，最少需具有高中毕业程度，年龄在20岁以上，45岁以下，受过6个月以上1年以下初级警察教育者为合格；（2）警员待遇，应按当地物价，以能维持其本身与父母妻子各一人之最低生活为标准，以现在重庆物价而论，须给予国币15万元，方足以以资养廉；（3）警员职位，应有保

---

① 苏寿祖．警员警管区制的理论与实际．上海警察，1946（3）．

障，不得无故罢免，并实行年功加俸，以资策励；（4）警员服务3年以上，成绩优良者，得由主管长官直接保送“中央警官学校”肄业，以资深造，毕业后，分发各省市，以警察官职优先任用；（5）自施行警管区制，5年以后，各省市县之警察局局长，及中央警察机关之高级职员，应就曾任警管区警员之警营中，优先遴选；（6）警员如有违法渎职，妨害人民之合法自由者，应依法严惩，勿稍宽纵。最后他总结说：“政府对于警管区之警员，既经严格之挑选，相当之训练，又有优越之待遇，合法之保障予以升迁之希望，如非下愚，绝不至于自甘暴弃，而有违法扰民之行动。”[①] 从如上反思得出的结论中不难看出，这些警察学者确实为中国警政改革与勤务方式变革、提高警务工作效率煞费苦心，这种思考也为其后警管区制的有效推行提供了重要的理论支撑与实践指导。

二、针对批判的反驳

民主人士毫不留情的政治批判实在是严重地刺伤了国民政府警政者的心灵，面对汹涌的批判浪潮，他们开始怒不可遏地加以反抗。

宣铁吾第一个举起了反抗的大旗，他于1946年5月13日在上海警察局国父纪念周发表讲话时指出：“本局施行警员警管区制，人民不仅不应攻击，且亦不必有所怀疑。除非他是强盗小偷以及别有用心的反动分子——因为如果警察的制度改善以后，组织完密以后，警力充实以后，强盗小偷且无法立足，反动分子也无法捣乱了。此种分子最怕本局有所改进，一有改进，即非尽力反对不可，他们不希望本局工作有成绩，更不希望人民对本局甚至政府有好感。”“人民不了解本局工作对他们有利之处，反而常受反动分子的欺骗。反动者违背人民利益的反动言论，人民也跟着附和，这是可悲的无知。现在攻击实施警管区的，只不过是少数的几张报纸，这些报纸，谁都知道，或是反动分子所办成或一向是反动者的应声虫。至于比较可以代表民意的报纸，对实施警员警管区制，根本就没有反对的意思。”“警员警管区制，是

① 马造．警管区制的析疑，出版地、出版年不详，29–30.

一种进步的制度，决没有可以怀疑的地方。现在的反对和攻击，只是反动分子恐惧心理的表现，因为一旦警员警管区制实施而有成效之后，他们反对的企图，就要被粉碎，反动的目的，就难达到了。”“反对警员警管区制，主要的是由于反动分子的恐惧，其次尚有另一种人，他们虽然不是反动分子，但因为过去在外国人统治下的租界中生活惯了，始终没有将租界影响从意识中清除出去，只知道租界时代的法令如何如何，只知道服从外国的官吏，不屑遵守中国的法令，于是听到名字有些陌生的法令，就盲目地反对。许多大陆各处可行的法令，到了上海就有许多困难。”[①] 面对来势汹汹的批判，宣局长既无奈又愤怒。

王琼之在《上海警察》第 2 期撰文《论警员警管区制——兼论时下对警员警管区制的批评》。文中写道：“警管区只是警察局内部的一种勤务制度，一般人对于警管区的批评，实在使人不能同意。依照现下一般批评者意见，以为警管区是不民主的，法西斯的办法。警管区制应该取消。试问：是不是在所有民主国家的警察，是没有管辖区域的呢？是不是民主国家的警察机关没有勤务制度的呢？是不是纽约市警察机关的警察，可以到华盛顿同样行使他的职权呢？是不是在英美各大城市只有一个警察机关，底下没有执行警政的基本单位呢？这些仅是常识的问题。反对警管区者，不论在学理和事实方面都是没有根据的。”“时下对警员警管区制的批评，除在一般的报章杂志上发现外，并另有两个周刊的专辑。在这些批评的文章中，平心静气的讨论固然不多，能够知道警员警管区制究竟是什么，而又能依据警察学原理加以批评的，更是少得可怜。大多数不是恶意攻讦，就像瞎子摸象一样，只摸到象的一部，以为已经知道了象的全身似的信口开河，随意乱说。正因为这些论者对警管区很少了解，所以不能不将攻击的焦点集中在所谓‘访问’上面。”“家宅故为人民之堡垒，但必须没有违法犯禁之行为或其他危险情事，才可使警察不能侵入；否则，难道家里发生了盗匪，警察不能进入缉捕？宅中发生了火灾，消防警也不能进入救火救人？同样地，房子里有人在抽头聚赌，难道警察也不能进入制止？固然我们也不能说过去或今后警察决没有

---

① 上海市警察局．宣铁吾先生警政言论集，1947：153-156.

随意侵入民家，并有扰民情事，但如有此等情事，人民尽可依法控诉，岂可因噎而废食？何况警察进入民家，有扰民情事，与警员警管区制并没有因果关系。”“至于有人攻击警员警管区制为德国之盖世太保，亦为不伦不类之论。因为德国的盖世太保，专为对付政治犯的秘密警察，而警员警管区制，是警察的一种勤务制度。政府如为对付政治犯，绝不会蠢到用公开警察去防止，尽可组织秘密机构对付之。”[①] 王琼之对于制度被指责侵犯人民自由并具有法西斯独裁性质严厉地予以回驳。

苏寿祖也言辞激烈地进行了还击，他驳斥道：“近来对警员警管区制议论纷纭的评论家，大有印度童话瞎子摸象之感，各自断章取义，直觉臆测，涨红了脖子大尽抨击的能事；而形成一犬吠影百犬吠声的群众心理的滑动性，渐次丧失了理性的根据，孕育着别具用心的鬼胎。”[②]

三、针对批判的辩解

国民政府警政当局与警察学者针对批判，主要从三个方面采取回击策略，一是从制度上进行认真反思，总结问题所在；二是在遭遇批判后，从正面予以坚决的还击；三是从理性的角度，针对批判的攻击要点予以有针对性的辩解，意图澄清事实，让公众明辨是非。

（一）制度具有多种优点

警政总署酆裕坤副署长从警管区制的产生背景入手，阐释了此制乃现代社会发展的必然趋势。他在《警声月刊》著文，“最近各地试办警管区制，颇为舆论所重视，一部分人对此稍有误解，本人拟就观点对此项制度之性质，作一原则上之探讨……警管区制之发生，实由旧日守望岗制已不能适应现代社会之需要，盖近世社会进步，警察职务日见扩张，然而预算之增加，则受

① 王琼之．论警员警管区制——兼论时下对警员警管区制的批评．上海警察，1946（2）．

② 苏寿祖．警员警管区制的理论与实际．上海警察，1946（2）．

种种之限制，故警政当局不能不从技术与组织上求进步，采用科学设备，并谋警力使用之经济有效，期能以一定之经费产生较大之效果。巡逻制既有敏活与观察普遍之优点，而确定管区，则足以使责任分明，因而能以一定之警力，予人民以较多之保护，故此种制度之被普遍采用，实为中国现代化途中必然之趋势”。[1]警管区制兼采巡逻制与守望制的优点，让其有机结合，共同履行保护人民的神圣职责。

宣铁吾说："本局施行警员警管区制，不仅有令的根据，抑且有法的根据。所谓警管区，就是每个警察规定其管辖区域，行使其职务，为警察法令所明定；所谓警员是较警察素质佳，地位高，能力强的一种警察；在警员警管区域内，以警员代替警士，巡官代替警长，素质和地位都提高了不少；所以警员警管区的实际意义，在于改革警察制度，加强警察工作，对国家人民都有益处。凡善良市民，无不希望警力充实、加强，治安情形良好。"[2]宣局长面对各种批判镇定自若，向上海市全体市民耐心地解释实施此制的意义，期待市民的理解与支持。

为让警管区制得以顺利实施，扫清人民认识误区，马造专门著书《警管区制的析疑》。在文中，他从学理的角度详细分析正确实施警管区制，可以保障人民的民主权利，推动民主政治的发展。他从六个角度作出具体阐释：（1）政府管理人民，如同技师管理机器一样，管理机器者，必须充分明了各机件之性能与作用，管理人民者，必须明了各住户之详细情形，否则不能收到保护与管理之功效，警管区制，就是要明了各住户之详细情形，以便尽其保护与管理之责任。（2）调查户口，是警察应尽之职责，而且是民主政治的初步工作，故现代民主国家，未有不视调查户口，为政府之重要责任也，警管区之调查户口，自不能视为例外之行动，不过于户口卡片上，分别颜色，似是技术上之失当，如认为有犯罪嫌疑，或应加保护者，可于备考栏内，酌留数格，记以简单暗号，俾作参考，不必分别颜色，刺激观感。（3）制度就是一种工具，而工具是可以活用的，如钢铁，用之于杀人，可以制刀剑，

---

① 酆裕坤．论警管区制．警声月刊，1946，1（2，3）．

② 上海市警察局．宣铁吾先生警政言论集，1947：153–156.

用之于自卫，亦可以制盔甲，又如药石，用之不当，可以杀人，用之得当，亦可以救命，警管区制，用之于专制国家，固可以束缚人民之自由，用之于民主国家，亦可以保障人民之自由，是视主持者之运用如何耳。（4）警察为民众保姆，社会导师，访问各住户，绝非以干涉为职志，实有指导与保护之意义存于其间，例如有小儿未种牛痘者，应指导其延医点种，以防天花传染；有流乎火烛，不加检点者，应指其曲突徙薪，防火灾之发生；有游荡无赖者，应指导其觅谋职业，以免贫困；有假释出狱者，应劝其痛改前非，以防再犯；有杀人放火，或其犯罪迹象者，应予以防范，以维社会之安宁秩序，诸如此类，不胜枚举，如不许警员访问住户，如同不许医生接近病人一样。（5）刑事诉讼法规定：现行犯无论何人得进行逮捕之，警察负有执行国家法令之职责，访问住户时，遇有现行犯，自不能不随时逮捕，以尽警察之天职，否则应受法律失职之制裁。（6）一国之政体如何，宪法中自有明文规定，上自元首，下至庶民，均当遵守，而不应违背，我国今后实行民主政治，各党各派，以及人民之自由，均为宪法所保障，警管区之警员，既为政府之一员，且为国民一分子，自有遵守根本大法之义务，何敢冒天下之大不韪，而妨害其自由，对于有违背国家法令，而警员加以逮捕者，正所谓抑制少数人之不自由，而保障多数人之合法自由。据马造所析，警管区制不但不妨害人民自由，不违反民主政治，却能“辅导人民守法律，促进政府入轨道，维护真正民主之效率”。[①]

（二）不是反民主的法西斯制度[②]

针对民众认定警管区制具有法西斯性质，马造在其著作中以较大篇幅作了详细解释，他说：“现在持反对警管区制者，恒谓此制系模仿德日之警察国家。这两国，已因钳制人民，而自取毁灭，我们何必效法他们。而于警察本身之立场，于所负之任务，究竟如何，则一概而论，未免过于武断。就一般人士所说德日两国，因用警察力量，控制人民反动言行，管理人民努力生

① 马造．警管区制的析疑．出版地、出版年不详，26–29.

② 引用内容均出自：马造．警管区制的析疑．出版地、出版年不详，13–17.

产，使国内治安，永久保持良好状态，政府乃能专心致志侵略他国，逐渐走上毁灭路线。假如没有警察将人民控制得那样严密，则反对者，早可推翻现政府，与敌国重订有利合约，成立一个新机构，以统治人民，国家就不致毁灭如今日之言。是说虽亦有理，但不能与警察立场言也，盖世界任何国家之警察，莫不因干涉人民不法行动，而为人民所不满。”他认为德日之所以能够有能力干涉他国内政，就在于警察维护国内治安、服务人民有方，避免了人民的不满与国家的内乱。

“政府所必需，因之警察本身，乃不得不坚守现实超然立场，百分之百党于现政府，方能完成其维持地方治安，保护人民生命财产之使命。设或不然、则立时失去警察本性，而为政府所不容，尚何暇凭借警察地位，做反对政府之工作乎，故老于警察者，常有反对政府者未成功时，每恨警察在地方防范严密，不易下手，而仇视之。”他继续为警察辩解，警察乃是政府的工具，他的施政必须与政府的意志保持一致，意图让他人理解警察的处境。

“德日两国，凭借其传统侵略国策，自尊自大，专心致志于军队精强，从而唾弃公理正义，鱼肉邻邦人民，早符合我国先哲佳兵不祥，国虽大好战必亡，不仁而得天下，未之有也，成为人神之同嫉，天地所不容的一种臭恶东西，其毁灭也宜矣，于警察乎何有。”他认为德日法西斯的覆灭是因为其国策的错误，跟警察没有关联。

“我国警察乃仿自日本，前清庚子年间，八国联军攻占北京，清帝西逃，各国军事首领，议设东西城各安民公所，招募土著，充当警察（当时名为巡捕，与上海各租界巡捕同），日人以与我比邻，即乘机起揽实权，为将来把握我国警政大权，遂其侵略企图（自是以后，日本每次与我国交涉，直到抗战开始为止，没有一次不提到警察权的要求，日本人之重视警察，想握我国警察实权，与我国过去时期，大家轻视警察，不知警权为何物，任意位置私人成一反比例，可欺之至），这和议告成清政府果然聘用日人，主持其事，所有警察上一切章制，教育、行政，遂亦自然与日本东京警视厅，组织之厅以下为警察署，署以下为分署，署与分署下，各设若干受持区（又名担当区），之制相仿，其后辞退日人，改归国人自办，但一切章制，均少变更，近二十余年，中央为刷新内政起见，迭派大员赴各国考察警政，回国以来，迭有革新，如设立‘中央警官学校’，统一全国警察教育，改善行政机构，提高本身质量，修改警察法令等，均属针对国家与人民利益而设想，非有偏于任何方面也。”通过论述中国与日本警察制度存在相似因素，积极倡导民众认识警察的重要性。

“我国警察虽说模仿日本，但其优点，究否值得模仿，兹摘录我国考试院戴院长所撰警察要领文中之一段，作一有利证据，并释国人怀疑心理，‘昔时日本之警官，不独为莠民所畏而已也，实为一切良民所信、所敬、所爱，不仅为社会秩序之保障，实为一切平民之师保良友，举凡无可告诉之困难，以至于日常老幼妇孺生活行动之提携、保护，均可托之于警察，而警察亦真能以至诚之精神，竭其心力，以接受人民之一切委托，处理至当，此种成绩，尤以乡村及都市近郊荒凉僻巷最为显著，今则无矣。’盖如戴院长所言，就知日本警察能力，德性，却可尽到导师与保姆之任务，就陈君所云，就知日本警察防微杜渐，确可尽到思想预防之责任，曾无怪旅居北平人士，脑筋中，印着派出所警察许多好处之事实也，果今后全国热力仿行，并进而改善，则人民称道，名其制为警管区制可也，或乃派出所之名称亦可也，却更易其他名称，皆无不可也。”他引用国民政府考试院院长戴季陶的一段话，来澄清众人对日本警察的曲解，意图撇清日本警察与其反民主的法西斯制之间的关系。他认为日本警察在国内广受爱戴，只因警察职能履行得非常到位，值得中国警政效仿。

（三）不会侵犯人民的自由权利

警政官员和学者认为，警管区制是警察勤务制度改革的一种新方式，与宪法所保护的人民自由是两码事，非但不会干涉与侵犯人民的自由，反而可以改进警察工作方式，增强警务效能，进一步保护人民的自由权利。

陈曾钦说：“其实人民在法律上之自由权利，已为宪法所保障，与警察勤务之采取何种制度，绝然二事，不相干预。况警察勤务制度愈科学愈合理，也就愈容易为人民排除危害，确保自由。”[1]

---

① 陈曾钦．现行警管区制研究．上海警察，1948，3（1）．

酆裕坤说："近来一部分人怀疑此种态度，认为足以妨害人民自由，实则人民之自由有无充分保障，乃一宪法之问题，不以警务勤务之采用何种制度而有所影响。警察之目的，在防止公共危害，维持社会秩序，对于私生活与私住所以不干涉为原则，警察所限制之自由，与所欲除之危害，且须有一定之比例，而不能超过必要之限度，民主国家之警察活动，无论采用何种方式，均受此等原则之支配，警管区制之采用，旨在增加警察活动之效率，而于警察权之界限，则绝不有所改变，此实推行警管区制者所须深体恪遵者也"。"至于危害公共安全社会秩序之活动，则为警察责任所在，自必依法加以制止与预防，实施警管区制之目的，旨在保警力分配与工作方法之改进，使防止危害之工作，达于最精密之程度，深信此种制度之推行，必可获得最大多数人之善意赞助也。"①

萧电生认为，与普通警察一样，警管区的警察同样要遵守法律来履行职务。他说，"中华民国"是民主政治的国家，人民的自由权利载诸宪法，人民在法律内的自由权利，任何人不得干涉或侵犯，且必须尊重。警察应根据法律而执行法律，承担着保护人民自由权利的职责，他们于法无据的活动也必受制裁。他也表达了与上文类似的观点，"人民应有多少自由，这是要看共同生存及生活的环境来决定的问题，即是宪法上的问题，而警管区制只是警察勤务制的问题，或警察行政方法的问题，两者是理论上是不相干的"。为避免由于警民亲密接触带来弊端，提出改用警员的理由。他强调，"事实上实行警管区制，警民之间接触的机会要比较多，这是不可讳言的。但警民之间接触的机会比较多并不能作为增加人民'不利'的解释，这因为警察是以防止公共危害，维持社会安宁秩序，及促进一般福利为目的的。也许警管区制的实行，由于警民之间接触的机会比较多，而可能增加人民的'不利'，所谓'有治法而无治人'，不过也就是为了这一点，警察的素质必须提高，撤去长警，改用警员"。②

尽管警管区制在推行的过程中遇到重重障碍，遭到各方人士的批判指责

① 酆裕坤．现代警察研究．"内政部"警察总署，1946：126-130.

② 萧电生．"警管区"述评．"中央警官学校"校刊，1947，1（夏季号）.

与抵制，但国民政府未曾妥协，继战后南京、上海、北京、重庆等地先行实施之后，继续加大在全国范围内的推行力度。但警政当局还是迫于各方的压力，感到“警管区”容易给反对者留下话柄，遂于1947年8月30日，“内政部”通令全国各级警察机关，将警管区一律改称为“警察勤务区”，简称“警勤区制”，并报行政院备案。直至国民政府撤离中国大陆以前，警勤区制仍然在重要城镇及乡村施行。①

警管区制是南京国民政府时期警政建设的重要步骤，其目的就是要在全国范围内建立起一个完善的警察网，加强对各地、各阶层人民的控制，实现国民党的政治统治，因此受到各民主党派的强烈抵制与严词批判。但从另一个角度看，它的建立，又是中国基层警察体系和警察勤务制度上的一项重要改革，有利于增强警察管理社会的效能，对于中国警察体系的现代化起到了重要的作用。囿于当时特定的社会背景，警管区制未能得到优良的实施环境与时机，以致随着国民党政权在中国大陆的覆灭而最终夭折。

① 穆玉敏．北京警察百年．中国人民公安大学出版社，2004：250.

第六章 警管区制的影响

警管区制在中国大陆前后延续达十余年，它是南京国民政府警政当局仿照英、美、日警察勤务模式，根据当时中国国情而提倡推行的一种警察勤务制度。它在借鉴西方警政经验与吸纳近代警学研究成果的基础上提出，是中国警政建设的重要步骤，其创立与推行对于中国警政的改革与发展、基层政权的稳固乃至近代社会文明的发展产生了重要的影响。研究其影响，有助于我们更加深入地了解警察、政权与社会发展的复杂关系，并为当代警察制度的科学化分析与设计提供有益的经验借鉴。

第一节

警管区制与中国警政的改革及发展

警管区制作为一种优良的警察勤务制度，其实施不仅直接促进了警政效率的提高，更重要的是，它牵一发而动全身。为适应警管区制的运行，一系列与之相配套的制度与措施随之诞生并积极发展，包括社会治安防控体系的构建、人事制度的调整与警察教育培训机制的改革，各项制度与措施的全面变革并相互作用，极大地推动了国民政府时期整个警政的改革与发展。

一、警管区制促进警察行政从理念走入现实

1947 年出版的“中央警官学校”第四分校讲义《中国警察行政》，对于中国警察行政的产生与当时的状况有着较为清晰的描述：

人类自演进至农业社会后，生活安定，财富累积，为求生命财产之安全起见，乃置守卫，迨后人类日众，接触日繁，因个人或团体之利益发生纠纷，

为求解决争执，维持社会秩序计，乃不得不放弃一部自然自由，交与政府，而政府以社会进步，经济发达，工作繁多，又不得不将行政事务分工合作。于是产生内务、外务、财务、军务、法务等行政。又自产业革命后，社会进步益速，行政事务更形繁重。同时以经济之经济发展，犯罪日增，犯罪技术并随科学而精巧，以致社会秩序之维持，乃必须有专门人员负责。于是由保甲制度、看守制度，进而产生有组织有纪律有训练着制服之半陆军式之警察制度。

我国今日警察之设置，滥觞于清末庚子联军侵入北京之时，由安民公所，而善后协巡局、工巡局之巡捕、巡警，而演进为现时之警察。历四十余年，虽致力改进，仍无崭然之行政制度。溯本追源，则由于政府对警察行政方针不定，忽采德日制度，忽采英美制度。忽重中央警察，忽重地方警察。编制忽而扩大，忽而缩小，种种变迁，迄无定轨。而社会人士，或则视警察为催粮要钱之皂吏衙役，或则以为警察即以维持治安为目的，则警察极为变相之军队，或则以为警察即为执行国家法令，保障安宁秩序者，又可以保甲代替之。甚或有人认警察即为防止社会危害，限制人民自由者，更可以特务侦探代替之。故过去之警察在一般人心目中非为都市之点缀品，即为政府之爪牙，政治之赘瘤，作恶之工具。观念如此，于是警宪争权，军人夺位。各级各种机关均可指挥警察，均可代理警察而行使职权，而警察本身复因制度之未确立，职权混淆，勤务呆滞。加之待遇微薄，素质不良，更不复为人重视。益以素质低劣之结果，不知科学，不明法律，不重道德，滥用职权，凌弱畏贵，鱼肉人民，贪赃枉法，助长恶势力之蔓延滋长，而警察之地位更形恶劣。使本来为实现国家目的之行政工具，变成社会恶势力之帮亲；原为国家命脉所系之警察，成为众怨所归，众人所弃之恶虫。故可谓吾国四十年来虽有警察之名，而无警察之实也。①

通过此段资料可得出三点结论：第一，警察诞生40年来，警政腐败，

① 李秀生．中国警察行政．“中央警官学校”第四分校讲义．北平市警察局合作社印刷所，1947：15-16.

职能不全，呈现一种不作为或胡作非为的畸形状态；第二，警察诞生时间较短，建警方针不明确，以致警察有名无实，人民怨气较大；第三，产生警政腐败与混乱的根本原因在于没有形成统一的警政理念，仁者见仁，智者见智。警政实务缺乏正确的理念予以指导，必然造成警政残缺不全，职能无法正确履行，竟而沦为压迫人民、剥削人民的工具。

（一）警政理念的形成

随着历史的演进与社会的发展，警察的职能不断发生变化，人们对于警察概念与警政理念的认识也逐渐趋于统一与科学。从起初单纯地认为警察行政只是限制人民自由的行政行为，发展到认为警察不以限制自由为唯一任务，而应有指导、纠正、保护、救助等责任。

早在 20 世纪 30 年代警察学者对于警察施政理念就有崭新的认识，比如韦瑞墀认为，“警察当为国家行政之一部，其主要目的在乎公共治安之维持，与犯罪行为之侦查及预防，并执行国家之一切法令”。[①] 他认识到，警察的职能不仅在于打击犯罪，还应承担预防犯罪的职能。同时，政令的推行也被认为是警察的一项重要职责。其实在当时，这一警政理念已被众多学者达成共识，世界各国已经普遍采用。

抗战结束后，警政官员与警察学者对于警政的理念认识更为清晰和完备。李士珍说：“警察系以国家一般统治权为基础，而执行法令，并协助诸般行政之行政行为，此种行政行为且须以防止公共危害，维持社会安宁秩序，指导人民生活，促进一般福利为其直接目的，始得谓为警察行政。”[②] 在“中央警官学校”的讲义中，警察得到定义：“警察者，以直接防止公共危害，维持社会安宁秩序，指导民众生活，促进一般福利为目的，基于国家统治权，执行法令，并协助诸般行政之行政行为。”[③] 可见，此时对于警察的认识已

---

① 韦瑞墀．中国警管区制的理论与实际．中华书局，1937：8–12.

② 李士珍．警察行政之理论与实际．中华学术研究社，1948：2–3.

③ 李秀生．中国警察行政．“中央警官学校”第四分校讲义．北平市警察局合作社印刷所，1947：2–5.

经较为清晰而明确，警政往上是国家政令的推行者，辅助其他行政的工具，至下为维护社会安定、促进社会福利的主体。

（二）警管区制推动警政理念走向实践

警政理念业已形成，但由于经费欠缺、人才匮乏、制度缺失等因素的限制，理念一直处于理论层面的研究探讨，而始终未能应用于实践。正在此时，国民政府提出实施警管区制，由此便推动了警政全面改革的步伐，从而为警政理念从理论走向现实创造了历史性的新机遇。

警管区制是勤务制度的改革，它所确立的勤务内容、勤务方式以及警力的科学化配置，将警政理念的各项构成要素紧密结合，从而促使警察职能得到全面落实。正如章承祖所说，“每一警士单独负一区域内一切警察业务之责任，其成绩之优劣，较之旧制共同负责相互推诿之弊，显而易见；因之，责任心自然增加，且警管区之警士，在其区域内执行诸般警察事务，与人民容易接近，尤重建设性福利工作，非如旧制仅于调查户口时与人民偶一接触者可比，因此，不断对警管区内人事可了如指掌。善恶良莠，自可分辨，宵小奸徒，亦难混迹，作奸犯科为非作歹，自易减少；因与民众利害息息相关，密切打成一片，警察固民众化，民众亦可警察化，其收效之大，莫可言喻，更进而言之，国家政令之推行，依过去情形，政令由上而下，往往以一纸公文辗转相传，警官机关于奉令后，或则仅晓谕下级遵照，同时呈报上级谓已妥善办理，以为敷衍塞责之手段，其是否已将政令推行深入民间，殆勿论也，警管区制既能普遍深入民间，而其组织又与地方自治相配合，对人事则了如指掌，对法令可家喻户晓，如此预防危害，维持秩序，保护人民，推行政令，自可得心应手，处处灵活，警察行政之目的，自不难达成也。”[①] 可以说，警管区制的产生是中国近代警政改革与发展的一个重要转折点，他将警政理念化为实践，由此引发了一场自上而下、全方位的警务革命。

---

① 章承祖．警管区制．上海警察，1946（2）.

二、警管区制提高了警政运作效率

李士珍在其著作《警察行政之理论与实际》中说："吾人欲使警察之工作，能充分发挥其力量，并使此种力量能在人、地、时、事各方面普遍达到，势非改善警察勤务制度不为功。因警察以维持治安为天职，其治安成绩之显著与否，又端视勤务制度之良窳。"① 章承祖也认为："警察勤务，为警察行为之主力。警察力量之能否发挥尽致，警察任务之能否完成，全以勤务制度之良窳以为断，即警察依国家统治权直接排除公共危害，维持社会安宁，运用管教养卫，以增加人民福利之行政行为发生力量，并使这种力量，对于人地时事各方面均能合理化科学化普遍化，则有赖警察勤务制度大矣。"可见，警察勤务制度是警察行政的一项重要内容，勤务制度是否科学直接影响着警政运作效率与警察职能的发挥。

在警察建立的40余年间，为提高警政运作效率，警界一直在进行勤务科学化的探索，创建并引进了多种勤务制度，并结合中国国情加以优化与改良。尽管各种制度均存在不合时宜的缺陷，改进中国警政运作效率取得的效果并不明显，但长期以来的持续研究与探索，已为勤务制度科学化研究积累了诸多宝贵的理论与实践经验，以致最终催生出优良的勤务制度——警管区制。

对于为何实施警管区制，李士珍有过一番论述："勤务制度之优劣，并非专指制度本身之是否健全，乃系指某种健全制度对于某种空间与时间是都能确切配合，所以东西各国，虽有多种完美之勤务制度，值得供吾人参考，但是否适合我国现实环境，实为一极大之问题；吾故曰：抄袭式之勤务制度，绝不能适合吾人之需求耳。兹再就我国各省市现行之勤务制度言之，除旧式之班勤制：如三六制、四八制、三九制外；尚有所谓派出所制、勤务区制、半日更替制、部勤制、巡逻组合制、巡守互换制等十余种之多，但考其内容，无不系瑕瑜参半，偏于一隅，盖适于此者，未必能适于彼，适于彼者，又未必能适于此，斯为不可否认之事实，亦即我国勤务制度造成纷乱状态之最大

① 李士珍．警察行政之理论与实际．中华学术研究社，1948：105.

原因也。且我国警察从来偏重城市，忽略乡村，故所采用之勤务制度，亦多系以城市之环境为转移，故吾人在倡立乡村警察之今日，不言确立警察勤务制度则已，如欲确立警察勤务制度，自必须参酌过去，研讨将来，而订立一种富有机动性与科学化之勤务制度，使之能普遍适用于全国之任何城市，及任何乡村，而一矫过去纷乱错杂之弊病，以为警察勤务制度树立一确定不移之基础。然则，吾人应采用何种勤务制度，方能达到上述之目的；以过去各地实行的各种勤务，比较其效用，检讨其成绩，则以警管区制为最适合国情，实不失为机动完善之勤务制度也。”[①] 章承祖认同此观点，“警管区制即可因人地时事而制宜，其勤务分配之方法，非常敏活机动，可依各个警士之性情、能力、体魄而定其所负担之区域之大小，繁盛冷僻、复杂简单。可依城市、乡村、工厂区、商业区而采取服勤之方式，配置各种不同之警戒线、巡逻线，可因事为适当之支配，可因时增减警力，其机动敏活，实为各种勤务制度之冠。各警士之间，均相互有联系，可达人力少，经费少，而收获大之勤务之目的也。”[②]

可见，与其他勤务制度相比较，警管区制有着多种不可替代的优势：（1）提高了警察素质，改善了社会视听。警察不再仅仅消极地维护社会治安，而同时履行指导帮助民众的义务，有利于警民关系的改善，警察素质的提高为警政职能的高效履行创造了条件。（2）人与地相互配合。一警负责一区，一区即有一警，所有地区不再有死角，警察的个人素质可得到充分展现。（3）机动灵活，富有效能。无论是纵向还是横向，都建立起完备的警察网络，使其联动效能明显提升。（4）警员警管区制的推行，实现了优良人事制度与高效勤务制度的最佳配合，让警政综合效能彰显无遗。警管区制在人员素质、区域划分、警力配置、勤务方式、勤务内容以及组织结构等方面独有的优势，对于警政运作效率的提升具有显著作用。

---

① 李士珍．警察行政之理论与实际．中华学术研究社，1948：105.

② 章承祖．警管区制．上海警察，1946（2）.

三、警管区制推进社会治安防控网络的建设

警管区制在不增加组织层级的基础上，在城市与乡村根据地区面积或人口数量划分多个警管区，并集中部分警管区形成相对较大的巡守区等勤务机构，形成了组织严密、上下贯穿、纵横交错的警察网络，推进了社会治安防控网络的建设。

张达对在昆山县实施的警管区制赞誉有加："警管区制，在一相当区域内，即有一专司该区一切警务之警士，使辖境之内，物无遁形。同时又与邻区互相联络，共同守望，层累以至总局，组织严密，纵横联系，如星拱辰，若网在纲。散之则区域为治，责有攸归；聚之则互为齿轮，拼力共赴；警力之深入，有无往不达之神；警力之运用，有指擘相使之妙。"①

李士珍也阐述了警管区制勤务运行机制的灵活性："警管区制根据分工合作的原理，运用科学方法，确定每个警员服务范围，加强其责任观念，使之在一定区域内履行好警察职能。根据此种区划，再将三个或五个警管区组成警员联合办公处，共同担负联合区内警察事务，分别管理各自管区内警察事务。如此则每一角落均有警察为人民保护管理，而守望相助，职责分明，有功不至争执，有过无从推诿，遇有事故发生，立可有警员联合办公处报告分驻所，分驻所即刻报告各上级警察机关，因之凡城市遇事故，可于数分钟内报答最高警察当局乡村发生案件，除当地主管警察机关可随时接获报告外，并能于二三日内将详情电报中央，由是而成之警察网，足使社会一切动态，政府无不立即明悉，其作用之宏速，实莫可伦比。"②

警察区制搭建的警察网更是确立起功能完善的社会治安防控网络，如李士珍所述：

构建警管区制之实施，必以警察网、警备线、巡逻网三者之构成为必要条件，兹分述报告：

1. 警察网之构成。警管区制之警员遍布全境，不论城市与乡村，甚或深

① 张达．昆山县公安局五月来试行警管区制述略．江苏警察，1936，1（4）．

② 李士珍．警察行政之理论与实际．中华学术研究社，1948：106-107.

山旷野，鲜有人迹之处，胥有警察之存在；每一警管区警员，取得密切之联系，除用电话随时联络外，在电话不通之区，可辅之以警鸽，宛若网之经纬，纵横交错，虽各据一方，然严密衔接，形同一体，苟某地发生事故，全境警觉，宵小之徒，举网就擒，其效力之宏，无可比拟；故警管区制实行之日，即警察网构成之时也。

2. 警备线之构成。凡县（市）交界、出入要道、水陆交通及其他地处冲要之处，酌情分别设置数个特别警管区，使每一重要地点，成为一条坚强的警备线。至特别警管区以设置驻在所为原则；每一特别警管区必备警员三名，其勤务单独执行，但仍划归分驻所或派出所管辖。如是，全境要害得以控制，每一警备线皆形成治安之堡垒，宵小巧计莫展，当能自行敛迹也。

3. 巡逻线之构成。警管区制之巡逻勤务，有单独巡逻、复线巡逻、乱线巡逻之分，要皆以各勤务单位为范围，尚不足取得全面之联系，因是兼采会巡制度，以组织严密之巡逻网，使宵小无隙可乘，而达清平之治。[①]

从横向角度看，警管区制改变了过去只在城市设有警察组织的状态，而根据警察事务的繁简程度、区域面积或人口数量，在郊外与乡村建立警管区，将警力延伸至所有角落，使得警察机构遍布全区。从纵向角度看，确立最基层的警察勤务机构——警管区之后，在其上层联合多个警管区形成巡守区或联合区，形成共守分管之责。警管区和巡守区均为警察勤务单位，其设立不是警察组织层级的增加，因此不会影响警政传达的效率，反而形成更加敏活的警政运行体系，大大推进了社会治安防控网络的建设。

四、警管区制促进警察人事制度的改革

“公共行政的成功，十之八九是人的问题，从经验上看来，有时行政机构虽差一点，但若有优秀的人员以推动之，亦可得到相当的效率；倘工作人员素质太低，缺乏训练，则纵有完备的制度，终无法以使之实施。故曰政府之成败，端在于服务人员之优劣，一切唯构成政府的男女工作人员之能力与

① 李士珍．警察行政之理论与实际．中华学术研究社，1948：108–110.

品行是赖。”[1]“近年我国警政当局，警察水准低下，改良警察素质已成为改革警政的先决条件，过去招募入伍警察之程度太低，实无法以接受现代的科学警察训练与纪律。大抵过去一切的失败，可以归纳到一般警察人员资格太差。他们既无甚职业训练之可言，而薪金又异常微薄，结果应募者多为社会中下等人才，优秀分子皆裹足不前，无怪乎常受社会人士之轻视与诟病，过激之徒，且进一步要将之淘汰而易保甲，宁开倒车矣。人事制度在我国警政之重要，同样反映过去我国警政失败之所在。”[2]如余秀豪所述，我国警政建立数十年来，发展迟缓，效能低下，其中一个重要的原因就在于尚未建立起有效的警察人事制度。警察在选人、用人、培养人、激励人等多个环节均存在严重问题，以致警察人员素质低下，待遇微薄，社会评价欠佳，影响了警政效能的发挥。

警管区制作为一种优良的勤务制度，其能否得到有效施行，价值能否发挥，关键在于能否有良好的用人机制与激励机制予以配套。为此，国民政府警政机关对人事制度作出多种调整与改革，以确保警管区制的贯彻落实。

1935 年，江苏省在正式试行警管区制之前，拟定《江苏省试办警管区计划大纲规定》，现将部分条款摘录如下：

1. 为提高警士程度起见，警士入所（警察教练所）资格规定为初中毕业生或乡村师范毕业生。

2. 警管区制之实验县警务行政长官，为教练所高级教官。

3. 警管区长警学业勤务均著成绩者，得被选送警官考试。以后教练所招考初级警官，须以曾任警管区长警者为合格。

4. 警管区警察官吏，由本省呈请内务部定位终身职。除受惩戒去职者外，达退职年龄时，给予养老年金。

由上述内容可知，江苏省针对警管区制实验县份的人事制度的调整与改革，体现在三个方面：第一，在人员录用上，资格要求为初中以上毕业生或乡村师范毕业生，并要求警官任命需通过考试才能录取；第二，在编制上，

---

① 余秀豪．现代警察行政．中华书局，1948：70–71.

② 余秀豪．现代警察行政．中华书局，1948：69–70.

建立了分类制度，区分长警与警官；第三，在待遇上，确定警察为终身制公务人员，并于退休后发放养老金。

抗战结束后，警员警管区制在全国范围内的推行，更是警察人事制度改革的一次飞跃。李士珍积极提倡警员制的推行，“警员制就是提高警察素质、地位、待遇的一种警察人事制度。警察的基层组织，原来采取长警制，就是以警长警士为警察的基层人员，它的地位和军队中的士兵一样。依据 1942 年 4 月 9 日“内政部”公布的《警长警士教育规程》的规定，警士系招考高小毕业或与高小毕业相当程度者，予以 6 个月的学习教育，而待遇方面，都在一般雇员之下，但是实际上各地长警的知识程度，尚难达成上述的标准。如今增进警察素质，提高警察地位，行政、刑事、交通等警察，废除长警制，改行警员制，以警员为警察的基层干部。”“‘中央警官学校’在民国三十四年四月特迅办警员教导总队，招收初中以上毕业者，予以一年最严格的警察训练，分发实习警员，实习期满经考核及格者，正式录用，支给低级委任待遇。”警员制的实行是一项重要的人事制度改革，使警察基层人员的素质、地位、待遇一并提高，一方面强化警察本身的能力，提高了警政工作效能；另一方面获得了社会的广泛认可，取得较高的社会评价。警员警管区制就是警员制与警管区制的合并实施，以素质较高的警员担当警管区的勤务，使警管区成为警员担当勤务的基本单位，警员成为警管区内执行勤务的主体。“所以警员警管区制，在人的方面，素质提高，能力加强；在地的方面，厘定范畴，负有攸归；在事的方面，职权分明，以专责成，一举而数得，在现阶段的中国，实为建设中国新警察比较健全而完善的制度。”[①]可见，警察人事制度的不断推进，有力地促进了警管区制的实施成效。反之，警管区制的实施成效的取得，更需要合理的人事制度予以配合，警管区制的发展，开辟了近代警察人事工作的崭新局面。

① 苏寿祖．警员警管区制的理论与实际．上海警察，1946（2）．

五、警管区制促进警察教育培训事业的发展

警管区制规定每一警管区安排一名警士负责所有警务，包括社会秩序的维护、犯罪行为的打击与预防、政令的推行与人民生活的指导，其对于警士素质的高要求，不仅需要合理的人事制度予以配合，也对警察教育培训事业提出了新挑战。为应对这一挑战，国民政府开始实施一系列关于加强与改进警察教育培训工作的措施与办法，不断扩大警察人员培养规模，积极提高警察人员教育质量，以为警管区制的实施提供充足的人才。

（一）江苏试办警管区制时加强警察教育培训的措施

江苏省在筹备警管区制试办工作时，制定了《江苏省试办警管区计划》，其中针对加强警察教育方面的措施有：

1. 实施警管区制分为两期进行，其中第一期为试办期，时间为1934年，上半年施行“学校训练”，下半年施行“实习训练”。

2. 为培训合格警士，参照“内政部”《教练所章程》设教练所于省会镇江，作为训练警士之机关。

3. 对于教练所所设科目与训练管理方法，专门制订教育计划书。

4. 训练所初期教练完成后，选择一县试行警管区制，作为教练所实习的场所。

5. 教练所内附设警官培训班，为实施警管区制时输送警官人才。警官培训班将招收资格限定为曾受过警官训练且品行纯正能吃苦耐劳者，训练时间为2个月或3个月，训练内容包括传达实施警管区的宗旨、教练所教育计划与管理训练的办法。

6. 警士在校训练时，警官班生担任警士班长，实习训练时，警官班生为实习区官长，监督指导警士工作。

7. 警管区长警学业勤务成绩优秀者可选送参加警官考试，今后教练所招考初级警官，必须曾任过警管区长警。①

① 韦瑞墀．中国警管区制的理论与实际．中华书局，1937：59–60.

根据上述内容可知，江苏省为实施警管区制，警察训练所不断创新教育培训内容，改进教育培训方式，优化教育培训队伍，扩大教育培训规模，建立了纪律严明、特色鲜明的教育培训体制机制，主要体现在：

第一，在教育培训机构上，专门建立教练所实施警察教育；

第二，在人才培养上，建立了学校教学与警务实习有机结合、突出实践能力培养的模式；

第三，在教育培训体系上，建立普通警士教育与警官教育相结合的多类型、多层次教育体系；

第四，在入学资格上，建立适应不同职别警察需求的多重生源标准。

对于警察教育培训所作的调整与改革提升了警察教育培训质量和水平，为日后警管区制在江苏的成功试办创造了重要条件。

（二）警员警管区制实施过程中的教育培训措施

抗战期间，警管区制推行受阻。抗战结束后，国民政府提出在上海、南京、北京、重庆等地开始推行警管区制，并逐步向全国其他地区推广。李士珍考虑到，“过去国人认警士为衙署差役，优秀青年皆不愿为，而警察职权遂因人员不健全，无法推行，相沿成习，影响甚巨。”便在其所拟五年及十年建警方针中，提议“将行政、外事、交通等警士名称，改为警员”，达到“以新耳目，而收人才”的目的。[①] 李士珍提出建立警员制后，并着手在“中央警官学校”“举办初级干部训练班，以资实验”。入学资格为初中以上学校毕业并经考试合格的人员，训练时间一般为一年，必要时视实际需要进行调整。“此项训练，近年来各省市继起开办，即在警察训练所成立警员培训班，其名额依照各省市所需人数酌定之。受训期间半年，其薪津被服讲义及主副食等，概以公费供给。毕业后按其成绩以低级委任待遇，分期派用。”随着警管区制在南京警察厅与上海市警察局等地的陆续实施，各地区大量招考警员加紧训练。尚未实施警管区制的各大城市省会警局，也加紧训练警员，为实施警管区制做准备。根据建警计划的统计，为提高警员素质促进警管区

① 民国档案杂志社．建警计划草拟经过之简述．民国档案，2003（1）.

的推行，当时全国共须训练警员超过 10 万人。[①]

为确保警员制的有效实施，国民政府行政院于 1947 年 6 月正式公布《建警试行警员制方案》，其中将警员教育规定为："警员之训练，由各省市警察训练所，成立警员训练班训练之；训练地点及人数，依照各省市所需之人数拟定之；训练期间定为一年，必要时得缩短之；警员训练，由各省市警察训练所，一次训练完成之，其人数特多者，得由各所斟酌实情，分期训练之；训练科目，由'内政部'拟定之。"[②]《建警试行警员制方案》将警员训练机关统一为各省市警察训练所，各省可根据具体情形合理安排培训规模，对其训练时间与训练方式也作了明确规定。

由上述资料可知，无论抗战前还是抗战后，国民政府均对警察教育培训办法作出了具体翔实的规定，并将相应的规程予以制度化，以确保培养出大量符合警管区制需求的高素质警察人才。可见，警管区制推动了国民政府时期警察教育培训体制的改革，促进了警察教育培训事业的大发展。

第二节
警管区制促进了基层政权的巩固

警管区制在推行过程中，采取了诸多有利于巩固基层政权的措施，并且警管区警士积极参与到地方自治工作中，有力地促进了国民政府基层政权的巩固。

---

① 李士珍．警察行政之理论与实际．中华警察学术研究社，1948：82–83.

② "内政部"警察总署．建警法案备览．出版地不详，1947：65–66.

一、警管区制采取了巩固基层政权的措施

警管区制采取的勤务内容与勤务方式增强了警察在基层的遍及率与社会控制力，而且其实施的一系列利于密切警民关系与促进地方经济建设的措施，对于基层政权的巩固起到了重要的促进作用。

（一）警管区的设置增强了警察遍及率

“最初警察的创始，开端于省城区和县城区，事后，政府为便利一切政治的推行，觉得乡村间，亦有设立警察之必要。于是，大的乡镇才有警察的设立。”[①]而在警察建立后的很长一段时间，郊外与乡村依然未曾建立起警察机构。“一省如人身，政府如人之脑，警察行政，则其神经系也。如神经系灵活，则其脑府始有健全之感觉，而为身臂耳目手足之指使；如神经系有一部分不灵，则其脑府即有一部分失其感觉，而不能听其指使。”“现在的警政，是不是仅及于县的城市和商业繁盛的镇市上，若郊外与农村，虽茫茫大地，芸芸众生，从未设有警察。可说这样的一个人身，神经系有许多的部分失却了知觉，则其脑府之感觉，当然不能健全。”[②]由程法的论断可知，警察未曾遍布所有区域，而只是设立在城市与较大的乡镇集市，是一个国家警政不健全的体现，对于警察职能的发挥存在严重的负面影响。

“要使警察的设置，普遍地分布于全区域，使成整个的警察网，然后警察作用，才能普及于全民众。”[③]警管区制不分城市与乡村，在各地区划分警管区，作为警察执行勤务的基本单位，这样就可以使“警员遍布全境，不论城市与乡村，甚或深山旷野，鲜有人迹之处，均有警察之存在”。[④]“警管区为警察机关最下级之组织，有普遍性，有连锁性，任何地点均有警察力

① 韦瑞墀．中国警管区制的理论与实际．中华书局，1937：8−12.
② 程法．警管区制之研究．江苏警管学校，1936：5−6.
③ 程法．警管区制之研究．江苏警管学校，1936：5−6.
④ 李士珍．警察行政之理论与实际．中华学术研究社，1948：108−110.

量可及，能使警察行政健全，能使警察行政改善”。[①]可见，警管区制能深入所管辖区域的各个角落，大大增强了警察的遍及率，进而为搭建严密庞大的警察网奠定了基础。

（二）增强警察社会控制力的措施

警管区制通过搭建周密的警察网、调查户口、推行政令等手段有效地达到维护治安、预防与打击犯罪的目的，使警察的社会控制能力大幅度增强。正如苏寿祖所说，“现代警察工作，预防重于补救，积极重于消极，警察的职责，不独维护公共安宁秩序，尤应积极推行政令，实施警员警管区制，却属标本兼顾。在治本的方面，管区有定，负责有人，平素深入民间各阶层，透视社会黑暗面，将管区户口调查得了如指掌，对嫌疑户口监护备至，厉行移风易俗，教化人群，自可收防患于未然的效果；在治标方面，组合警管区的警员，不分昼夜，轮值巡守，构成最严密的警察网，万一有事态发生，也不难迅赴事机，立即消弭于既萌。”[②]

1. 建立警察网。警察网的构建方式已于上节内容有所记载，在此不再赘述。

纵横交错的警察网，能取得良好的警政效能，使破坏社会稳定的宵小之徒无从匿迹。“每一警管区警员，取得密切之联系，除用电话随时联络外，在电话不通之区，可辅之以警鸽，宛若网之经纬，纵横交错，虽各据一方，然严密衔接，形同一体，苟某地发生事故，全境警觉，宵小之徒，举网就擒，其效力之宏，无可比拟；故警管区制实行之日，即警察网构成之时也。”[③]

2. 调查户口。调查户口是警管区警士最基本的勤务内容，“盖警察不知户口之质量，则不能发展警察预防危害之作用”[④]，“警管区警士之职务，为预防社会之危害与安宁秩序之维持，其效能在控压违法势力之酝酿与兴起，

---

① 程法．警管区制之研究．江苏警管学校，1936：5-6.
② 苏寿祖．警员警管区制的理论与实际．上海警察，1946（2）.
③ 苏寿祖．警员警管区制的理论与实际．上海警察，1946（2）.
④ 韦瑞墀．中国警管区制的理论与实际．中华书局，1937：79.

而使人民安居乐业，高枕无忧，而达成‘道不拾遗，夜不闭户’之郅治。警察欲达成预防与治压之目的，对人则应讲求控制之方法，户口调查即为实施人之基本工作。”① 警士对本管区居民活动、人口变化、个人身份、来历、思想及生计状况等，平日详细检查，确切了解，就能较好地分辨好歹，预知事变，“平时了如指掌，遇事则按图索骥，易如探囊。”② “务期居民克尽应尽的义务，享应享的权利，而使宵小敛迹，无从混入。”③ 例如，“发现扒手之场合，即可检查本管区域有无扒手之职业犯而着手侦查；发现赌徒烟民之来往频繁，即可推断附近必有赌场烟馆之秘密开设；窃盗惯犯之深夜徘徊，即应防其窃盗之再犯”。④

除此之外，警士还对管区重点人口加以严格管控，掌握其动向，积极予以劝导，对于犯罪的发生起到良好的预防作用。“在户口调查之时，暗中对本管区之土豪劣绅、地痞流氓、前科者、不良少年、歌女乐户、讼棍奸商、重利盘剥等不良分子一一予登记，平时加以注意、监视，必要时施以御戒，或定期召集举行谈话，予以劝导，使其改过自新，去邪归正，则其收效必大焉。”⑤

3. 推行政令。警管区制实施以后，城市、乡镇、农村，处处设有警察组织，使警察深入民众之中，促进了政令的快速高效推行。它对于民众及时了解上层政策动向，国家福利真实惠及民众，上下保持一心，促进社会稳定能产生明显作用。“过去，地方上整个的行政机构在形态上，是上下应有尽有：省——县——区——乡镇——保——甲，但是上边的一道政令下来，一行到乡镇，便完全消失了作用，而陷于呆滞。”韩梅岑明显感觉到宜兴县公安局实施警管区制之后，行政机构产生了相当的敏活性能，“但在宜兴这次办理保甲在设有警管区的各乡镇，办理得比较快，比较切，其他禁烟、

---

① 章承祖. 警管区制. 上海警察，1946（3）.

② 章承祖. 警管区制. 上海警察，1946（3）.

③ 苏寿祖. 警员警管区制的理论与实际. 上海警察，1946（2）.

④ 苏寿祖. 警员警管区制的理论与实际. 上海警察，1946（2）.

⑤ 苏寿祖. 警员警管区制的理论与实际. 上海警察，1946（2）.

识字、征工等工作，亦大半是警管区警士协同工作的，在这几个乡镇中，表现出行政机构的相当的敏活”。[①]可见，警管区制的推行，“将政府一切的政令，普遍推行于社会，使本管区的居民，由知法而守法，由守法而行法。警管区的警员，要做到是政府颁行法令与人民遵守法令间的桥梁，使一切政令透过警管区的警员，而普遍深入顺利推行于民间”。[②]

（三）密切警民关系的措施

根据韦瑞墀对于警管区制的见解，警管区制警士的勤务内容包括：

1. 调解纠纷：联合保甲长组织调节委员会调解乡间各种纠纷。

2. 解答疑难：如设立问字处及人事讯问处等。

3. 代为书算：代替民众写信、写对联、写田契、写庚帖，以及代替民众拟订家庭预算，编造决算，或计算各种账目等。

4. 简易治疗：设简易小药库，为人民作简易之治疗及指导乡村卫生事项。

5. 预防失业：设立职业指导及介绍所，并须随时督促良民努力从事各个职业，同时，严格禁止流氓之引诱良民误入歧途。[③]

在“息事宁人，化大事为小事，化小事为无事”的原则下，经当事人双方和解同意，警士对管区内普通民众之间的一切民刑事及琐碎的纠纷都可以予以调解，而纠纷一经调解，则事态自然无从扩大，社会治安自然不会混乱。多种便民设施的建立，可以帮助民众解决困难，一方面，有利于密切警察与民众之间的关系，创造和谐的警民气氛；另一方面，种种事端多起源于困难与障碍，民众的各种难题迎刃而解，自然没有再制造事端的理由。

（四）促进经济建设的措施

根据张达在昆山试行警管区制时的勤务安排，可知“除螟”是其中一项重要工作。“本邑财富，以农产为大宗，而本邑农业，又以稻谷为主品。金

---

① 韩梅岑．宜兴县公安局试办警管区制之后．江苏警察，1936，1（4）．

② 苏寿祖．警员警管区制的理论与实际．上海警察，1946（2）．

③ 韦瑞墀．中国警管区制的理论与实际．中华书局，1937：41．

秋螟虫为灾，统计全县损失，不下数百万元，国课民生，公私交困。本局奉承县命，分令警管区警士，协助治螟督察员，会同本管区乡镇保甲长，全体动员，督促农民，毁灭稻根，白田灌水。在治螟期间，并令城乡茶肆，暂停营业，以免妨害农民工作。”[①]

1935 年度昆山县公安局《中心工作实施大纲》确定的 11 项工作内容中，有两项是专为促进经济建设的措施：一是辅导民众改良生产方法，“生产方法之良苦，关系生产数量之多寡，人民往往沿用旧法，不知改善，须辅导民众改善生产方法，俾得多加产量而增收益”；二是协助民众整理水陆交通，“交通之便利与否，关系于文化农产商业者至巨，故必须督促并协助民众从事筑路浚河等工程”。[②]

韦瑞墀将“关于辅导农村者”作为警管区警士的中心勤务，其中有三项是促进经济建设的工作：（1）辅导农事之改良，如优良品种之介绍，除螟工作之督促，副业之提倡；（2）辅导生产经济之合作，如组织生产合作社，利用合作社，购买合作社、信用合作社等；（3）预防灾害，如组织水利会，以及消防队等。[③]

警察实施的这些辅助发展生产、促进经济发展的措施，是警察指导人民生活与促进一般福利行政目的的体现，以此带来民众经济富足、生活安居乐业，自然各种犯罪邪念就消失殆尽。

二、警管区制推动了地方自治的发展

推行地方自治，是国民政府巩固基层政权，管理与改良基层社会最重要的措施之一。警管区制的实施，大大推进了地方自治的步伐，有效地巩固了国民政府的政治统治。

---

① 张达．昆山县公安局五月来试行警管区制述略．江苏警察，1936，1（4）.

② 吴则中．昆山县试办警管区制视察报告书．江苏警察，1936，1（4）.

③ 韦瑞墀．中国警管区制的理论与实际．中华书局，1937：40.

（一）警察对于地方自治的重要性

抗战结束后，国民政府地方自治工作推行并不顺利，所起效果也未能彰显，王国藩总结出了原因："我国立国最久，人口最多，土地最广，物产最富，何以今日国家经济破产，社会崩溃到现在为止，仍是一天天严重，地方自治工作无法推展，固然，国人多拘泥于古法，未能利用科学新法，以发展农工业，但最大的原因，不能不归咎于日寇侵略，土匪如毛，盗贼云起，社会秩序日行紊乱，农不能耕于野，商不能安于市，士不能安于学，工不能安其乐，朝朝防盗，天天防匪，人民之生命财产失所保障，生活秩序，失其维系，各地政府机关亦因土匪横行，朝夕提防，犹虞力有未逮，故历年倡导所推行之地方自治工作，无由实施，等于一纸空文，有名无实，徒具形式而已。"国家经济衰败，地方自治推行不畅的一个重要原因就在于社会秩序紊乱，盗匪丛生。他认为，解决此问题需要发挥警察的作用，"警察之目的，是在警奸察宄，铲除盗匪，消弭内乱，推行政令，维持社会安宁秩序，保护人民生命财产，使广大民众之生命财产得有确切保障，国民之生计，不致停顿，人民生活安定，社会文明日进，进而轰轰烈烈的推行地方自治，使之顺利完成，这是预想得到的，也是显而易见的道理"。①

王国藩还专门作了一篇文章，谈乡村警察对于地方自治的重要性，并提出在农村建立乡村警察是地方自治顺利完成的重要保障。"我国自古以农立国，资源全在乡村，而居在乡间的农民，约占全国80%以上，所以说乡村是中国的生命线。农民是中国最基层最广大的生产者，今后建国工作的基础在乡村，自治工作成功的把握在民众。欲使乡村民众的力量，增加自治工作，能如期的完成，必先树立乡村警察制度。所以建国必先建警，与过去抗战必先建军是同样重要，不可稍加偏废。过去因建军得力有方，所以抗战才能得到胜利花果。现在抗战是胜利了，但是还要埋头苦干建设崭新的新中国，抗战是靠建军而获得胜利，建国亦必靠建警成功而后可以保证建设胜利完成。盖建国程序，首在建设乡村，否则若空说建国。而建乡，或空言建乡，而不办理警卫，建设警察，以巩固治安，那等于纸上谈兵，则乡村怎样会复兴，

① 王国藩．地方自治与乡村警察．政治前线，1946（4，5）．

国家又怎样能建得好呢？”[1]而在乡间建立警察机构，普及警察制度，让警察在地方自治中发挥应有的作用，最好的方法莫过于在乡村推行警管区制。

蒋介石在“中央警官学校”对学生的训话中也多次提到警察对于地方自治的重要性，并对警察推行自治期望甚大。1939年8月1日，“中央警官学校”第4期学生毕业，蒋介石给学生发表训词时说：“政治纲要，管、教、养、卫四项之中，无一项能离开警察！进一步言之，若警察行政能发挥最大之效用，即整个政治机构，于行政效率，亦必由之迅速推动，而获得最大之成功。抑更具体言之，今后建国工作之中心任务，即在彻底实行地方自治，而今日地方自治之基层组织，厥为保甲制度，保甲制度之主要精神，在于一切组织管理与运用，均采用军事部勒，而所以掌握控制推动并充实之者，全在于警察行政相辅而行。吾人必须做到凡有民众之处，即有保甲之组织，凡保甲组织所到之处，亦即警察力量所达之处。”[2]1940年9月19日，他又说：“警察关系国家异常重要，我们要改造社会建设国家，先要建立健全的现代警察，须知警察在建国的过程中，尤其是在这推行地方自治着手实施宪政的今日，其责任倍见繁重。警察促进地方自治完成，当是一个最重要的部门。”[3]

（二）警管区警察直接或协助推行地方自治工作

地方自治制定了多项工作内容，包括清户口、立机关、定地价、修道路、垦荒地、设学校等，这些工作均需要警管区警察参与才能有效推行与落实。

蒋介石说，“实行地方自治，努力于兴利事业，调查户口，清丈土地，建筑道路，普及国民教育，兴办合作事业，除整顿警卫，调查户口是警察本身职责外，其他各项，亦莫不需要协助，即如开辟交通就需要警察维持秩序，晓谕民众，使之遵照政府指令，其他如普及国民教育、社会教育、补习教育，这些行政各部门的事务，固然需要主管人员的努力，但警察的工作，很可能

① 王国藩．地方自治与乡村警察．政治前线，1946（4，5）．

② 刘骞纲．地方自治之研究．青年书店，1941：192–193.

③ 王国藩．地方自治与乡村警察．政治前线，1946（4，5）．

影响各部门的推进，警察办得好，行政效率大，警察办得不好，行政效率小，所以我们要从整顿警政做起，来加强整个行政机构，充分发挥行政效率。”“完成自治开始宪政的先决条件，如办理警卫、清查户口、组训民众工作，都要警察去推行。”“警察之于民众，必须做到在管与卫两方面作之君，养的方面作之亲，教的方面作之师的地步，而后任务方可达成，抗战必胜与建国必成之效果，乃能获得保证。”[①]由蒋介石的讲话可知，国民政府对于警察推行地方自治的任务已有明确规定，整顿警卫，调查户口等工作既是警察自身固有的工作职责，又是其直接从事地方自治的重要任务。清丈土地、建筑道路、普及国民教育、兴办合作事业、组训民众等工作也需要警察的协助才能有力地推行。可见警察在地方自治中的职责所重。警管区制建立后，管区警察即承担起上述任务。

（三）警管区警察配合保甲推行新县制

自1939年9月起，国民政府陆续公布《县各级组织纲要》《警察保甲及与民兵联系办法》《各县保甲整编办法》《乡（镇）组织暂行条例》等法令，正式实施新县制，并规定以“三年为期”，各县“一律完成”。其主要内容就是将保甲融入地方自治，健全基层组织，以强有力的保甲组织来推动地方自治，巩固基层政权，实现国民党政治统治在基层和农村的强化。

《县各级组织纲要》归结起来主要有14项地方自治工作：（1）编查户口；（2）规定地价；（3）开垦荒地；（4）实行地方造产；（5）整理财政；（6）健全各级行政及自治机构；（7）训练民众；（8）开辟省县乡交通及电话网；（9）设立学校；（10）推行合作；（11）办理警卫；（12）推进卫生；（13）实行救恤；（14）厉行新生活，禁绝烟赌，改良风俗，养成良好习惯。[②]可见，新县制下保甲的内容由原来单纯的自卫扩充到“管、教、养、卫”，即“管以去私，意在理民；教以去愚，意在民强；养以去贫，

---

① 王国藩．地方自治与乡村警察．政治前线，1946（4，5）．

② 胡昭华．新县制概论．商务印书馆，1942：127．

意在富民；卫以去弱，意在民强。”[①]通过“管教养卫”这四种手段，以加强政治统治。[②]

“警察是人民师保，维持秩序，推行政令，其目的与保甲制度不谋而合。保甲的目的，是人民自己来维持地方安宁，警察之作用，是由政府为人民而保护社会治安，保甲工作如调查户口，改换门牌、缉捕盗匪等，亦与警察有密切关系，故警察办理好坏，对于保甲影响甚大。”[③]警察与保甲的关系相当密切，有诸多合作基础，随着警管区制在各地区的推行，保甲与警察相结合，建立起了党政军教一体，管教养卫合一的地方基层政治体制，有效地维护了国民党统治。正如章承祖所说：“警察与地方自治基础组织之保甲，虽性质不同，职权各别，而在职务上相同之事项，实不胜枚举；如户口调查，人事登记，组织民众，改良风俗，防火救灾，揭奸防宄，清盗御寇等相互关联之工作，必须警保两者分工合作，相助相辅，始可免除割裂牵制之弊，收指擘相助之效。警管区制，在组织上既能与自治组织相配合，而工作又与保甲相关联，能深入民间与人民打成一片，如此，警保自然联系，则地方自治自可迅速完成。”[④]

第三节

警管区制促进了社会文明的发展

1934年2月，蒋介石在江西南昌发动“新生活运动”，其主要内容是：

---

① 程方．新县制的几个特点和几个问题．新政治，1940，4（1）．

② 杨光彦．重庆国民政府．重庆出版社，1995：242.

③ 王国藩．地方自治与乡村警察．政治前线，1946（4，5）．

④ 章承祖．警管区制．上海警察，1946（2）．

（1）以“礼义廉耻”为基本准则；（2）改造国民的衣食住行日常生活；（3）以整齐、清洁、简单、朴素、迅速、确实为具体实施标准，以生活的“艺术化、生产化、军事化”为终极要求。新文化运动发起后，大规模向全国推广。7月，新生活运动促进总会在南昌成立。1936年，“新运总会”由南昌迁至南京，增设妇女指导委员会；在全国各省、市、县设立分会或支会。发行《新运导报》，开展清洁规矩运动和卫生扫除运动，改革习俗，进行乡村服务等。[①] 新生活运动虽然带有很强的政治目的，但它却是从小事做起，从改良社会做起，有利于社会优良风俗的培育，进而促进了社会文明的形成与发展。警管区制对于社会文明形成的作用，正体现于它对新生活运动的推进。

一、警察是推行新生活运动的主力

章楚于1937年在《新运导报》第10期发表文章《新生活运动与警察》，他认为警察是推行新生活运动的主要力量。他说，“警察是推行新运的主要力量，因为他们是亲民之吏，散布各地。而且他们的职务，在消极方面是减除社会的病害，积极方面是增进人民的福利。社会上一切罪恶——如奸、盗、骗、诈等的取缔，都是警察的责任；但是减除社会的病害，是治标之法，职能图治于一时，并非一劳永逸之策。所以严刑不若教化，补救不如预防。警察对于作奸犯科的人，固应当极力取缔；但若病根不除，恶源未去，终不能肃清社会的败类。近代治犯罪学者，最注意的是事前的防范，于心理的建设：俾人人能具奋发的精神，养成良好的习惯。所以警察的消极作用，固属重要；但是他们扶养社会良好风气，以谋增进人民福利的积极工作，其重要性更属不言而喻了。”由此论述可知，相比于被动打击犯罪的消极职能，警察具有的增进人民福利、培养社会良好习惯的行政职能更为重要。而新生活运动正是警察履行主动职能的体现，他说：“新生活运动的推行，就是要把我们民族固有的道德——礼义廉耻，表现在日常生活——衣食住行之中；以外形的

① 冯林．近代史热点问题研究与争鸣（上）．改革出版社，1998：241-242.

训练，促进他们内心的建设，使人民尽能做到守纪律，负责任，明礼仪，知廉耻的地步，社会都呈着崇公德、严秩序、尚整齐、重清洁的风尚，养成合理化的生活，俾得发愤图强，复兴民族。凡此种种，都是警察所应当遵守，提倡推行和谐指导的目标；试观新生活运动所定的规律，与警察法令中关于交通安宁、秩序、卫生、风俗等的条文，都相吻合，由此可以说明推行新运不但可以改良风气，为减除社会病害的积极和预防工作，并且有法令的根据，是警察本身所应做的工作，他们的唯一职责。”① 鉴于警察行政与新生活运动在诸多方面的一致性，将警察作为推行新生活运动的主力无疑是一个正确的选择。

蒋介石也认为警察在新生活运动中发挥着无可替代的作用。他说，“我们推行新生活运动，警察当然是最要紧的一种人”，“警察要做民众的导师，社会的模范，而新生活运动中最大部分的事情，都要靠警察能够尽职，才可以切实推行”。他在给国民党江西省主席熊式辉的电文中称：“警察之于民众，关系最为密切”，他们是“民众之指导教师与训育之保姆，对于管辖区域之住户行人，除应尽力维护其治安与秩序外，即卫生清洁及行动态度等一切等项，尤应切实注意，负责纠正，方足以尽警察之责”。《新生活须知讲义》也提及：“警察与民众，关系最为密切；究其职责上言之，警察本负有维持公共安宁秩序与增进人民福利之责，所谓增进人民福利之事，虽不止一端，而究与吾人所提倡新生活运动之事项有关者甚多，如注重公共卫生，以及戒烟戒赌等，即其最要者也。至于维持秩序一层，则可谓完全包括于新生活运动之内，故警察对于推行新生活，可谓职务内应分之事，已不待言。且警察人员，随时随地与社会人民接近，对于新生活，尤易尽其推行之责。”② 之所以如此看重警察在推行新生活运动中的作用，就是因为警察不但执行维持治安的职能，户籍、清洁卫生、交通、游民、侦缉、保安、消防等事项均其职能范围内。同时，警察是政府与基层民众之间连接的重要环节，尤其警管区制实施之后，警察与民众之间的联系更加紧密，能够有效地保证新生活

---

① 章楚．新生活运动与警察．新运导报，1937（10）．

② 温波．南昌市新生活运动研究（1934—1935）．学苑出版社，2006：150-151.

运动在民众当中的推行，正是因为这些特点，警察理所当然地成为推行新生活运动的主要力量。

二、警察推行新生活运动

（一）对警察进行训练

鉴于警察在推行新生活运动中的重要作用，新运总会十分重视对警察的训练，以使警察有足够的素养来实际开展推行工作。在其颁发的《警察训练办法大纲》中，将训练原则确定为“养成服务的精神，养成服务的技能”。

江西南昌的训练方法为：在精神训练方面，由新运总会会同市公安局拟订精神训练题目，约请本市各机关长官及社会上有学识有经验之名人，分别轮流至公安局讲演。而技能训练，主要是训练推行新生活的技能，规定：每区由总会派干事一人，各公安分局各派原任训练警察之局员一人至二人为训练员，担任训练事宜。其办法为：（1）视察——每区训练员，须将各该训练区范围内应行整理之事项，详为视察，报告总会及公安局，以便拟订整理办法。（2）整理示范处所——每应整理之事项中，须选出一至两项，由训练员按照整理办法，切实整理，作为示范处所。（3）训练——每一事项之示范处所完成后，训练员须将各该区警察分为若干班（每班人数至多不得过40人），轮流先带往未经整理之处所视察，并将应行整理之点，详为讲解，使其能明了未整理前之原有状况，然后再导往示范处所，予以观察，再将整理办法、整理经过仔细讲述，并做一榜样，使其能明了整理之方法，整理之步骤及整理之标准。（4）实习——每事项整理办法，经训练后，再由训练员将各该区警察，分班带往未经整理之处所实地练习，并随时指导纠正，使其能处理得宜。从新运总会实行的训练来看，要求警察推行的主要是“规矩”与“清洁”两方面。①

蒋介石还于1935年3月2日电令各省认真训练警察推行新运，电令原文为：

---

① 温波．南昌市新生活运动研究（1934—1935）．学苑出版社，2006：151–156.

查警察之于民众，关系最为密切，必须严加教育，认真训练，使警察本身之品学，现有充分之修养，无愧为民众指导之教师，于教育之保姆，对于管辖区域内之住户行人，除应尽力维护其治安与秩序外，即卫生清洁及行动态度一切等项，尤应切实注意负责纠正，方足恪尽警察之职责。兹特不厌求详，将应行注意之事项，分别指示于下：

（1）嗣后各省市之警官学校及警察教练所等，应以《新生活运动纲要》与《新生活须知》为唯一教育方针。务使警察本身对于新运项目，均能身体力行，然后再以警察之力，教导社会，劝诫民众。则模范既作，观感有资，自能奏以一化千之效。

（2）教导劝诫之方，不可专恃文告，尤须注意实际工作。例如，公安局或分驻所，对所辖住户，应于每月初轮流举行清洁检查一次；其在上之局长，亦应于每月分区轮流抽查，以验所属办事是否认真，所报是否实在。每季季末，尤应有一总评。以定各警员之功过赏罚。

（3）每星期日早间或晚间，各区所巡长应集合其辖境内各住户之家长训话，并告以下境内所发生与所应改革各事，确切加以教导。并规定应做工作及负责之人，限期做到，至次周召集时，应即报告上周经过，并将遵办及违抗各住户，分别评定赏罚，使知劝惩。而组织民众，于征工办法，即可寓于此中行之。

（4）凡各公安区所员警及住户之赏罚情形，与办理成绩，每一季终，应报告于县署或总局。每年年终，则县署或总局应呈报于主管之省或市政府。而省市政府应即一面统计其成绩，一面派员巡查、考察，评定各级负责官长员警之功过赏罚。

（5）凡公安局区所每月举行清洁检查时，首应注意其厕所安置之地点，与构造之形式。各住户门前之沟渠，亦必令疏通下水，勿使堵积污臭，务以不致妨害公共卫生为原则。

（6）对各住户之茅屋破房，应责令各房主设法修理整齐，并应指导其如何修理之方法，总以干燥而能蔽风雨为最佳。限定此则，各该市县警察及乡村保甲长应切实注意办理，并于每年施行大检查一次。著为定律，不得违抗。

（7）凡茅屋之式样，应因地制宜。其卧室、厨房、厕所等，虽不能为严格之规定，但亦需有大略一定之位置。并应提倡村坊厕所，以重卫生。

以上各项，其推行之详章细则，应由各省市县各级官长，警政人员，因地制宜，妥为设计，切实施行。此乃改良社会，转移风气，组织民众，初步入手之要道，慎勿以琐屑，漫不注意。并希转递所属，一体切实遵照为要。①

对于警察在新生活运动中的任务，蒋介石作出如此详细的指示，足见当时国民政府对警察推行新生活运动的重视与期望程度。

（二）警察推行新生活运动的情况

警察除自身实施新生活之外，更重要的任务是将新生活运动向基层民众深入推进。根据温波的记载，可对当时南昌警察推行新生活运动的情况了解一二。

南昌市公安公安局拟定《警察推行新生活实施办法》，该办法规定：

（1）各茶楼、酒馆、旅栈，由各该管分局巡逻官警，随时注意查察，如发现有不清洁、不规矩之处，及旅客行动不符合新生活者，给予指导纠正。

（2）各轮船码头及车站于车船到达及开驶时，指派官警，实地指导，务使往来旅客严守秩序。

（3）各戏院及其他娱乐场所，指派官警前往视察，对于观众之不守规矩，不爱清洁者，当即立予纠正。

（4）各马路及交通繁盛地段，指派外勤人员，率领队警，专事指导行人车辆靠左边走，取缔行人之赤膊、拖鞋、吸烟、吐痰及其他不遵守规矩事项。

（5）组织新生活运动化装宣传队，随时分组前往公共场所及交通繁盛地点，表演或游行。

（6）将新生活须知规定事项，择要用文字图画印制小通告，挨户散发，或开展览会映放活动电影，或幻灯影片。

（7）组织新生活清洁检查队，挨户检查，每季举行一次。

（8）各分局长巡官，每日须有六小时以上之外勤工作，办理各马路街

---

① 章楚．新生活运动与警察．新运导报，1937（10）．

巷交通卫生，并按照新生活须知，规定各种事项，切实推行，设立循环日记二本，将逐日工作填载，按周送局，查核汇报。

从上述办法可以看出，警察推行新生活的主要任务还是“规矩”与“清洁”方面，但是涉及范围较广，除公共场所外，还包括一般居民家庭。

由上述办法可知，注意公共场所及居民卫生清洁是警察推行新生活最重要的任务之一。1934 年 3 月，新生活运动促进会决定自 3 月 18 日起，举行全市大扫除 3 天，公安局全体警士分赴各街巷洗刷墙壁，将所有不按规定张贴之标语广告，概行撕除干净，以整市容。同时命令各分局，派警挨户劝谕，事先预为打扫，养成清洁习惯，如有劝谕之后还有肮脏不清洁的，即予拘局究办。且派警察守在厕所门口，取缔不遵守时间倒粪桶者。公安局长黄光斗还以整顿市容为推行新生活运动的首要，而各街巷墙壁，仍有残余一角或半截之广告布告，传单标语，尚未撕洗干净，因此严令各分局长巡官，督率长警，迅即撕洗干净，如再有此项残余纸张，污秽墙壁，即当严惩不贷。随后，警察又举行挨户清洁运动，派警察检查各住户卫生。为督促市民，切实注意清洁，实行新生活起见，市公安局特地挑选游民，组织清洁队，分派各区工作。

对人力车夫进行训练是警察推行新生活运动的又一重要任务。1934 年 3 月新生活运动刚开始即对人力车夫进行训练。警察还协助新运总会推行其他的新运事项，如朝会运动、防火运动、朝早运动。其他如公民训练、灭蝇运动、灭鼠运动等。[①]

随着新生活运动在全国范围内的推广，广东也开始正式推行，而公安局是当时推行新运的主体组织。1936 年 9 月 22 日，时任广东省会公安局长李洁之向全体民众发表了一次广播演讲，宣传新生活运动。原文为：

亲爱的市民们：

今天是新生活运动宣传周的最后一天；新生活运动的真义，自经本周各位长官演讲后，相信大家早已明白。但是新生活运动是注重实行、不盈空谈的。怎样指导市民推行新生活运动，这个责任应该由警察来负担。兄

① 温波．南昌市新生活运动研究（1934—1935）．学苑出版社，2006：156-163.

弟是服务警察方面的人，所以今晚特将新生活运动与警察的关系，拿来同大家说说。

蒋委员长昭示我们：新生活运动是一种救国建国复兴民族的革命运动，它要我们国民从日常的基本生活，即是衣食住行四事做起，排除以前“污秽”、“浪漫”、“懒惰”、“颓废”、不守时间秩序，及没有规律的不合理的旧生活，来过“整齐”、“清洁”、“简朴”、“勤劳”、“迅速”、“确实”适应时代要求的新生活。换句话说，也就是合乎“礼义廉耻”固有道德的新生活。它的意义，非常重要，它的作用也非常伟大，所以我们非认真推行不可。本来日常生活是非常琐碎繁杂的，无论饮食起居，一举一动，都要民众能彻底明白，仔细留心，务使其适合“礼义廉耻”的准则。然而过去长久的积习，一时也许不容易完全改正过来，所以警察必须时时加以指导纠正，然后新生活运动才能够收到普遍推行的效果。说到这里，我们就得希望各位亲爱的市民，能够充分了解警察所负的责任，时时虚心来接受警察的劝导及指示，切不要以为这是干涉各人自由的无谓举动。不过另一方面我们对于警察也自然需要严加教育，认真训练，使能够负起指导民众的责任。

兄弟就任省会公安局长以来，时时都在告诫各员警，应该举动有礼，态度温和。执行职务时，尤妥真挚诚恳，如果人民有什么违犯警律的地方，须先劝告，并详细解释，不得已的时候才能加以责罚。虽说人民对于法律本有绝对遵守的义务，如果有所违犯，原可以依法责罚，但我们有时却只加以劝告，这就是要人民自身能够明白悔悟。例如，路上高声放歌，驰骤车马，口角纷争，酗酒滋事，行动不检，当街小便，毁坏公物，乱倾秽物，以及一切违警行为，如果违者只出于一时的无知，我们都应酌予劝告，因为我们警察，是重教而不重罚的。我们也可以这样说，警察不仅要亲近民众、指导民众，同时也要保护民众，使民众能够享受安宁和幸福。

总之市民与警察两方面都需要互相尊重合作，才能够建立全体国民的新生活。其次，在这新生活运动第一期工作推行当中，还有几件事情需要对大家说一说，第一清洁事项：一是公私墙壁的修理粉刷清洗；二是沟渠街道的清理；三是本市公共厕所的清洁；四是举行全市大扫除。第二规矩事项：一是禁止深夜喧哗；二是规定小贩摊位及车辆停放地点：三是取缔横额街招；

四是指导行人走路要靠左边走，此外还有破除迷信，禁绝赌博等工作。

这些一方面固在建立整洁有秩序的市容，另一方面也在使大家生活合于“清洁”、“整齐”等规律。此项工作，我们已经饬令全体员警分区负责执行，同时兄弟亦以十二分诚恳的态度希望全体市民认清这完全是市民自身的福利，切实奉行，时时虚心接受警察的劝导及指示。最后让我郑重说几句，我们警察只知道决心去推行新生活运动，无论在任何时间空间，无论遇着任何阶级的民众，都一视同仁，照着自己的职责，竭智尽忠，为民众效力。①

随着警管区制在江苏的试办，及战时与战后在全国其他地区的推行，其对新生活运动的作用更加明显地展现出来。

三、警管区制加大了新生活运动的推行力度

警管区制的实施加大了新生活运动的推行力度，主要体现在三个方面：一是警管区制将警力深入管区的各个角落，即将新生活运动带到每一片有人口的地域，让更多的民众参与到新生活运动中来；二是警管区制对于警士素质的高要求，能让新生活运动的推行更讲求方法与效率，让每个民众能从中获益；三是警管区制将新生活运动的方方面面纳入警士的勤务范畴，进而将新生活运动与警察职能融为一体。

昆山县公安局试办警管区制时，确定的警士勤务内容中就有推行新生活运动的事项：

“（1）正俗：昆山县因接近苏沪，交通便利，以致渐形浮靡，赌博迷信，又极盛行。该局对于纠正风俗责无旁贷；故对于善良风俗竭力倡导扶植，发扬先贤之精神；对于恶劣积习，尽力设法涤除。在乡镇中茶馆之聚赌抽头，现已绝迹，淫戏滥曲，已严加取缔。又查禁各书店不良图书，没收者几百部，今后更拟取缔卜筮、星相暨符咒治病，盖因人民迷信已深，尚须经过相当劝导时期，促其醒悟，方可断然取缔也。（2）卫生：该县人民向不注意卫生，

① 广东省兴宁县政协文史委员会．李洁之文存（下）.1990：57–58.

故该局特印发为推行公共卫生告民众书，详述公共卫生与个人卫生之要义，列举简而易行者，以资唤起注意。并拟定 1935 年度厉行公共卫生实施纲要。又该县第一区原有临时卫生委员会之组织，夏令为人民注射防疫针颇多，该局为委员之一，提议：特约模范商店；组织卫生劝导团；清理河渠三案。均获通过实施。关于第一案，已订定规则，开始征求。关于第二案，由该局编印各商店应注意卫生之点，于每星期日由各机关派员分组劝导，历三星期，又举行各商店卫生总检查，其列入上等者，由会发给奖状，下等者由该局依法取缔。关于第三案，因浚河之经费颇巨，故暂缓施行浚河之根本办法，而作救急办法，由该局拟定清洁道路规则，切实保护河渠；因城乡喝水污秽，由该局雇船四只，吸运城外清洁河水，供给城乡居民饮料，现临时卫生委员会已改为常会，以便永远推行卫生事业。至于各分局所对于卫生事项，均能积极推行。厉行公共卫生为该局 1935 年度中心工作之一，其目的在谋增进公众卫生，务使人民日趋健康。”①

蒋介石于 1941 年 9 月 28 日对“中央警官学校”正科第 7 期毕业典礼的讲话中提道，“我们以后要尽到警察的职责，应以高尚之人格品德作基础，而以移风易俗为己任。警察与社会关系至为密切，故大家应善用其身份与地位，达成移风易俗之任务。”章承祖即将移风易俗与推行新运作为警管区警员的基本勤务：“（1）移风易俗：警员要以高尚之道德为基础，公正廉洁，坚韧不懈，以身作则积极以感化民众，循循善诱，禁止下列工作：禁止赌博、禁止烟毒、禁止娼妓、禁止缠足、禁止巫卜星相风水迷信、禁止淫戏淫书淫画淫词、禁止好讼、禁止敲诈、捕杀野犬、提倡节俭勤务、禁止高利贷、取缔非时狩猎。（2）推行新运：建立现代社会，必须建立人民之现代生活，务使人民之食衣住行，合于礼义廉耻，纳入简单、朴素、整齐、清洁、迅速、确实之新生活标准；警管区警士自身应竭力奉行，尽力推行之。”②

这场由蒋介石亲自发起并领导的新生活运动，以“整齐、清洁、简单、朴素、迅速、确实”为具体标准，以使“国民生活军事化、生产化、艺术化”，

① 韦瑞墀．中国警管区制的理论与实际．中华书局，1937：78–79.

② 章承祖．警管区制．上海警察，1946（3）.

“改造社会、复兴国家”。它历时15年，是国民政府统治时期最重要的政治事件。尽管国内对这一运动的评价众说纷纭，但它对于新式生活养成与社会文明形成产生的正面影响不容否认，其推行的一些优良社会风俗与生活习惯甚至一直保留到现在，之所以它能产生如此深远的影响，警管区制的推动作用不可忽视。

警管区制作为中国近代警察勤务制度的一项重要改革成果，在中国大陆延续长达十余年。其施政理念与勤务模式在国民政府时期警政建设中居于重要地位，其创设与推行是当时中国警政建设的重要事件。该制度对于中国近代警政的改革与发展、基层政权的稳固乃至近代社会文明程度的提升均产生了深刻的影响。

然而，任何一种被视为行之有效的制度安排，均不能独立发挥作用，警管区制也不例外。它的实施需要良好的社会环境和其他相关制度与之相配套，但当时中国社会并不完全具备这样的环境，国民政府也没有完全形成适应这种制度的警政体制与施政理念。因此，警管区制没有完全取得当局预期的效果。尤其是当时国际国内形势正处于重大发展变化的历史阶段，国共之间矛盾加剧升温，警管区制已不单纯是一种警察勤务制度，而被国民政府渗入较多的“特务”元素，进而沦为侦缉、镇压我革命同志及进步人士的工具。

随着国民党政权在中国大陆的覆灭，警管区制在中国大陆香消玉殒，但它作为一种优良的勤务制度，至今仍被台湾警界广泛采用并继续发挥其应有的作用。更为重要的是，作为中国近代警政改革的重要成果、警察勤务制度演变过程中的重要环节，警管区制的施政理念、工作内容、工作方式、勤务支配、责任制等内容逐渐被当代的警务改革吸收、借鉴和参考，从而为中国当代警察勤务制度的建设和发展提供了重要的理论与实践参照。

参考文献

一、档案

1. 江苏昆山县公安局1936年度实施概况.中国第二历史档案馆藏.全宗号：十二（6），案卷号：12824.
2. 重庆防空司令部.重庆市警察局警管区略图.重庆市档案馆藏.档号：0044·1·34，1938.10.
3. 重庆市警察局.铜元局海棠溪两派出所增设七人警管区情形.重庆市档案馆藏.档号：0061·3·312，1939.9.
4. 重庆市政府.重庆市警察局呈报为重新划分警管区域为十二区.重庆市档案馆藏.档号：0053·32·18·8，1942.2.
5. 重庆市政府.重庆市警察局第六分局曾家岩分驻所第三警管区简图.重庆市档案馆藏.档号：0053·32·18·8，1944.
6. 重庆市警察局.重庆市警察局各分局员官服务规则、警管段警士服务须知.重庆市档案馆藏.档号：0061·15·30·51，1947.
7. 重庆市警察局.重庆市警察局警管段警士每日工作时间分配表.重庆市档案馆藏.档号：0061·15·30·51，1947.10.
8. 重庆市警察局.重庆市警察局第三分局东华观分驻所警管段勤务分配表.重庆市档案馆.档号：0061·2·70.
9. 重庆市警察局.重庆市警察局实行警管区制.重庆市档案馆藏.档号：0053·3·103.
10. 配合整军计划实施建警计划试行警员制方案."台湾国史馆"藏."内政部"档案.档号：201.11 / 1.
11. 配合整军计划实施建警计划试行警员制方案."台湾国史馆"藏."内政部"档案.档号：201.11 / 55.

二、报刊

半周刊、村治月刊、晨报、重庆民主报、大公报、大美晚报、独立评论、东南日报、读者的话、二十世纪、复兴月刊、广州民国日报、湖报、湖北警务杂志、湖南国民日报、华商报、海宁导报、江苏警察、京报、警务旬报、警声月刊、警政导报、联合日报晚刊、民国日报、民主周刊、密勒士评论报、青岛民报、时事月报、时事新报、时事内编特刊、社会科学研究、申报、上海警察、四川警务官报、图书评论、文化建设、文萃、文汇报、新华日报、消息、湘报、新新新闻、新闻报、新中华杂志、浙江民政月刊、浙江政治、浙江建设·战时特刊、浙江社政月刊、浙江省战时民政、浙江潮、政治学报年刊、字林西报、周报、“中央”日报、中国日报、中国建设、“中央”时事周报、“中央警官学校”季刊、“中央警官学校”十一周年纪念特刊

三、史料

1. 京师警察法令汇纂（第一种 总务类）. 出版地不详，1915.
2. 京师警察法令汇纂（第二种 行政类）. 出版地不详，1915.
3. 京师警察法令汇纂（第三种 司法类）. 出版地不详，1915.
4. 京师警察法令汇纂（第四种 卫生类）. 出版地不详，1915.
5. 京师警察法令汇纂（第五种 消防类）. 出版地不详，1915.
6. 河南民政厅 . 警察勤务须知，1928.
7. “内政部”. 整顿警政计划书 . 出版地不详，1929.
8. “行政院”秘书处 . 中华民国二十五年行政总报告 . 出版地不详，1936.
9. 昆山县县政报告 . 出版地不详，1936.
10. 新县制 . 国民图书出版社，1940.
11. 北京特别市公署警察局 . 保甲条例 . 出版地不详，1942.
12. “内政部”警察总署 . 建警法案备览 . 出版地不详，1947.
13. 保甲公约 . 出版地不详，出版年不详 .
14. 警察法教程 . 出版地不详，出版年不详 .
15. 警察法令纲要 . 出版地不详，出版年不详 .
16. 警察常识 . 出版地不详，出版年不详 .

四、方鉴

1. 中国新定警章汇纂 . 开明书社，光绪三十二年（1906）.
2. 山西省长公署统计处 . 山西省第二次政治统计——警察之部（1919 年至 1920 年）.
3. 山西警察报告书（1921 年）.
4. 天津特别市公安局二周年纪念特刊（1928 年 7 月至 1930 年 7 月）.
5. 山西省民政厅 . 警士须知，1930.
6. 上海特别市公安局业务纪要（1927 年 8 月至 1928 年 7 月）.
7. 上海特别市公安局业务报告（1928 年 7 月至 1929 年 6 月）.
8. 上海特别市公安局业务报告（1929 年 7 月至 1930 年 6 月）.
9. 上海市公安局第一科编纂股 . 上海市公安局业务报告（1930 年 7 月至 1931 年 6 月）.
10. 上海市公安局第一科编纂股 . 上海市公安局业务报告（1931 年 7 月至 1932 年 6 月）.
11. 青岛市公安局业务报告（1930 年 7 月至 1931 年 6 月）.
12. 广东省会公安局统计股 . 广东省会治安纪实（1931）.
13. “内政部”. 民国二十一年度全国警政统计报告（1932）.
14. 首都警察厅二十一年度教育计划表（1932 年 7 月至 1933 年 6 月）.
15. “内政部”. 民国二十二年份全国警政统计报告（1933）.
16. 首都警察厅总务科 . 首都警察厅职员录（1934）.
17. 刑法之上保安处分 . 出版地不详，1935.
18. 北平市政府公安局职员录（1935）.
19. 上海法学院十周年纪念刊，1936.
20. 四川保安队干部训练班班务概况记录 . 出版地不详，1936.
21. 北平市政府公安局 . 北平市政府公安局户口统计（1936 年）.1936.
22. “内政部”统计处 . 警政统计 .1938.
23. “治安部”警务司 . 警官统计年报 . 满洲图书株式会社印行，康德七年（1941）.

24. 台湾省行政长官公署警务处 . 台湾一年来之警务 . 台湾省行政长官公署宣传委员会发行，1946.
25. “中央警官学校”第二分校年刊 .1946.
26. “国民政府行政院”新闻局 . 警政，1947.
27. 上海市警察局秘书处 . 乡村警察的理论与实验，1948.
28. 警察初级干部讲义 . 出版地不详，出版年不详 .
29. “中央警官学校”第二分校编译科 .“中央警官学校”第二分校概况 . 出版地不详，出版年不详 .
30. 中国国家京张铁路行车养路机车巡警电报规则 . 出版地不详，出版年不详 .
31. 联合编辑社 . 地方自治制度丛编 . 出版地不详，出版年不详 .
32. 天津市治安维持会施政工作报告 . 出版地不详，出版年不详 .

五、论文

1. 陈幼民 . 嘉定县公安局试行警管区制概述 . 江苏警察，1936，1（4）.
2. 江观纶 . 改进我国警政的几个根本问题 . 江苏警察，1935（2，3）.
3. 彭百川 . 昆山县试办警管区制之感想 . 江苏警察，1936（4）.
4. 承树声 . 解释昆山县试办警管区制中的两个疑问 . 江苏警察，1936（4）.
5. 丛永康 . 来昆山实习经过之回溯及希望 . 江苏警察，1936，1（4）.
6. 陈培元 . 警管区制与新农村之建设 . 民间，1936，3（10）.
7. 韩梅岑 . 宜兴县公安局试办警管区制之后 . 江苏警察，1936，1（4）.
8. 刘尧峰 . 一年来之中国警政 . 警察月刊，1936（7）.
9. 吴则中 . 警管区制之探讨 . 江苏警察，1936，1（4）.
10. 吴则中 . 昆山县试办警管区制视察报告书 . 江苏警察，1936，1（4）.
11. 周知非 . 我对于实验警管区制之感想及改进意见 . 江苏警察，1936，1（4）.
12. 张达 . 昆山县公安局五月来试行警管区制述略 . 江苏警察，1936，1（4）.
13. 章楚 . 新生活运动与警察 . 新运导报，1937（10）.
14. 李宗黄 . 对于新县制之认识 . 中央党务公报，1939（14）.
15. 程方 . 新县制的几个特点和几个问题 . 新政治，1940，4（1）.

16. 福州市警察局警管区实施计划 . 警声月刊，1943（4，5）.
17. 王蔚佐 . 新县制实施以后之保甲制度 . 政治建设，1943，8（1）.
18. 四川乐山县警察局警管区制实施概况 .“中央警官学校”校刊，1945，8（1）.
19. 苏寿祖 . 警员警管区制的理论与实际 . 上海警察，1946（2）.
20. 王琼之 . 论警员警管区制 . 上海警察，1946（2）.
21. 王国藩 . 地方自治与乡村警察 . 政治前线，1946（4，5）.
22. 宣铁吾 . 一年来的工作检讨 . 上海警察，1946（3）.
23. 徐铸成 . 反对所谓“警员警管区制 . 文汇报，1946-5-9.
24. 章承祖 . 警管区制 . 上海警察，1946（2，3）.
25. 胡次威 . 警员警官区制 // 首都警察厅警员训练所特约讲演集 . 首都警察厅警员训练所，1947.
26. 马叙伦 . 从民变说到保甲制度和民主 . 周报，1947.
27. 汤兰瑞 . 警员警管区制——实行在上海常熟路区 . 警声月刊，1947，1（11）.
28. 袁定国 . 警管区制的理论与实践 . 警声月刊（创刊号），1947.
29. 周蔚庭 . 静安寺警察分局警员警管区制实施概况 . 上海警察，1947（9）.
30. 赖淑卿 . 国民政府警政制度之建立及其发展（1925—1948）. 台湾“国立政治大学”硕士学位论文，1992.
31. 陈廷湘 . 论孙中山平等与效率完美统一的理想 . 社会科学研究，2002（3）.
32. 李伟中 . 南京国民政府的保甲制新探 . 社会科学研究，2002（4）.
33. 陈廷湘 . 从平等与效率的完美统一到“效率优先、兼顾公平”，中共党史研究，2003（2）.
34. 王先明 . 辛亥革命后中国乡村控制体制的演变 . 社会科学研究，2003（6）.
35. 姚琦 . 清末赴日法政留学教育及其影响 . 新疆大学学报（社会科学版），2003（1）.
36. 肖如平 . 从自卫到自治——论国民政府的保甲制度 . 历史档案，2005（1）.
37. 杨焕鹏 . 国家视野中江南基层政治（1927—1949）. 复旦大学博士学位论文，2005.
38. 黄绍竑 . 三十一年替政检讨会议开会词 . 浙江省地方行政学会会员通讯，出版年不详（32）.

39. 江观纶 . 警察下级组织与警管区划分问题 . 服务，1939，2（5）.
40. 伍廷杨 . 对于乡村建设的几点意见 . 浙江建设·战时特刊，出版年不详（3）.
41. 叶木青 . 试行警管区制以利保甲推行保甲之商榷 . 浙江自治，出版年不详（1，2）.
42. 钟家谋 . 论二人共任的警管区制 . 警声月刊，1941（7）.
43. 张达 . 警管区制之研究 . 中国警察，1943（3）.

六、论著

1. 李凌云 . 日本警察法述义 . 商务印书馆，光绪三十二年（1906）.
2. [日] 田山宗尧 . 警察宝鉴 . 朱之英校正 . 东京日本印刷株式会社，光绪三十二年（1906）.
3. [日] 津田精吉 . 德国警察法 . 贾浦译 . 警务编辑所，光绪三十二年（1906）.
4. 涂景瑜 . 中国监狱史 . 天津官书局，光绪三十四年（1908）.
5. 王元增 . 京师第一监狱报告 . 京师第一监狱，1915.
6. 郭公阙 . 警界必携 . 商务印书馆，1917.
7. 徐洵 . 警察学纲要 . 上海广益书局，1928.
8. 鲁葆如 . 荷印居留指南 . 南洋出版社，1929.
9. “内政部” . 户籍法讲义 . 上海泰东图书局，1929.
10. 勤务须知 . 世界书局，1929.
11. 警察概论 . 世界书局，1929.
12. 司法警察 . 世界书局，1929.
13. 外事警察 . 世界书局，1929.
14. 法学大意 . 世界书局，1929.
15. 户口要义 . 世界书局，1929.
16. 侦探要旨 . 世界书局，1929.
17. 违警罚法释义 . 世界书局，1929.
18. 消防警察 . 世界书局，1929.
19. 行政警察 . 世界书局，1929.

20. 卫生警察 . 世界书局，1929.
21. 刑法要义 . 世界书局，1929.
22. 曹无逸 . 警察学问答 . 上海大东书局，1930.
23. 郎擎霄 . 保甲运动之理论与实际 . 上海大东书局，1930.
24. 潘立希 . 侦探勤务 . 民权社，1930.
25. 胡承禄 . 各国警察概要 . 出版地不详，1931.
26. 金国珍 . 市公安 . 商务印书馆，1931.
27. 陆人骥 . 感化教育 . 商务印书馆，1931.
28. 阮光铭 . 警政概论 . 商务印书馆，1931.
29. 姚琮 . 日本警政考察记 . 上海大东书局，1931.
30. 邵清淮 . 警察效用 . 天津大公报社，1932.
31. 邵心淘，等 . 司法警察学 . 世界书局，1932.
32. 赵志嘉 . 长警的实际教育 . 上海警察学社，1933.
33. [美]E.D.Graper. 美国警察行政 . 刘麟生译 . 商务印书馆，1933.
34. [英]C.C.H.Moriarty. 英国警政新编 . 陈朗秋译 . 商务印书馆，1933.
35. 陈允文 . 中国的警察 . 商务印书馆，1934.
36. 姜春华 . 北平警政概观 . 出版地不详，1934.
37. 张学夫 . 刑事政策学要义 . 上海法学书局，1934.
38. 赵志嘉 . 军事学摘要 . 世界书局，1934.
39. 黄强 . 中国保甲实验新编 . 南京正中书局，1935.
40. 茅仲英 . 保甲制度之实验 . 出版地不详，1935.
41. 马鸿儒 . 警察权之研究 . 天津大公报分馆，1935.
42. 铜山县政府第一科 . 保甲概要 . 徐州治记萃文斋，1935.
43. 闻钧天 . 保甲与警察之关系 . 江苏省警察训练所讲义，1935.
44. 闻钧天 . 中国保甲制度 . 商务印书馆，1935.
45. [日] 松井茂 . 警察学纲要 . 吴石译 . 商务印书馆，1935.
46. 程法 . 警管区制之研究 . 江苏省警官学校，1936.
47. 刘守刚 . 两年来之江苏民政 // 中央政法学校学生实习笔记 . 出版地不详，1936.

48. 张恩书．警察实务纲要．中华书局，1936.
49. 张永竹．警察勤务精论．中华书局，1936.
50. 赵炳坤．中国外事警察．商务印书馆，1936.
51. 陈端志．抗战与民众训练．商务印书馆，1937.
52. 李士珍．现代各国警察．商务印书馆，1937.
53. 李倬．警察实务纲要．商务印书馆，1937.
54. 韦瑞墀．中国警管区制的理论与实际．中华书局，1937.
55. 徐增明．非常时期之警察．中华书局，1937.
56. 余秀豪．美国模范警察制度．中华书局，1937.
57. 郑肇．非常时期地方治安．上海汗血书店，1937.
58. 谢良镕．现代警察实务．出版地不详，1938.
59. 余秀豪．警察学大纲．商务印书馆，1938.
60. 朱泽普．警卫知识．上海战时大众知识社，1938.
61. 范劭阳．警察公牍．中华书局，1939.
62. 警察教科用书编审委员会．治安警察．治安总署警政局发行，警学书局，1942.
63. 李士珍．警察行政研究．商务印书馆，1943.
64. 郑宗楷．警察法总论．商务印书馆，1943.
65. 蔡恂．北京警察沿革纪要．出版地不详，1944.
66. 李士珍．中国警政问题之检讨与改进．中央训练团党政高级训练班编印，1944.
67. 闻钧天．警保联系之理论与设施．商务印书馆，1944.
68. “中央警官学校”编审处．“中央警官学校”警察初级干部讲义．“中央警官学校”印刷所，1945.
69. 酆裕坤．现代警察研究．“内政部”警察总署，1946.
70. 孔充．县政建设．中华书局，1946.
71. 项作梁．警察勤务讲义．出版地不详，1946.
72. 余秀豪．警察行政．出版地不详，1946.
73. 郑宗楷．现代警察之理论与实际．正中书局，1946.

74. “中央警官学校”第四分校课程科讲义室 . 警察法总论 . 北平市警察局合作社印刷所，1946.
75. 陈冠雄 . 警察实务研究 . 中华印刷所，1947.
76. 方扬 . 地方自治新论 . 教育图书出版社，1947.
77. 郭宗茀 . 警政论丛 . 重庆警学编译社，1947.
78. 侯畅 . 县行政概论 . 南京民本出版公司，1947.
79. 蒋锡麟 . 警察必携 . 上海大东书局，1947.
80. 李秀生 . 中国警察行政 . “中央警官学校”第四分校讲义 . 北平市警察局合作社印刷所，1947.
81. 李英 . 日本警察概况 . 广州正大书局，1947.
82. 李士珍 . 怎样办理警卫 . 上海正中书局，1947.
83. 唐纵 . 中国警政概况 . 中国警政出版社，1947.
84. 郑宗楷 . 警察与人民及要人 . 上海大东书局，1947.
85. 费孝通 . 乡土中国 . 上海观察社，1948.
86. 费孝通 . 乡土重建 . 上海观察社，1948.
87. 郝遇林 . 模范乡村警察制度 . 上海独立出版社，1948.
88. 黄俊山 . 警察法各论 . “中央警官学校”第四分校甲级警官班印，1948.
89. 李士珍 . 警察行政之理论与实际 . 中华警察学术研究社，1948.
90. 余秀豪 . 现代警察行政 . 中华书局，1948.
91. 郑宗楷 . 警官服务要论 . 商务印书馆，1948.
92. 林士贤 . 台湾警政 . 自印，1951.
93. 段承愈 . 警政短论 . 台北警光杂志社，1969.
94. 酆裕坤 . 都市警政学 . 台北正中书局，1971.
95. 六十年来的中国警察编辑委员会 . 六十年来的中国警察 . “中央警官学校”印行，1971.
96. 梅可望 . 警察学原理 . “中央警官学校”印行，1971.
97. 倪秋煌 . 警察记录学 . “中央警官学校”印行，1971.
98. 酆裕坤 . 警察行政学 . “中央警官学校”印行，1972.
99. “中央警官学校”校史编辑委员会 . “中央警官学校”校史 . “中央警官

学校”印行，1973.
100. 王家俭 . 清末民初我国警察制度现代化的历程（1901—1928）. 台湾商务印书馆，1984.
101. 戴鸿映 . 旧中国治安法规选编 . 群众出版社，1985.
102. 中国社会科学院法学研究所法制史研究室 . 中国警察制度简论 . 群众出版社，1985.
103. 马康民 . 治安基层基础概论 . 中国人民公安大学出版社，1987.
104. 邱华君 . 警察学通论 . 台北茂昌图书有限公司，1991.
105. 唐纵 . 在蒋介石身边八年——侍从室高级幕僚唐纵日记 . 群众出版社，1991.
106. 程方 . 中国县政概论 . 上海书店，1992.
107. 韩延龙 . 中国近代警察制度 . 中国人民公安大学出版社，1993.
108. 皮明庥 . 近代武汉城市史 . 中国社会科学出版社，1993.
109. 潘嘉，钟敏，李慕贞，侯俊华 . 蒋介石警察密档 . 群众出版社，1994.
110. 陈廷湘，李慧宇 . 中国新文化思想史纲 . 四川大学出版社，1995.
111. 孟庆远 . 历史新篇（现代）. 中国青年出版社，1995.
112. 汪勇，李健和 . 警察巡逻勤务论 . 中国人民公安大学出版社，1996.
113. 中华文史资料文库（政治军事编）. 中国文史出版社，1996.
114. 邱华君 . 警察学 . 台北千华图书出版事业有限公司，1997.
115. 中国人民公安史稿编写小组 . 中国人民公安史稿 . 警官教育出版社，1997.
116. 梅可望 . 从忧患中走来 . 台北天下远见出版有限公司，1998.
117. 陈廷湘 . 宋代理学家的义利观 . 团结出版社，1999.
118. 蔡鸿源 . 民国法规集成 . 黄山书社，1999.
119. 洪文玲 . 警察实用法令 . 台北“中央警察大学”出版社，2000.
120. 韩延龙，苏亦工，等 . 中国近代警察史 . 社会科学文献出版社，2000.
121. 汪勇 . 警察勤务论 . 中国人民公安大学出版社，2001.
122. 萧功秦 . 与政治浪漫主义告别 . 湖北教育出版社，2001.
123. “中央警察大学”教授 . 警察行政 . 台北五南图书出版股份有限公司，

2001.
124. “中央警察大学”行政管理系教授 . 警察学总论 . 台北五南图书出版股份有限公司，2001.
125. 陈廷湘 . 中国现代史 . 四川大学出版社，2002.
126. “中央警察大学”教授 . 各国社区警政比较 . 台北五南图书出版股份有限公司，2002.
127. “中央警察大学”教授 . 各国警察临检制度比较 . 台北五南图书出版股份有限公司，2002.
128. 穆玉敏 . 北京警察百年 . 中国人民公安大学出版社，2004.
129. 任惠华 . 中国侦查史（古近代部分）. 中国检察出版社，2004.
130. [美] 魏斐德 . 间谍王——戴笠与中国特工 . 梁禾译 . 团结出版社，2004.
131. [美] 魏斐德 . 上海警察（1927—1937）. 章红，等译 . 上海古籍出版社，2004.
132. 孟庆超 . 中国警察近代化研究 . 中国人民公安大学出版社，2006.
133. 万川 . 中国警政史 . 中华书局，2006.
134. 王笛 . 街头文化——成都公共空间、下层民众与地方政治（1870—1930）. 李德英，谢继华，邓丽译 . 中国人民大学出版社，2006.
135. [美] 魏斐德 . 间谍王：戴笠与中国特工（特别版）. 梁禾译 . 江苏人民出版社，2007.
136. 梅可望，等 . 警察学 . 台北“中央警官学校”印行，2008.
137. 韦淡明 . 户籍警察法 . “中央警官学校”讲义 . 出版地不详，出版年不详 .
138. 朱雅正 . 警察勤务须知 . 出版地不详，出版年不详 .
139. “中央警官学校”第四分校课程科讲义室 . 警察法令 . 出版地不详，出版年不详 .
140. “中央警官学校”第四分校课程科讲义室 . 政治警察讲义纲要 . 出版地不详，出版年不详 .

附录

附录 1

各级警察机关编制纲要

民国二十五年（1936 年）七月二十五日院令公布

一、首都及各省市地方警察机关之编制，均依本纲规定办理之。

二、首都设首都警察厅，直隶于“内政部”，受“内政部”之指挥监督，处理首都警察事务。

三、各省得设警务处，直隶于省政府，掌理全省警察事务，不设警务处之省区，其警察事务由民政厅掌理之。

四、各省省会地方，应设省会警察局，受省主管机关之指挥监督，处理省会警察事务。

五、行政院直辖之市或行政区，除首都外，应设警察局，冠以市或行政区名称，受该管市政府或管理公署之指挥监督，处理该市区警察事务。

六、各省辖市，除省会外，应设市警察局，受该管市政府之指挥监督，处理市警察事务。

七、地势街道，人口稠密，工商业繁盛之地方得设警察局，（冠以所在地名称）直隶于省主管机关，但以有合格警士二百名以上者为限。

八、各县得设县警察局，受县政府之指挥监督，处理全县警察事务。不设局之县，应于县政府内设警佐一人，及合格警长警士若干人办理警察事务。县区域内重要乡镇，经省政府核准，得设警察所，（冠以地方名称）直隶于县政府或县警察局，处理各该区域警察事务。但以有合格警士三十名以上者为限。在分区设署之县份，得于区署内设巡官一人，合格警长警士若干人，办理该区域内警察事务。在未设警察之乡村地方，得暂以保甲代行警察事务，派巡官或警长巡回指导。关于保甲代行警察事务办法，另定之。

九、首都警察厅经“内政部”核准，得就辖境内划分若干区，每区设警察局，并因事务之繁简，局以下得设警察分驻所及派出所。前项警察局之名称，冠以所在地之区名，称某某区警察局，其分驻及派出所之名称亦同。

十、院辖市省会省辖市及依第七项规定设立之警察局，呈奉主管机关核准，得划分若干区，每区设分局，并因事务之繁简，分局以下得设警察分驻所及派出所，其名称准用前条之规定。前项局所之设置及裁并，均应呈报“内政部”备案。

十一、各级局所警察勤务，以采用巡逻制为原则，并得划分若干警管区，为警察担任勤务之基本单位，关于巡逻区之配置，警管区之划分等事项，由各该警察机关酌量地方情形定之，但须呈报主管机关核准。

十二、各警察机关呈奉主管机关核准，得设消防队，侦缉队，水警队，及保安警察队。

十三、各省政府为谋公路之安全起见，得设省公路警察队，直隶于省主管机关。

十四、各省政府为谋水上之安全起见，得设省水警队，直隶于省主管机关。

十五、关于森林矿业，渔业，及其他各项特种警察之编制，由“内政部”会同有关机关制定之。

十六、本纲要自公布日起三个月内施行。

附录 2

省会警察局组织暂行规程

民国二十五年（1936 年）十二月二十六日“内政部”公布

第一条　省会警察局直隶于省警务处，受省警务处之指挥监督，处理省会警察事务。不设警务处之省、区，其省会警察局直属于民政厅。

第二条　省会警察局为执行法律、命令或依法律、命令之委任，于不抵触法令范围内得发布单行警察章程，但须呈报主管机关核准，转呈省政府及“内政部”备案。

第三条　省会警察局对于所属职员所为之处分或命令，认为违法或不当时，得变更、停止或撤销之。

第四条　省会警察局设局长一人荐任，综理局务并指挥、监督所属机关及职员。

第五条　省会警察局设秘书一人至三人，由局长呈请委任，承局长之命掌理机要事务及核阅文稿。

第六条　省会警察局设下列各科、处：

一、总务科；

二、行政科；

三、司法科；

四、督察处。

省会警察局于必要时，得增设外事科及其他专管科，但须呈报主管机关核准，转呈省政府及“内政部”备案。

第七条　总务科掌理事务如下：

一、关于职员、长警之考核、任免、升降、奖惩及抚恤事项；

二、关于警察经费事项；

三、关于典守印信及收发文件、保管档案事项；

四、关于图书刊物之编纂、发行及搜集、保管事项；

五、关于调查、统计、报告事项；

六、关于庶务事项；

七、其他不属各科、处事项。

第八条　行政科掌理事务如下：

一、关于警察编制、训练、调遣及配支事项；

二、关于警区设置及变更事项；

三、关于调查户口事项；

四、关于保安及正俗事项；

五、关于交通卫生事项；

六、关于消防、救灾事项；

七、关于外事警察事项；

八、关于市容整理事项；

九、关于营业建筑事项；

十、关于协助地方行政进行事项；

十一、其他行政警察事项。

第九条　司法科掌管事务如下：

一、关于违警处分事项；

二、关于刑事案件侦查事项；

三、关于拘留所管理事项；

四、其他司法警察事项。

第十条　督察处掌理事务如下：

一、关于督察内外勤务事项；

二、关于纠察长警风纪事项；

三、关于稽查弹压事项；

四、关于警卫戒备之指挥监督事项；

五、关于情报事项；

六、关于长警校阅事项；

七、其他临时命令派遣事项。

第十一条　省会警察局设科长三人，督察长一人，科员九人至二十人，督察员三人至十六人，秉承长官分掌各科、处事务。

第十二条　省会警察局得设办事员八人至十六人，并得酌用雇员。

第十三条　科长、督察长、科员、督察员由局长呈请委任，办事员由局长委用。

第十四条　省会警察局得就管辖区域人口、面积、交通及其他社会情况，划分若干区，每区设置警察分局。

第十五条　警察分局设分局长一人，承局长之命主管本区事务，局员一人至二人，辅助长官掌理本区事务。前项分局长及局员，由局长呈请委任之。

第十六条　警察分局得就管辖区域内，酌设警察分驻所及派出所，并划分警管区，以巡官、长警分负该管职务。

第十七条　警察分局、警察分驻所、警察派出所、警管区之设置裁并，均应呈请主管机关核准，转报“内政部”备案。

第十八条　省会警察局于必要时，得呈准设置消防队、侦缉队、交通警察队、水警队及保安警察队。

第十九条　省会警察局为训练警察，得呈准设置警察训练所。

第二十条　省会警察局为改善警政、推进局务，得由局长召集局务会议，并得聘用专门人员担任计划，改善事宜。

第二十一条　省会警察局办事细则、服务规则、会议规则及各项员警名额之设置，由局拟订，呈由主管机关核转“内政部”备案。

第二十二条　依各级警察机关编制纲要第七项规定设立之警察局，适用本规程之规定。

第二十三条　本规程自公布日施行。

附录3

市警察局组织暂行规程

民国二十五年（1936年）十二月二十六日“内政部”公布

第一条　市警察局直隶于市政府，受市政府之指挥、监督、处理全市警察事务。

第二条　市警察局为执行法律、命令或依法律、命令之委任，于不抵触法令范围内得发布单行警察章程，但须呈报市政府核准，转报“内政部”备案。

第三条　市警察局对于所属职员所为之处分或命令，认为违法或不当时，得变更、停止或撤销之。

第四条　市警察局设局长一人，综理局务并指挥、监督所属机关及职员。

行政院直辖市之警察局长简任或荐任，由内政部长遴员提请任命。

省政府直辖市之警察局长荐任或委任。

第五条　市警察局设秘书一人至三人，荐任或委任，承局长之命掌理机要事务及核阅文稿。

第六条　市警察局设下列各科、处，但事务较简之局得将三科并为二科：

一、总务科；

二、行政科；

三、司法科；

四、督察处。

市警察局于必要时，得增设外事科及其他专管科，但须呈报市政府核准转报“内政部”备案。

第七条　总务科掌理事务如下：

一、关于职员、长警之考核、任免、升降、奖惩及抚恤事项；

二、关于警察经费事项；

三、关于典守印信及收发文件、保管档案事项；

四、关于图书刊物之编纂、发行及搜集、保管事项；

五、关于调查、统计、报告事项；

六、关于庶务事项；

七、关于其他不属各科、处事项。

第八条　行政科掌理事务如下：

一、关于警察编制、训练、调遣及配置事项；

二、关于警区设置及变更事项；

三、关于调查户口事项；

四、关于保安及正俗事项；

五、关于交通卫生事项；

六、关于消防、救灾事项；

七、关于外事警察事项；

八、关于市容整理事项；

九、关于营业建筑事项；

十、关于协助地方行政进行事项；

十一、其他行政警察事项。

第九条 司法科掌理事务如下：

一、关于违警处分事项；

二、关于刑事案件侦查事项；

三、关于拘留所管理事项；

四、其他司法警察事项。

第十条 督察处掌理事务如下：

一、关于督察内外勤务事项；

二、关于纠察长警风纪事项；

三、关于稽查弹压事项；

四、关于警卫戒备之指挥监督事项；

五、关于情报事项；

六、关于长警校阅事项；

七、其他临时命令派遣事项。

第十一条 市警察局设科长二人至三人，督察长一人，科员六人至四十人，督察员三人至二十人，秉承长官分掌各科、处事务。

第十二条 市警察局得设办事员四人至十六人，并得酌用雇员。

第十三条 科长、督察长由市政府咨请“内政部”呈请荐任，或由市政府委任，科员、督察员、办事员由局长呈请市政府委任。

第十四条 市警察局得就管辖区域人口、面积、交通及其他社会情况划分若干区，每区设置警察分局。

第十五条 警察分局设分局长一人，承局长之命主管本区事务，局员一人至二人，辅助长官掌理本区事务。

前项分局长由市政府咨请“内政部”呈请荐任，或由市政府委任，局员由局长呈请市政府委任之。

第十六条　警察分局得就管辖区域内酌设警察分驻所及派出所，并划分警管区，以巡官、长警分负该管职务。前项巡官由局长委用呈报市政府备案，长警依警士警长教育规程录用之。

第十七条　警察分局、警察分驻所、警察派出所、警管区之设置及裁并，均应呈请市政府核准转报“内政部”备案。

第十八条　市警察局于必要时，得呈准设置消防队、侦缉队、交通警察队、水警队及保安警察队。

第十九条　市警察局为训练警察，得呈准设置警察训练所。

第二十条　市警察局为改善警政、推进局务，得由局长召集局务会议，并得聘用专门人员担任计划，改善事宜。

第二十一条　市警察局办事细则、服务规则、会议规则及各项员警名额之设置，由局拟订，呈由市政府核转“内政部”备案。

第二十二条　本规程自公布日施行。

附录 4

县警察机关组织暂行规程

民国二十五年（1936 年）十二月二十六日“内政部”公布

第一条　县得设警察局，不设局之县应设警佐。县以下之警察组织，得斟酌地方情形，设置警察所、警察分驻所及警察派出所。

在分区设置县分，于区署内设巡官，处理警察事务。

第二条　各县原有一切警察机关之组织，均应依本规程之规定分别改组，并报请“内政部”备案。

第三条　县警察局直隶于县政府，受县政府之指挥、监督及省主管机关之命令，处理全县警察事务。

第四条　县警察局为执行法律、命令或依法律命令之委任，于不抵触法律范围内得发布单行警察章程，但须呈由县政府核转省政府备案。

第五条　县警察局设局长一人，由县长呈请委任，综理局务并指挥监督所属机关及职员。

第六条　县警察局设下列各科，但事务较简之局得并设二科：

一、总务科；

二、行政科；

三、司法科；

第七条　总务科掌理事务如下：

一、关于员警之考核、任免、升降、奖惩及抚恤事项；

二、关于典守印信及收发文件、保管档案事项；

三、关于警察经费事项；

四、关于庶务事项；

五、关于调查、统计、报告事项；

六、其他不属各科事项；

第八条　行政科掌理事务如下：

一、关于警察编制、训练、调遣及配置事项；

二、关于警区设置及变更事项；

三、关于调查户口事项；

四、关于保安及正俗事项；

五、关于消防救灾事项；

六、关于交通卫生事项；

七、关于外事警察事项；

八、关于营业建筑及农、林、渔业事项；

九、关于协助地方行政进行事项；

十、关于保甲壮丁代行警察职务事项；

十一、其他行政警察事项。

第九条　司法科掌理事务如下：

一、关于违警处分事项；

二、关于刑事案件侦查事项；

三、关于拘留所管理事项；

四、其他司法警察事项。

第十条　县警察局设科长二人至三人，科员四人至六人，承长官之命分掌各科事务。

第十一条　县警察局得设督察长一人，督察员二人至四人，办事员一人至三人。

第十二条　科长、督察长、科员、督察员由局长呈请县政府委任，办事员由局长委用。

第十三条　县警察局得就管辖区域内，酌设警察所、警察分驻所及警察派出所，以所长、巡官、长警分负该管职务。

前项警察所须有警士三十名以上，警察分驻所须有警士二十名以上，警察派出所须有警士十名以上，方得设立。

第一项之所长及巡官，由局长呈请县政府委任之。

第十四条　县警察局以下警察勤务，以采用巡逻制为原则，并得划分若干警管区，为警察担任勤务之基本单位。

巡逻区之配置及警管区之划分，由各该局、所酌量情形定之，但须呈报主管机关核准。

第十五条　县警察局于必要时，得呈准设置消防队、侦缉队、水警队及保安警察队。

第十六条　县政府或警察局为训练警察，得设置警察训练员。

第十七条　县警察局为改进警务，得由局长召集会议。

第十八条　县警察局员警各额之设置，由县政府拟订呈报省政府核准后行之。

第十九条　不设局之县，应于县政府内设警佐一人，由县长呈请委任，承县长之命掌理下列事项；

一、关于全县警察之编练、调遣、考核及赏恤事项；

二、关于全县警察装械管理及勤务配备事项；

三、关于全县调查户口、保安、正俗、消防、交通、卫生及渔猎、农林之维护事项；

四、关于全县违警处理及司法协助事项；

五、关于全县保甲及壮丁代行警察职务之训练、指挥事项；

六、其他警卫事项。

第二十条　警佐得请县长委用科员、办事员各一人，辅助办理内勤事项。

第二十一条　不设局之县，于县政府所在地或县内冲要地区设置警察分驻所时，应直辖于县政府，受警佐之监督、指挥，掌理该管警察事务。

前项分驻所巡官，由县政府遴委。

第二十二条　警佐处理事务，对外行文，应以县长名义行之。

第二十三条　县区域内之重要乡镇，依各级警察机关编制纲要第八项第三款之规定，得设警察所，直隶于县政府或县警察局，受警佐之监督、指挥或警察局长之命，掌理该管警察事务，并处理违警案件。

第二十四条　警察所设所长一人，巡官一人至二人，警长三人至六人及警士若干人。前项所长及巡官，由局长呈请县政府委任，不设局之县由县政府遴委，并报请省主管机关备案。

第二十五条　警察所以下之编制及勤务，得准用本规程第十三、十四两条之规定。

第二十六条　警察所之设立及裁并，由县政府报请省主管机关核准行之。

第二十七条　在分区设署之县，于区署内设巡官一人，由县警察局或县政府呈请委任，承警察局或县政府之命令及该管区长之监督、指挥，处理下列各项事务：

一、警长、警士勤务之分配、调遣、考核及督察事项；

二、训练并指派保甲长及壮丁队分任工役，执行警察职务事项；

三、设置警管区及巡逻线事项；

四、办理调查户口、保安、正俗、交通、卫生及消防事项；

五、其他警卫事项。

第二十八条　区署巡官每月巡查区内二次以上，指挥警长、警士、保甲长、壮丁队执行警察职务，必要时并须随时巡查之。

前项巡查应于每月月终将工作概况，报由区长核转县警察局或县政府审核。

第二十九条　区署巡官办理事务，对外行文，应以区长名义行之。

第三十条　警察局、所办事通则、警佐服务规则及区署巡官服务规则，由省主管机关制定施行，并报请“内政部”备案。

第三十一条　本规程自公布日施行。

附录 5

改进中国警察建议书

民国二十七年（1938 年）七月

窃维欲求吾国警察之改进，首宜明了吾国警察之实际情形。吾国警察年来经中央注意整饬，其于培植现代警官人材，则改组警官高等学校，成立“中央警官学校”，由领袖兼任校长，其于警察制度，则有各级警察机关编制纲要及组织规程之颁行，同时并由中央核拨巨款，为补助各省警政建设事业费之用，对于警察之整理，不可谓不积极。然按诸全国警察实际情形，则仍乏显著之进步。兹谨就实际情况加以检讨，藉资改进之依据。

第一，中国警察现况及其不进步原因

甲、中国警察之数量检讨

1. 英德警察与人口比例之实例

据美国警察专家和麦氏（August Rollmer）所定理想警察人数与人口之

比例，为一与一千人之比，换言之，即每一千人应设警察一名。然其实当今世界各国均因各种关系，警察人数鲜能与此理想比例相符合者，即以英国本部（包括英格兰及威尔士）而言，以其社会之安宁，人民之遵守法律，警察与人口之比率，似应较理想之标准为高，而实际其警察与人口之比率，平均竟达一与六百六十人之比（见下表），可以概见。

英国本部人口与警察比率表

地区	首都警察署	伦敦	三郡警察			其他郡警察	五市警察					其他市警察	总计
			兰克善	肯特	洛争伯兰署		利物浦	明撤司特	利滋	补合吞	约克		
人口	7466941	13709	1631546	623192	407317	17296029	805046	730307	463122	147374	84039	13108720	37884950
警察	19379	1162	2014	621	325	18156	1725	1395	694	214	102	18739	57436
比率	385		810	1004	1253	953	467	524	667	692	824	700	660

他如德国，据廿三年调查统计，德国其时警察共十万以上，与其全国人口比率约在一与四百人之比（酆悌等廿三年考察报告）则更无论矣。

2. 中国警察与人口比例之实况

吾国国情，地方治安与夫人民程度，较之欧美各国，不如远甚。其需要较多数量之警察，自无疑义。然事实上殊有大谬不然者。今即试以和麦氏所定每千人设警察一名之标准，衡之吾国警察之数量，各省中几无能符此理想之数额者。例如，江苏省人口为三千六百四十六万余人，依每千人设警察一名之理想标准计算，则须有警察三万六千四百余名；但该省原有员警总数，仅为一万九千九百余名；不足一万六千四百余名；浙江省人口为二千一百二十三万余人，依每千人设警察一名之标准，则须有警察二万一千二百余名；但原有员警总数，仅为一万三千九百余名，不足七千二百余名；江西省人口为一千五百八十余万人，原有全省员警为五千八百余名，与理想员警数额相差九千九百余名；安徽省人口总数为二千三百三十五万余人，原有全省员警总数为七千三百余名，与理想员警数额相差一万五千九百余名；湖南省人口总数为二千八百二十九万余人，原有员警总数为四千八百余名，与理想警察数额相差二万三千八百余名；福建省人口总数为一千一百七十五万余人，原有警察人数为五千余名，与理想警察人数相差为六千七百余名；河南省人口总数为三千四百二十八万余人，原有员警总数为八千三百余名，与理想警察人数相差为二万五千九百余名；四川省人口总数为五千二百七十余万人，原有员警总数为一万零六百余名，与理想警察数额相差四万二千余名（见下表）。

各省原有警察数与理想警察数比较表

根据本部廿五年各省查报统计

省别	人口	面积	理想警察人数	原有警察人数	差额	备考
江苏	36469321	435703	36469	19989	16480	
浙江	21230749	416148	21230	13971	7259	
江西	15804623	692356	15804	5887	9917	
安徽	23354188	562747	23354	7394	15960	
湖北	25515855	745454	25515	10375	15140	
湖南	28293735	822364	28293	4850	23883	
福建	11755625	474953	11755	5028	6727	
河南	34289848	649559	34289	8380	25909	
四川	52706210	1725235	52706	10607	42099	原有警察数根据本部廿七年调查
山东	38099741	584294	38099	14593	23506	
山西	11601026	625680	11601	10772	829	
河北	28644437	561031	28644	15014	13630	
陕西	9779924	749635	9779	2201	7598	
广东	32452811	885229	32452	18385	14067	
广西	13385215	875694	13385	2614	10771	
云南	12042157	1614720	12042	4251	7521	特种警察未列入
贵州	9918794	717913	9918	2298	7620	
甘肃	6716465	1566024	6716	1424	5292	
青海	1196054	2788776	1196	664	819	
宁夏	978391	1099638	978	1000	22	原有数超于理想数
绥远	2083693	1390116	2083	1798	285	
察哈尔	2035957	1115829	2035	1180	855	

以上所述，据本部廿五年统计，在苏、浙、赣、皖、鄂、湘、闽、豫、

川九省中，其理想警察数额与人口之比相差最低者为福建，亦仍达六千七百余名。其与理想数额相差最大者为四川，则竟达四万二千余名矣。

此种警察数额不敷之现象，在国内各省会以及较大城市，虽属例外，其在各县则极为显著。良以国内各县警察，多因经费困难，一再缩小范围，甚至仅余数名，形同虚设，以如此数量微小之警察力量又安能望其充实？而当今社会一般人士，徒谓其无力以维护地方治安及推行各种政治之未能尽利，殆亦未明于实际情形耳。

乙、中国警察之素质分析

中国警察待遇之实况

至言吾国警察之素质，其与提高待遇，亦殊有密切之关系。现今国内除极少数城市与一、二实验区警察之薪饷，勉能维持生活以外，其余各地警察可谓与普通雇工之工资，无甚差别。其低微者如云南宣城之警饷，竟只一元。他如安徽、河南、河北、贵州等省，亦有只至二、三元者，是又较雇工之工资为不如矣（见下表）。

各省官警薪饷表

项别 省别	官俸		警饷		备考
	最高额	最低额	最高额	最低额	
江苏	300	20	25	4	最高省会，最低各县，以下同
浙江	300	28	20	6	
安徽	300	28	15	2	
江西	300	20	16	4	
湖北	300	24	22	7	
湖南	320	20	18	6	
四川	120	7	16	4	
山东	310	30	15	8	
山西	280	20	16	5	
河北	320	8	18	2	
河南	259	8	20	2	
陕西	74	20	13	7	
福建	300	16	20	5	

（续表）

广东	450	35	50	14	
广西	140	25	52	7	
云南	110	7	8	1	
贵州		12	3		
宁夏	180	18	12	6	
甘肃	114	22	16	8	
青海	50	5	4	3	
察哈尔	340	12	17	7	
绥远	400	20	20	6	

以与雇工相等甚至不及雇工工资之待遇，自不足以吸收社会之优秀分子，使其为警察界服务及安心向上与忠于职守。如此尚安望其能达领袖所期望于吾警察界者——实愧“为民众之导师、训育之保姆”！

丙、经济支绌为警察不进步之真因

如上所述，警察素质之改善与提高，与警察待遇殊有密切之关系，然提高待遇，则涉及各省市经费问题。即以警察数量而言，各县因经费关系，遂将警察名额一再缩减，致形同虚设，是以言警察之数量，亦与经费问题有密切之关系，盖如经费充足，警察名额自可扩充，是故吾人若将中国警察之数量与其素质加以检讨，均归结于同一关键。此关键为何？即所谓经费问题是也。良以经费拮据，巧妇难为无米之炊，改进困难，势所当然。

第二，警察经费困难之症结

甲、保安团队之设立为警察经费不足之原因

警察经费困难，几为各省一致之现象，唯按诸实际情形，各省市警察经费，虽感困难，而各省市人民所担负之公安经费，则并非甚轻，此盖缘于各省市除警察以外，尚有所谓保安团队之设立，以致各省市大部公安经费，均销（消）耗于团队方面，而警察经费乃感不足。据前豫鄂皖三省剿匪总部少将参议杨定华呈恳裁并全国保安团队、义勇队办理各、县、市乡村警察一案中云：当考察各县地方财政，即以吾益阳地方而言，每年保安队经费计十五万元，义勇队经费计十一万元，若以之改办地方警察，则尚有剩余。等语，足资明证。兹将各省市保安队人数与经费，予以检查，以明实况。

乙、各省保安经费与警察经费之比较

据廿五年之调查统计，江苏省保安团队人数为二万五千四百余人，保安经费为四百六十九万七千余元（警察经费为三百零一万四千余元）；浙江省保安团队人数为一万四千六百余人，保安经费为四百四十七万三千余元（警察经费为三百一十四万九千余元）；江西省保安团队人数为二万三千余人，保安经费为四百零七万五千元（警察经费为一百四十万元）；安徽省保安团队人数为一万九千三百人，保安经费为三百零七万五千余元（警察经费为一百七十八万九千余元）；湖南省保安团队人数为二万二千四百余人，保安经费为四百零一万六千余元（警察经费为九十七万三千余元）；四川省共有保安团队三百五十二个，保安经费达七百五十万元（警察经费为二百零六万一千余元）；河南省保安团队人数为二万三千余人，保安经费为四百七十七万元（警察经费为一百五十七万五千余元）；福建省保安团队人数为一万一千七百余人，保安经费为三百一十二万元（警察经费为一百七十四万二千余元），合计上列各省保安经费，共达四千万元（其他各省尚未列入），以与各该省警察经费相较，诚不禁有大巫与小巫之感矣！（见下表）

各省保安团队与警察人数经费比较表

省别	保安团队官兵人数	警察官警人数	保安团队经费	警察经费	备考
江苏	25476	19987	4697515	3014627	
浙江	14616	13971	4473687	3149029	
江西	23076	5887	4075000	1400000	警察经费系根据廿五年本部科长陈屯报告
安徽	19300	7394	3075300	1789172	
湖北		10375	3968766	2037828	
湖南	22400	4850	4016550	972469	
四川	352（中队）	10607	7500000	2061592	保安团队人数、经费系根据李先谋“保安问题之商榷”所刊

（续表）

河南	23037	8380	4770000	1575395	
福建	11767	5028	3120000	1742285	
山东		14592		2541548	
山西		10772		1226852	
河北		15014		3382082	
陕西		2201		653613	保安团队官兵人数根据廿七年民政厅厅长彭昭贤呈报
广东		18385		2267686	
贵州		2298		274213	
甘肃		1424		415710	
青海	150799	664	120000	80700	团队系民团性质，故数量较多
宁夏	4392	1000	640902	176701	
绥远		1798		318481	
察哈尔		1180		357284	
云南		4521		347787	

第三，救济警察经费困难之方策

甲、裁团改警计划之实施及其停顿

查现在保安团队系由各地方保卫团、民团等武装组织整理演化而成，在剿匪期内，虽曾著有功绩，但剿匪结束后，因数额过多，经费过巨，乃成为各省财政上致命之累。且军事之外，别成体系，不仅违背“达到国家管理”之初旨，亦且于人事指挥诸端，无从办理。中央有鉴于此。因于廿五年五月地方高级行政人员会议，通过“裁团改警案”，限期三年完成。“内政部”根据决议自廿五年度起，积极督促各省实施，顾因地方治安等关系，截至廿六年度开始，仅有江苏、浙江两省将保安团队改编警察队，其余如安徽、湖南等省则甫在着手实施。旋全面抗战发动，兵员需要大量增加，蒋委员长因有“应令各省保安队切实整顿，以备补充前方之用”之手令，军政部亦有“保安队关系地方治安及兵员补充至大，亟应切实整顿训练，以应国家之急”之公文，于是裁团改警三年计划因以停顿。

乙、裁团改警计划仍应继续执行

对外唯军，对内唯警，乃现代各国之通例，故国内治安之责任，必须由警察负担，方为合理。是补整团队乃为应战之急，而裁团改警则属百年大计。当此建国与抗战同时进行之时，建成地方武装警察力量，取销（消）一切畸形组织，实为刻不容缓之图。根据廿五年之决策，斟酌当前抗战之环境，深觉欲于此时贯彻裁团改警之计划，不唯不感困难，且更较平时为易举，当机立断，斯在政府之决心耳。

第四，改进中国警察之基本方案

甲、裁团补军与建警同时并行

据廿六年九月军政部统计，粤、赣、皖、鄂、绥、豫、鲁、苏、闽、湘、冀、浙、黔十三省，以及广州、汉口等十单位，合计保安团队尚有一二大队，二六二中队，官佐五三八七员，士兵九八四八八名。“八·一三”以后，赣、湘等省保安团队纷纷奉命参加前线，后方虽亦不少招募补充，但现存总数额，当较调查时为少，乘时改编，似属容易。查自廿六年八月份至廿七年三月份止仅八个月间，在上述有保安团队之粤、赣、鄂、豫、闽、湘、浙、黔八省中补充兵员总额已达七八四六二一人，是现在保安团队官兵总数，不过其八分之一弱，如尽量以之补充兵员不过敷一月之用耳。故裁团之最困难的安置问题，现在亦可毫不足虑，而保安团队究属久经训练，以之补充国军，究较甫经征集、训练不充分之壮丁为切于实用。至保安团队所遗之治安责任，即扩充警额，并另编保安警察队代替之。该项警察队虽仍用招募方法，但必须采用“退位制”，俾可新陈代谢，实力常充，盖可准备充分之后备警员以为必要时招集义勇警察之用。保安警察队之训练，除军事训练外，更加充分之警察训练，俾可于保安事务之外，仍兼补一般警察之不足。保安警察队之编制，采用军队式，其人事铨叙，由中央统一办理。至其指挥权，仍属于各级地方政府，且使其与地方行政机关密切联系，于地方行政之推动，亦可有莫大之助力。总之，化复杂为简单，纳畸形于正规，即从整个政治观点衡之，影响亦大。

乙、以补军济裁团，以裁团节余改革警察

关于现有保安团队之处置，并非欲于一次编入战斗序列，仍应分批办理。唯可于决定将本计划办理之日，即将所有保安团队移转管辖，交由军管区统筹改编为预备或补充师团营，或交由各补充兵训练处斟酌，加以训练，然后陆续补充前方。自移转管辖之日起，所有保安团队经费，即由军政部于补充兵经费项下支出。在军政部因之可以减少应征兵员，经费毫无增加，在各省政府因此却可减少最大数额之支出，一则有益，一则无损，各省政府则可利用保安团队经费，整理一般警察，编组保安警察队，树立乡村警察制度。苟属运用得宜，则可经费不增，而要政得举。中央裁团改警之计划亦可实现，树立健全之警察基础，亦即完成建国大业之一部也。

附录6

"中央警官学校"二十八年度教育计划

甲、教育方针

本校本年度教育方针为适合非常时期之需要，拟以军事训练为基本、政治训练为中心、警察训练为主干，俾战时可为军官、平时可为警官并养成其确能效忠党国、信仰领袖、坚定其牺牲奋斗精神以增强抗战建国之力量为目的。

乙、增设班次

（一）正科学生班

正科学生系准备收复失地时调整警政之用，但在战事未结束以前，除分

发各省警察机关工作外，仍可充任政训工作及下级军官，现在校正科学生，计划有第四、第五、第六各期学生共九百七十八名，本年暑假第四期学生毕业后，拟续招第七期新生三百名至四百名，预计本年度在校正科学生一千余名。

（二）特科学员班

左列各班学员，系为整理后方警政、充任中下级警官而设，兹说明于次：

1. 续办战区警官训练班　为救济战区撤回之警官，拟于本年度续办战区警官训练班两期，每期额定二百名至三百名，训练期限为四个月。期满后，分发前方军政工作。

2. 乡村警察干训班

子、甲组　本组拟抽调川、滇、黔三省现任警官或招收曾受警官教育六个月以上者训练之，期限三个月，本年度共办四期，每期额定五百人。

丑、乙组　本组招收初中以上毕业学生训练之，训练期限八个月至一年，本年度计办二期，每期额定六百人。

3. 政治警察讲习班　本班学员，由川、滇、黔等省政府就各级警察机关现任委任以上警官中保送之，训练期限四个月，额定一百人，训练期满，遣回原服务机关担任政治警察工作。

4. 刑事警察讲习班　本班拟于政治警察讲习班毕业后举办之，所有保送机关、入学资格、训练期限及学员定额，均与政治警察班同；训练期满，遣回原服务机关担任刑事警察工作。

综计本年度在校特科学员，经常在一千五百人左右。

丙、训练纲要

（一）训练方式

因学员生之学历、受训期限及性质不同，故训练方式拟分左列两种：

1. 特科学员：采庐山训练方式。

2. 正科学生：采军校训练方式。

（二）训练内容

1. 精神训练　利用纪念周及课余时间多作精神讲话，并印发校长训词使其阅读，同时全体官长与学员生同起居、共餐膳，寓本校校训“诚”之精神于日常生活之中，藉收潜移默化之效。

2. 军事训练　军事学术科及实施进度，均另详各期教育计划。唯教练目的，务使学员生具有指挥排之能力，并须对于下列科目有相当之了解与熟练：子、由各个教练进至营团教练。丑、各种兵器使用法。寅、野外演习、市战演习及射击教练。卯、战术、兵器、地形、筑城、交通军事学科，尤以战术为主，其他为辅。辰、练习爬山、游泳、器械、操、刺枪、马术及国术运动等技术。

3. 政治训练　除教授政治学科及举行政治小组讨论外，并邀请名流学者讲演，务使学员生：子、明了三民主义，效忠党国。丑、认识并信仰革命。寅、发扬民族抗战精神。卯、了解国内外形势。

4. 警务训练　除教授一般警察科目外，尤注重战时警察业务一科，务使学员生：子、具备警察应有之学识与应用之技术。丑、能担负战时警察各种任务。

（三）训练讲度

因学员生训练期限之久暂分配之：

1. 改造时期　本期教育目的，在涤瑕除秽，脱胎换骨，实施严格军事及政治训练以养成革命军人之基础，务使学员生达到左列各项标准：

子、体格强健，铲除其过去文质彬彬与畏难苟安之习性。

丑、思想正确，消减其偏激思想与自私观念。

寅、精神振奋，矫正其颓废萎靡态度与消极悲观情绪。

卯、行为端正，改造其浪漫敷衍与粗暴盲动行为。

2. 建设时期　本期教育目的，在求积极的建设，授以各科警察学术及军事政治课程，以养成现代警官必具之技能，务使学员生达到左列各种标准：

子、学校方面　了解及熟练军事警察学术各科，尤其对于战术、军队指挥及战时警察各项任务。

丑、体格方面　每日能继续十二小时以上工作。

寅、思想方面　确认三民主义为抗战建国最高原则、委座兼校长为国家民族最高领袖。

卯、精神方面　养成牺牲奋斗精神、刻苦耐劳精神及精诚团结精神。

辰、行动方面　合乎新生活运动。

丁、结论

本校既以战时为军官、平时为警官为教育主旨，则负有抗战与建国之双重任务，自不待言，故本教育计划一面力求警察知识与技术之充实、不失警官学校之本质，同时并施以严格之军事训练以适合非常时期之需要，尤侧重精神教育以坚定其为国家民族牺牲奋斗之决心，用达抗战必胜、建国必成之目的。

附录7

整理后方警政计划

甲、整理步骤

一、川、滇、黔、三省警政之整理　查川、滇、黔三省为复兴民族之根据地，关系抗战建国甚巨，拟先就成都、昆明、贵阳、重庆等重要都市及交通便利县份从事整理，次及其他各县，预定一年半内完成之。

二、甘、宁、青、康四省警政之整理　查甘、宁、青、康四省界边疆之要冲，为满、蒙、回、藏防御外侮之屏障，其关系抗战建国亦颇重要。拟先就各省省会及重要城市循序推及各县，于川、滇、黔三省警政之整理稍具端倪时再行开始，预定一年内完成之。合川、滇、黔共七省，预计二年半整理完竣。

以上系就期限与地域为预拟之区分，如事实上力有未逮，或尚有余力时，可酌量延期或提前完成之。

乙、整理事项

一、乡村警察制度之树立　查过去我国警察，偏重城市，忽视乡村，唯抗战之基础在建设乡村，胜利之把握在组训民众，故树立乡村警察以之督导保甲、组训民众与编练义勇及义务警察，以达抗战建国之要求，实属当前要务。兹分述于次：

1. 督导保甲、组训民众　保甲为组训民众之基础，如办理妥善，则民众团结之精神可以培养，忠勇卫国之决心可以发扬。唯每以人选失当，弊端丛生。即以贿免兵役一项而言，其影响抗战至大。改革之道，必须使保甲组织受警察机关之督导，警察即利用保甲，熟悉风土人情，以推行政令，保甲因受警察之督导，自亦不敢营私舞弊，互相监督，并行不悖。

2. 编练义勇警察及义务警察　抗战时期，事务繁多，仅恃少数警力，断难期其胜任，应根据“内政部”颁战时警察方案中之组训民众各规定，遴选当地壮丁，施以训练，授以任务，以推广组织，加强效能，使民众警察化。

二、警管区制之推行　推行警管区制，为树立乡村警察之必要条件。兹述其性能如次：

1. 意义及优点　警管区即每警士在一定区域内，负一切警务专责之谓。其优点：在各个警士能发扬警察效能，并以组织严密、职务分明，无互相推诿因循敷衍之弊，且任何地点均有警力，有机动敏活性。至以警管区为执行警察勤务之最小单位，亦即为国家行政之基础组织，尤为此制之特色。

2. 配备之标准　警管区为构成警察网之细胞，如何配备，应按照保甲组织参酌所辖面积、人事、交通为准。通常警管区设在人烟稠密、事务较繁之城镇者，应以户口之多寡为标准；乡村人事简单、变动较少，应以面积之大小为标准。此外并应以保甲组织中之“保”为基础，以谋警保联系（如每管区包括二保至四保），以保甲长协助管区警士。

三、实验区之划定　查乡村警察与警管区制，在理论及环境需要上均属无可非议，但为收事半功倍起见，拟于四川交通便利之县（泸县、内江、自贡或江北），指定一县划为实验区，并将实验结果随时公布，以为其他各处之借鉴。所有实验区各级警官，均由本校乡村警察干训班或正科毕业学员生中选派，其在校学员生并应在就学期间赴实验区实习一二次，俾理论与实务互相参证。

四、警察机构之加强

1. 中央警察机构之加强　非常时期，国家组织机构不严密则指挥难期敏活，行政权力不集中，则效率无由增强。爰拟于中央成立警察总监部，由委座兼任总监，副总监由有关院部之长官兼任之，以总揽全国警政，俾警察机构加强，而收指挥统一之效。

2. 地方警察机构之加强

甲、政治股之增设　抗战发动后，各党各派暗地活动，潜植势力而类似汉奸之徒，秘密通敌、危害党国，故应于各级警察机关中增设政治股，由本校将举办之政治警察讲习班毕业学员司其事，以弭反动而肃汉奸。

乙、民众指导股之增设　警察对于民众生活之指导即管、教、养、卫四大要政之推行，如俗食起居之合理化，团体生活之纪律化（管）；民众识字运动之普及民族意识之激发（教）；老幼孤弱之扶助，劳动服务之提倡，以及农作之改善，仓储之集积（养）；保甲组织之督导，汉奸间谍之消弭，以及匪徒之清剿，宵小之预防（卫）。综此四端，民众如得良好之指导，直接可以提高对领袖之认识与信仰，间接可以增强抗战建国之决心与力量。

丙、番苗抚绥股之增设

查川、滇、黔、康等省，为苗族杂居之处，自成部落，品类复杂，语言各殊，且赋性多疑忌，犷犴好斗，倘疏防范，危机即发，应于苗族麇集区域之各级警察机关中，增设抚绥股，施行教育，以唤起其民族意识，激动其民族精神。

官警之训练与补充

查川、滇、黔、甘、宁、青、康七省乡村警察之树立与警管区制之推行以及警察机构加强后关于官警之补充与训练问题亟待解决。谨将整理时应需官警数量列表于后［表缺］，以为补充训练之标准。

1. 警官之训练与补充

甲、以左列人员为基本干部，分发川、滇、黔三省，着手第一步整理工作，俾该区内现任警官，得应调受训，而无碍职守：

子、调集本校毕业学员生服务警察机关以外者，约四百人。

丑、加紧训练在校肄业之第四、五、六期学生一千余人，必要时提早毕业。

乙、在本校设立乡村警察干训班，分甲、乙两组训练之：

子、甲组　本组以抽调各省现任警官或招收曾受国内外警官教育六个月以上者训练之，教育期间暂定三个月，额定五百人，计一年半内可得三千名。

丑、乙组　本组招考各省初中以上学生训练之，教育期间暂定八个月至一年，额定六百人，计一年半内可得一千二百名。

综甲、乙两项可资补充之警官，共五千六百余人，以之整理川、滇、黔三省警政，足敷分配。至于甘、宁、青、康四省需要补充之警官数量，估计仅二千余人，拟于川、滇、黔三省所需补充之警官训练完毕后，续办乡村警察干训班，照原定名额分两期训练，预计一年内即可完成。至于各该省现任警官，除一部分应调乡村警察干训甲组受训外，余者拟举刑事、政治等警察讲习班调训之。

2. 长警之训练与补充　各省长警之训练，应由各省自行设所训练，其名额多寡，视各地所需补充数量而定，唯为统一警察教育起见，拟由本校秉承中央意旨，斟酌地方情形，编订警察教本，呈由“内政部”核准后颁发各省应用，以资划一。所有各省警察训练所及警官实习教育机关之教务主任及教官应由本校教育班或正科毕业学员生中选派之，俾上下无间，精神一贯。

综上所陈，不过举其荦荦大者，唯果能循此整理，对于抗战建国不无补益。再，关于树立乡村警察，需费较多，拟以左列方法筹措之：

（一）就原有警政经费调整拨给。

（二）各省保安团队改编为正式军队，将该项经费全部挹注。

（三）其他类似警察组织（如法警、政警及自卫团等）悉予裁撤，将该项经费归并。

（四）不足时，由“内政部”整理各省警政经费或省以下经费酌予补助。合并陈明。

审核意见

（甲）原计划书后方警政之整理步骤，虽可供参考，唯乡村警察制度之树立，限于地方政治环境及经费，非短期可以完成，而推行警管区制所需人力、财力尤巨，虽属切要，实施非易。又，在乡村警察未建树完善以前，如何督导保甲，如何组训民众，胥不过空谈耳。至义勇警察与义务警察之编练，本部早有规定，并经编订教本，拟即颁发各省应用。

（乙）原计划书划区实验一项，在理论上颇属必要，唯在实际上则杤割裂行政区划之嫌，似不无困难，证诸世界各国，尚无此先例。

（丙）原计划书中央警察机构应加强一项，事关变更现行政制及整个国策，所涉甚大，应请钧长核夺，唯在抗战未结束前，裁团改警计划，尚无由见诸实施，则地方警力势必予以充实健全，若于此时在中央设置强大警察机关，恐不免有“头重脚轻”之弊。清末巡警部之设卒撤废而并人民政部者，咸以此故也。至副总监由有关院部之长官（原送军委会意见书主张由内政部长及政治部长）兼任之一层，化一元为多头，于抗战建国原则，似有未合。

（丁）原计划书对于地方警察机构之加强，建议增设政治股及民众指导股、番苗抚绥股等，虽不无见地，然事实上后方各省份因受战事影响，紧缩经费，裁减人员，维持机关现状，已属非易，今若令其增设三股，是否为各地警察经费所许可，不无问题。至政治股之增设，如仅就原有组织中裁并调充，即将警校政治警察讲习班毕业学员充任股长一职，然一股工作员额，按照组织法，股位于科之下，内勤人员至多不过三四人，似亦无法负积极推行之责，如是其势不过徒具空名，于事实恐未必有何效果耳。且政治股之设，征诸在军委会政治部指挥监督下之各部队暨军事学校政治工作情形，其任务似侧重各组织本身之政治训练，但细核该计划书所拟增设政治股之理由，其任务又似同于政治警察或特种警察之组织，此在中央警校已有特种警察训练班之设，各地如须增设该股，似以由本部在该班遴选派充为宜，无须另行举办政治警察讲习班，以免重复而糜国帑。如其仅为政训工作之主持，则计划书对于政治股之添设理由，似涉分歧。

（戊）原计划书对于官警之训练与补充，主张大量抽调现任警官及招考初中以上学生，予以训练，按诸现时战区之扩大、寇入之益深与交通之阻梗，证以过去经验，事实上自不可能，而更应顾念毕业后原职既有人接替，出路自成极大问题。川、滇、黔三省警政基础原极薄弱，倘由中央分管，五千六百余警官，自将形成过剩与不能消化之弊。至关于统一各省长警之训练与补充，此在廿五年六月中央整理警政原则，业经明白规定，并为统一警察教育精神起见，由中央派遣教务主任协助进行，本部曾于是年于“中央警官学校”附设教育讲习班，毕业后分别派充各省、市警察训练所教务主任，现除沦陷地区外，其他各省警察训练所仍照此办理。至各省、市警察教程编订颁发，均经列入本部呈准之廿五年度及廿六年度行政计划及经费预算案内，曾经征集各省、市警察训练所用教本予以审查，俾为着手编纂之准备。廿六年度整理警政经费曾列入编发各省市学警教育课本费一万二千元，拟从事编纂，嗣以抗战发动，整理警政经费停发、人员裁减，该项计划遂形停顿，唯此后如能核定经费，自当赓续办理。

附录 8

原始五年建警计划草稿

本稿于民国三十年起悉心研究、草拟，翌年（三十一年）完成，三十二年四月二十四日，校座莅校训话时，即将此计划面呈察核。兹将原报告暨五年建警计划原稿抄录于后：

报　　告

三十二年四月二十四日在校面呈

窃生前呈建警管见，荷蒙采纳在案，现中美、中英新约订立，为民族谋解放，为万世开太平，实属历史上空前盛举。唯在如何保障新约实施，则有待于警察之努力。故建立现代化之正规警察，确为目前迫切需要。兹再拟具五年建警计划（自本年春至三十六年底完成），恭呈如左：

甲、先决问题

一、确定建警方针

军队应为领袖扬威于海外，警察应为领袖宣德于国内，故建警方针，应以仁爱为精神，以法治为目标，采用正大光明方式，表现固有大国风度，以安定人心，使中外人士无所借口（三十年七月，卡尔大使对生曾有郑重询问，拟俟面呈）。

二、选拔人才

为政在人，迭蒙钧座训示，警察系专门业务，似宜遴选军警兼备、有毅力者负主持建警专责，并将警察专门人才广为延揽，尽量选拔。主持如能得人，建警易于成功。

三、改正长警名称

过去国人认警士为衙署差役，因此优秀青年皆不愿为，而警察职权遂因人员不健全，无法推行，相沿成习，影响甚巨。拟请将行政、外事、交通等警士名称，改为警员，警长改为巡佐（佐理巡官之意），以新耳目，而收人才。至保安警察部队，教育水准较差，仍暂沿用警长、警士名称。

四、提高警察

地位忆生奉赴欧美各国考察时，注意各国长警地位，均相等于我国委任官级，其素质多属高中或大学毕业。今日我国建警开始，似宜明定警员（原警士）地位为低级委任官，其资格必须初中毕业或高中程度，藉以转移外人士之观念。

五、政教密切配合

政教合一，各国皆然。即以建国而论，其基本部队军官，即军校所造就人才相需相因，始有今日之成绩。警察业务较繁，尤须用其所学，学有所用，建警前途，方有基础。

六、经费力求撙节

胜利愈接近，经济愈困难。建警经费，在抗战未结束前，除将原有经费全部扩充匀支外，竭力避免增加，俟复员后再行拨款充实，但现代化警察之设备及训练干部之教育费必须拨款补充。

乙、实施步骤

一、警察机构之建立

首先健全中央警政机构，然后由省而县而乡，自上而下，分期实施，易于收效。

（一）中央警察机构

战前各国警政机构，以德奥日办理最善。奥国之中央警察机构，设保安部，等于警政部，德设警察局，日设警保局，均相当于警政署。在战时不增加机构之原则下，拟请先将“内政部”之警政、户政两司合并，成立警政署，仍隶“内政部”，于本年（三十二年）六月前成立，俾专责成，以迅赴事功。

（二）省警察机构

省设警务处（民政厅之警政、户政两科并入该处），直隶省政府，并受警政署之监督指挥。该处编制分（甲）（乙）（丙）三种，俾与各省管区、范围及行政机构相配合。依照各省实际需要、政治环境及战事关系之不同，分别办理如左：

子、云南设警务处多年，湖南、湖北两省则于今年改设完成，应即选派警察专才，加以充实。

丑、贵州、陕西、甘肃、福建均属后方重区，应将保安处改为警务处，于三十二年底完成。四川政治环境不同，似应先与省当局洽商后办理，预定三十二年底改组成立。

寅、广东、广西两省，现无保安处，拟将该两省民政厅之警政、户政两科合并，其现有之保安部队，已整训为保安警察队者，划归警务处节制。

卯、江西、浙江、安徽、河南四省，均属战区，且原有保安处似可斟酌情形，于三十三年内分别改为警务处。

辰、新疆、宁夏、西康、青海等省，地处边疆，拟先派专员前往视察，并与各省当局洽商办理，期于三十三年内成立。

巳、各省保安部队一律遵照军委会、行政院于三十二年会颁整理办法，分别整训，改为保安警察队，负肃清盗匪之责。

（三）县区警察机构

县设局，亦分一、二、三等；区设所，由警政署依此原则，妥为计划，责成各省警务处监督实施，期于警务处成立后一年内完成。

（四）乡保警察机构

每乡或数乡设一分驻所，两保或数保设一警管区，使成立普遍完密之警察网。由警务处依此原则，妥为计划，责成县警察局监督实施，期于警务处成立后两年内完成。

（五）收复地区之警察机构

所需警察干部急宜预为准备，自收复之日起，依（二）（三）（四）项办法，自省县以至乡保之警察机构逐步实施，预于三十六年底建立完成。

（六）收回租界内之警察机构

相当于大都市警察局，于收复之日从速建立。

（七）特区及苗区之警察机构

由警政署考察各地情况，分别办理，预定于三十六年底完成。

二、都市警察之整理

都市警察，观瞻所系，拟先从繁盛之大都市整理：

（一）责令警政署先将重庆、成都、贵阳、昆明、西安、兰州、桂林七大都市，限于三十二年底整顿完善，其改进要点如左：

（子）慎重人选

过去都市警察办理未见成效，实因主持者不得其人，今日如欲整顿各都市警政，警察局长一职，拟请选派留学国外之警察专门人才主持之。

（丑）增设外事科

平等新约订立，外事警察日趋重要，拟于都市警察局增设外事科，兹规定外事警官为荐任级，外事警员为委任级（警员必须高中程度）。

（寅）改进素质

本重质不重量之原则，拟将都市长警裁减四分之一或三分之一，另行招取高中毕业者为警员，规定为低级委任级。每一警员可当现目不识丁之长警三人至五人之工作效率。

（卯）提高待遇

警员地位既为委任级，其待遇自应提高，并应改换庄严而美观之服装，振奋其精神，安定其生活。即以裁警所余之一切薪饷、米代金、服装等费分配之。必要时得请政府酌予津贴。

（辰）增加设备

现代警察所需交通、通讯、刑事、侦查及预防犯罪等设备，应请政府拨款补充。

（二）其他次要都市，如韶关、长沙、福州、洛阳、恩施、立煌等处，拟于三十三年底照上项办法整顿完成。至沦陷区内之各都市，拟自收复后依前办法整理之。

丙、干部来源与训练

全国警官约需十一万二千余人，其中可分行政警察之干部、保安警察之干部、收复地区之警察干部及特区、苗区、边区之警察干部四大类：

一、行政警察干部（中央以下各级警察局干部）

（一）高级警官（简任）

就国内外警察专门人才中选拔最优秀而有经验有毅力者补充之。生在警校七年，曾随时留意考核，现就考核所知，列单呈核。

（二）中级警官（荐任）

就中央警校及国内外各警校毕业生中选拔之。警校毕业员生每届高等考试录取颇多，皆为优秀分子，亦均一并列入。现就考核所知，列单呈核，余俟继续训练考核呈报。

（三）初级警官（委任）

由警校正科学生或调训现任警官补充之，预计三十六年可以补充完毕。

二、保安警察干部（保安部队、保安警察队之干部）

（一）高级干部（警务处正副处长）

在过渡时期，其因保安处改警务处者，请历任保安处长中之军校同学改任之，并配以警察专才为副处长，使警察业务得向正轨发展。其新成立警务处省份，似均以对于警察有经验有研究者派充为宜。此项干部，预备三十三年前准备调训完毕。

（二）中级干部

就警校毕业员生及调训保安团队干部中选拔之，预计三十四年补充完毕。

（三）初级干部

以调训毕业员生及调训保安团队干部中选拔之，预计三十四年补充完毕。

三、收复区之警察干部

（一）扩充警校训练，拟自三十三年起，警校学生人数，酌予增加，预为筹备。至警校原有之东南、西北两警官班，离沦陷区较近，拟于三十三年扩充为东南、西北分校，大量吸收沦陷区青年，加以警官训练。

（二）复员时考察宜于警察工作之军官一万至一万五千人，调入警校训练，改造使用，预计三十六年调训完毕（此时须再设分校数处，以利训练）。

四、特区、苗区及边区之警察干部

似宜视其需要，在警校另行开班训练专才派往之。

上列四种干部，其训练均须统一中央警校，使其接受领袖之精神感召，并研究现代警察之学术，集中精力，齐一步调，则事半功倍矣。

丁、急办事项

一、优秀干部及师资之补充

现代科学日新月异，抗战以来，欧美各国之警察均有长足之进步。拟请：

（一）考选警校精通外国语之优秀毕业生，赴欧美留学。三十二年拟派十人，此后每年增派六人或四人，以培养优秀新干部。

（二）选派警校教官五人，于三十二年内派往英美考察，为期一个或八个月，以吸收新近警政材料，藉资充分警校教材。

二、成立各种警员教导队

为配合抗战胜利，迅速完成现代化警察之建立，应即于警校内附设左列各种教导队，招收中学程度学生，加紧训练：

（一）甲种警员教导队为备建立收复区大都市之警察，侧重于处理因战事而发生各种问题之训练。

（二）乙种警员教导队为备设立接收租界之警察，侧重于外事警察训练。

（三）丙种警员教导队

为备建立赤区之警察，侧重于政治警察之训练。

以上所陈大纲，皆建警政作最迫切需要者。是否有当，敬祈鉴核施行。谨呈

总裁兼校长蒋

生李士珍

同年十月五日，南警政途中复电呈请增列预备费，均蒙校座批交行政院

研究。其代电内容如左：

“行政院张秘书长勋鉴：接‘中央警官学校’教育长李士珍呈拟建警计划前来，并据西微电称：年来考察各省警政，均因限于经费，无法改进。现抗战胜利在望，建警计划似应从速实施，以奠定建警基础，拟请于三十三年度国家总预算内增列建警预备费一万万元，以备将来按照计划分配，而免将来各省零星增加。等语。据此，查所陈计划，大体可用，但范围太大而时间太速，恐难奏效。开始之初，必须以最小范围与充足经费，选拔与培养高级优秀人才为将来各省市独当方面之幕僚主管人才。其次则扩充警察教育机关，培植中级与初级干部。先要人才充足，然后再求范围扩充。此可以四川与陕西为试验区，其警政则可照此计划，积极筹备，约以十年为完成之期。明年度预算对此应特加注意。兹将原计划随文抄发，即希会同‘内政部’商酌研究签注，从速设计具体办法，并遵照以上指示要旨，在明年度预算内宽列建警经费呈核。中正。西迴侍秘。”

校座于三十三年一月七日复手令“内政部”积极推行建警计划原令

“‘内政部’：为本年度特别注意之工作，特条列如左：

（一）限期完成户籍法之实施；

（二）推进地方自治；

（三）五年建警计划应照预定办法积极推进，如何实施，希详报；

（四）厉行彻底禁烟；

（五）推行公墓制度。

中正”

附录 9

十年建警计划摘录

遵照校长批示，重行拟定十年建警计划，内容大部相同，其补充者计有：

一、先决问题

1. 提高警察地位

省警务处长应与省政府各厅长平等，并明定警员为初级委任职，须初中毕业。

2. 确定经费来源

除将原有保安经费全部拨充外，省警察经费及建设期间经费以由中央统筹为原则，荐任以上警察及市警察局长、督察长由中央支薪，其余可酌为补助。

二、实施要点

1. 确定警察体制

为合乎国情并适应需要，以采国家警察为宜。

2. 改进勤务制度

以实行警管区制为原则，根据勤务原理及社会状况，分订都市、乡村、边区三种勤务制度。

3. 整训保安团队

各省保安团队，依本计划实施步骤及保安警察数额所定标准，切实整训后，改为保安警察队。

4. 确定警察职权

凡警察职务范围内之职权，均由警察机关统一执行，归并骈枝机构，并将职务范围以外事项一律交其他主管机关办理。

5. 确定人事制度

全国荐任以上之警官及县警察局长均由中央统一考核任免，并定警官为终身职、必须分别受警官教育及警员训练厘定保障奖惩福利等办法，以安职守，而绝幸进。

6. 充实科学设备

拨款补充交通通讯、刑事侦查、预防犯罪、修建局所、配备警械，分年次第办理。

7. 提倡学术研究

举办学术考课，奖励出版著述，甄选留学考察，推行国民警察教育。

8. 设厂制发服装

确定庄严简朴之警察服装，由中央设立被服厂及分厂，统筹制发，以资划一。

三、订定警察数额

1. 省警务处下，凡二十县以下之省，设一大队，五十县以下，一总队，百县左右，二总队，一百一十县以上，三总队。全国四十七总队，合约六万七千余人（每总队一千四百三十人）。

2. 都市与省会警察局下，平均设二大队或一大队，全国约四十四大队，合计约一万九千余人。

3. 普通市警察局下，设二中队，各县设一中队，全国二千中队，合计二十二万人。

4. 水上保警队，以海岸线及江河湖岸共长三万九千公里计，每公里约备一队，全国合计四万人。

5. 国境及铁路、公路警察隶属关系尚未确定，数额暂不列。

6. 保安警察各级干部，共需一万三千人。

四、本计划简明进度表暨各种统计表（暂从略）

旋奉校座三十三年一月二十一日批示："此建警计划最重要，应即着手实施，速交设计局审核及拟定实施步骤办法与预算数目详报呈核。"

三十五年一月七日，奉校长电示：

"'中央警官学校'李教育长鉴：迭据呈拟关于十年建警计划及建警意见各案，均交由中央设计局会商'内政部'并案审核在卷。兹据吴秘书长、张部长会呈称，业经约集该校代表数度开会商讨，最后拟具五年建警计划草案呈请鉴核，等情。经核示可准照办，除分令‘内政部’照计划规定各项分别切实筹议、呈行政院核实施行外，特电知照。中正。寅虞。府文。”

附录 10

江苏省民政厅二十四年公安行政计划

一、整理水上省公安队干部组织，查水上公安队自二十二年缩编以后，其编制仍沿旧章，多有未合，兹于本年度加以改善。

二、改善水上省公安队各区巡防办法：查各区承汛区域，仍沿用分防制度，拟重行厘订各区队承汛区域，厉行分队集中游巡办法，以增实效，而杜流弊。

三、清理水警旧产，充实必要设备：查水警原有房屋、田地火药等项，遗留各地，为数甚多，拟分别查明清理，专案呈府標买，以为充实水队必要设备之用。

四、规划省县水警联防办法：查水上省公安队分队集中扼要布防，各县以组设水巡队联络，藉收指臂之效，拟察酌地方需要区域，及联络会哨，查缉防剿各具体办密。

五、继续实施训练水警：查水上省公安队官警严格训练，其未经训练者，仍拟另订办法俾所有官警，均得普遍受训，以增进其智。定新补官警补习训练办法，以维训练效用。

六、整理各县路上公安经费编制：查各县经费编制，业于上半年度根据规定标准办理完竣，本年度拟广续通筹经费之稳定，以固基础，并仍根据重质不重量之原则，谋编制臻完善，以增效率。

七、实施普遍警察教育：查各县现役长警之训练，原由各县分别设立长警补习所办理，兹为统一教育效率起见，拟改为分区训练办法，筹设区警察训练所若干所，分期甄别各县足资造就之现役长警，施以训练。

八、指导各县长警执行勤务暨督促施行补习教育：警察外勤既繁且重，拟由厅编发“警察外勤须知”指导各县员警切实执行勤务，以应事实需要，一面厘订警察识字课本，警察常识问答，规定进度表，颁发各县厉行补充教育，提高长警学力，以为彻底训练之准备。

附录 11

江苏省民政厅试办警管区实施程序

本年度为谋根本改善警政起见，试办警管区制。

兹将实行程序列左：

一、训练时期：

（1）筹定训练经费：查训练费以二百名预算设两队三个教授班，月计经常费六千三百十六元。（内除学警津贴二千六百元教练费只有三千七百余元）临时费六千八百四十元，统计全年八万二千六百三十二元。

（2）开办警士教练所：查警士教练所，有部章规定，可资遵办，组织亦合科目可以酌量增损，于教育计划中定之。

（3）择定设所地址：查从前教练所，系附设在警官学校内。

（4）延揽专门人才以为训练之准备与研究。查标不正，则影斜，人才问题，实教育之基本。

（5）在教练所开办前，负训练责任者，分赴山东邹平，北平，定县，河南乡泉等处参观其服务精神，及实际情况，以资观摩。

（6）训练计划之拟定：训练大纲教授科目时间支配，以及管理训练，各项另订之。

（7）招生资格问题：

查警士之本质良否，实由于资格之选择与教练效果相为表里。此不可不严重注意之。小学毕业生则年龄不相衔接，若至二十岁未就职业，或虽就职而已失职，恐仍系游荡浮薄者流，其程度亦不敷应用。兹为实事求是，宁缺毋滥计，招考学生，应以左列之资格为准：

1. 初中毕业，未受市井习气而能刻苦耐劳者。

2. 乡村师范毕业，而有服务农村之兴趣者。

3. 曾受教师检定，任乡村小学教师而未染习气者。

（8）确定警士待遇：

1. 薪饷待遇　警士薪饷实习期满后，应自十四元起，每年加二元，至二十六元止，计六级。警长：应自二十元起，每年加二元至三十二元止，亦为六级。

2. 出身待遇　此项毕业警士，按其学历及服务成绩，由长官送之警官学校肄业，施以警官教育，以后警官学校招生，一律从此中考选，不再招普通初中学生。一方可鼓励警士服务兴趣与未来希望：一方可得造就有经验之警官。日本警官未有不从警士中考送者，是可法也。

二、实习时期：

（1）实习地点之选择：

1. 选定县区作为实验警管区之区域。

2. 实验区完全依照现行法令为公安机关之设置，一切官长皆依照厅令任用办理，如此则寓训练于实行中，乃得脚踏实地，不蹈理想假设之弊。

3. 实习区计划时，须注意警费之不扩大，使县之财力有负担之可能，庶可推行普通各县而无阻。

4. 准备选择之县，亦须注意该县之财力，使不相悬殊，始可于期满时令其接收。

（2）实习区之构成：

1. 视管区状况，户口疏密，面积大小，城市照原有街巷，乡屯照原有图乡界地，每区划为若干警管区，每区设专管警士一人，负责办理该管一切警务。

2. 视时与地之必要，得合三四警管区为一守望区，轮流负守巡之责。

3. 视时与地之必要，得合数个守望区为联巡区，以便昼夜巡逻相互联络之用。

4. 分局附近之警管区，应有局直辖，此外视地方之必要，管区之多寡，得设分驻所或派出所。

5. 视地方之情况，将全县划为若干区，每区设分局，而以公安局统率之。

（3）实习时公安人员之准备：

公安局，公安分局，公安分驻所，应设置之官长，预于训练时招选警官学校毕业生，学行优良者三十人为班长，并加以三个月之训练，三个月之研究实习，择其成绩优良者，分配各局所任用之。

（4）警械之购置：

1. 步枪。

2. 手枪。

3. 佩剑（此项系短剑形如刺刀稍长）。

（5）办公房屋与器具之准备：

1. 房屋之修建。

2. 器具之购置。

（6）章则之补充与修正。

1. 公安局分局办公细则。

2. 警管区警士勤务细则。

3. 局所一切内部规则。

（7）警管区办公地点之准备

此项准备作用有二：一、使警士得一公共地点可以办公休息，储存物件，二、使各区内得一法令户口公示之场所，俾人民易于查视：其必须之设备如下：

1. 县区总分各地图。

2. 各项警察统计之月记日记表。

3. 各项户籍统计之月记日记表。

4. 该管区之户籍正册，以及一切应有之簿记。

（8）警士应携带在身之件：

警笛，警械，记事本，须知簿，（此项系警察简表，记户口简表，为日常须考查应用者。）储物布袋，（巡逻时储携带之物，如电筒，药品，簿记，干粮等物。）时计。

（9）实习勤务分配纲要：

1. 为实行三民主义政治，得民众信仰起见，当先从便利民众事项做起。

2. 将全部实施工作，分为六个月。每月分为四个工作周，由公安局预订工作表，交令实施，并将每周实施状况，具报备查。

3. 勤务分配，大致以卫生户籍，正俗，交通，治安，营业，农业，为基础；建筑，司法，外事，水上，由各区酌察，需要时施行之。其他特种之警察，如林业，盐业，铁道，矿业，戒严，皆与普通警察关系甚少，故不列入。

4. 分配标准，大致以积极者在前，消极者列后：易者在前，难者在后，此不过为工作便利，每一时期定一中心工作，得集中精神于一点耳。如有人时地之必要，而发现非中心工作之警察事项，亦应随事项之发现而应付之，非可刻舟以求剑也。例如，在第一月忽发现旧货摊有销藏情事，即应从速管理旧货摊，此关于事者。例如，在第三月，适值种痘之时，即当以宣传种痘，或代为种痘，此关于时者。例如，见有人携带爆发物，即应查问，此关于人者。例如，该区有巨大之湖，或河道复杂之区，则须设巡船，为水上之设备，此关于地者。如何应用？应付？固终于各该区之官长，临机变通耳。

5. 警察法令，虽偏重于干涉，而警察之真精神，则在预防，能尽预防工作，使人民享受安居乐业，教化之幸福：则警政与此以举。或有以积极事业，非警察职权所应问，实为误解警察干涉权而起。若以好意，助长社会，教育，自治，协力改良农村，市政，实为国家行政领导自治行政之重要工作。但不能以权力干涉，盖其作用，如教师之辅助学生，不能自为学生，此则须注意者耳。

6. 从消极的干涉方面入手，使人畏惧，因畏惧而生疑，生怨，生隔阂，生反动，皆由于此。若从积极入手，便利人民，帮助人民，纯以人民为主体，为民众服务，则易得人民信仰；因信仰而亲爱，则渐渐加以合理的管理，人民且认为当然；故实习开始两月中，纯侧重于积极方面入手者以此。

7. 每月之未完工作，得于下月补行之。

（10）六个月实习工作之分配：

1. 第一个月，以便利民众与公众卫生之积极事项为中心工作。

a. 对社会实施方面：例如，代书，带算，问疑，慰劳，问疾，谈话，指导医治，施药治疗，救护，公私井及水流保护，清洁，街道扫除。

b. 对于警士训练方面：例如，容装，态度，语言，处事，注意练习。

2. 第二个月以协助人民社会教育，及卫生管理事项为中心工作。

a. 对于社会实施方面：例如，通俗讲演，成年补习，青年服务团，家庭卫生及公众卫生之宣传与管理。

b. 对于警士训练方面：管区警备线之组成，与训练紧急集合之训练警戒线，救护线之组成，与训练熟记本区道路名称。

3. 第三个月，以协助改良社会娱乐方法，及正俗事项为中心工作。

a. 对于社会实施方面：例如，球会，音乐会，棋会，讲新闻教育影片，改良说书，管理一切有碍风俗之事项。

b. 对于警士训练方面：信号之训练，拳术训练，熟记管区公共处所，熟记本管邻区之道路交通。

4. 第四个月，以协助农村市政之改良，及营业农事交通事项为中心工作。

a. 对于社会实施方面：例如，市容整理，增加农村副业，提倡合作农产比赛会，农民慰劳或奖劝会，营业管理，及调查统计，交通管理，道路桥梁之修筑，阻碍交通之宣传与管理。

b. 对于警士训练方面：例如，侦探术之熟练，盗案尸场临场简图作成之训练。

5. 第五个月，以协助改良家庭，及调查户口事项为中心。

a. 对于社会实施方面：例如，改良家政会议定家规，注意家庭卫生等调查户口。

b. 对于警士训练方面：例如，一般户籍之统计，关于警察应用上户籍之统计，各项简表等指导作成之。

6. 第六个月，以提倡体育，村治，及社会经济调查，及治安建筑事项为工作中心。

a. 对于社会实施方面：例如，运动会，国术会，自治会，（规定自治公约）商业经济调查统计，农村生产统计及治安建筑之管理事项。

b. 对于警士训练方面：例如，经济调查之方法种类，农村调查之方法种类之指示，人相术之辨别研究等。

以上分配，与举例，均属随时记忆，便举一二以示例而已。非尽于此也。在临时支配工作又须作详密之审查，整理，而实际运用，尤当观察情形，与以移动或变更，此不过示其大概耳。

（注）是项办法，于民国二十三年七月一日，经江苏省政委员会第六十三次会议通过。

附录 12

江苏省推进警管区制实施办法纲要

一、凡推行警管区制之县、市、省会地方警察重要设施，除机关组织暨勤务通则另行酌定外，应依本纲要规定办理。

二、县、市或省会、地方警察管区之划分，依所列标准视治安情形、交通状况及地方户口面积、警力力求适宜酌予划定。

甲、警管区之划分：城市或其他工商业繁盛地方，以一百五十户左右至二百户为一警管区，其分界以固有街道或河流为适宜；乡村地方以四百户左右面积，约四方里至九方里为警管区；但在山荒、田野、水泽之地，住户稀少，警察勤务较简者，不在此限，得由该管地方最高警察机关酌量办理。

乙、分局或警察所管区之划分：城市或其他工商业繁盛地方，以若干警管区、其综合之面积约相当于六方里至十六方里为一分局，或警察所之管区；乡村地方分局或警察所，以若干警管区、综合面积约相当于八十方里至百方里为其管辖区，分局或警察所警区之分界，亦以固有之道路或河流及村庄为适宜。

丙、派出所管区之划分：分局或警察所辖境内，应各依其所辖警管区警士联合应勤之便宜，划分为若干派出所管区。每一派出所管区，在城市或其他工商业繁盛地方，以九个或十二个警管区构成之；乡村地方，以二个至六个警管区为一派出所管区；其间于乡村与城市者，以四个至八个警管区为限。但警管区如在偏僻地方，距离太远或因特殊情形，如因风景区而设者，得不再划入派出所管区内，则为单独勤务区。

三、分局所之设置，应按左列标准，视地方形势交通状况酌予设置之：

甲、分局或警察所为指挥勤务之机关，其设置地点，以适当各该警管区之重要、便于居中策应为宜；

乙、派出所为联合执行派出所管区内之各项勤务之机关设置地，以在各该管区适中地方、便于所辖警管区警士轮值应勤为相当；

丙、驻在所为警管区警士单独驻在办公之处所，直辖于分局或警察所，在未另于建筑以前，暂行附设于该管区适当地方公共场所；

四、警管区设警士一人，除遇有特殊情形，必须设置驻在所地方。该管警士应单独住于驻在所执行勤务外，其余一律分驻于各派出所，轮任各派出所管区内共同勤务，并按时分往该管警管区担任专属勤务。

五、每一分局或警察所管区，扼要地方或盗匪易于出没之处所，除由该管派出所联合应勤之警士轮值逡巡外，并于该分局或警察所，设置适当需要之特务警若干名分班前往巡逻，以期严密特务警察，除担任补助巡逻外，并分任分局或警察所其他一切勤务。

六、派出所警士轮勤方法，应按构成警力分“值”、“守”、“巡”子种，或采并巡合守办法制定勤务基准表适宜支配之。

七、驻在所警士应勤方法不适用前项规定。除驻在所接受人民报告予以适当之处置外，按日或隔日分往管区巡视，并抽查户口。其勤务时间之支配，仍应由该管警察最高机关并予规定之。

八、城市或其他工商业繁盛地方派出所，每所置警长一名；其他地方得合二个至三个派出所，共置警长一名，负督率支配辅助该管警士勤务之责。各该所并应指定能力资望较优之警士一人，以备于警长不在所时代理其职务。

九、警长警士于担任勤务时间外，并按日或隔日分班，集中于该管分局或警察所受一小时之训练。时间之支配，由该管地方警察最高机关酌定之。

十、各分局或警察所，各就其辖境内扼要地，主规划警备地点若干处遇有匪警，除由就近之派出所派警临场剿捕外，并由分局或警察所酌。

十一、县市或省会地主警察最高机关，应就其辖境外缘或境内素为盗匪易于出没处所，择要设置警备派出所，或碉堡派遣警察队驻防，协助普通派出所严密查察其辖境。有水面者，并于重要港口派驻水巡船舰联络防范。

十二、各分局所长警执行勤务情形如何，除由该管分局所长官及专负责任之人员按时实施督察外，地方警察最高机关并应指派主管科股人员，分往各警管区就主办之重要事项，严加考核、切实指导纠正之。

十三、凡本纲要所未规定事项，依其他关系法令办理。

附录 13

昆山县警察局施行警管区制计划

一、本局为恢复战前警管区制勤务制度起见，特参酌地方实情，拟具施行计划，以达改善警政之目的。

二、施行次序列左。

甲、训练时期

（一）开办长警补习所

遵照省令规定，设立长警补习所。初期为造就警管区健全之警长警士起见，拟招考并考选原有长警共一百八十名为学警，以后各期则采调训方式（每期暂定一百名），其组织及讲授科目于教育计划中订之。

（二）筹定训练经费

学警膳津照现行长警待遇支给，其所需书籍讲义及教职员车马办公等费，另造预算呈准开支。

（三）训练计划之拟订

关于训练大纲、勤务演习办法，及时间支配，并管理各项细则另订之。

（四）学警资格

实行警管区制，贵乎提高警察之素质。故对于学警资格之选择，不可不严格注意，兹为因事取才，宁缺毋滥计，应以左列资格为准：

子、招考学警，以初中或乡村师范毕业，而能刻苦耐劳、有服务农村之兴趣者；

丑、考选原有长警，以具有初中毕业程度，而服务成绩优良者。

乙、实施期间

（一）、健全机构

子、依照省各县警察机关组织暂行规程组织之，拟将原设立五个分驻所撤销，一律改设派出所。其系统表如左。（表略）

丑、各警察所内设总务、行政、司法子组，各组设主任一人，以所员巡官书记分任之。其下设组员，以特务警充之，（是项警士为警管区预备警），承长官之命，分掌各该管事务，（警察所办事细则另订之），各所应设特务警数目如左：

一、城区警察所设二十八名；

二、乡区警察所（七处）各设十四名，共九十八名以上，共设特务警一百二十六名。

（二）划分警区及警管区

按照本县自治区域，划为八个警区。每区设警察所，各区视地方状况、户口疏密，划分若干警管区。城区以二保至三保、乡区以三保至五保，为一警管区。设专管警士一人，负责办理该管区一切警务。视时间、地之必要，得以五个、七个或九个警管区为勤务组合区，设派出所轮流负该所一切勤务。其警察所附近之警管区，应由各该所直辖，不另设派出所。而在人口稀少、交通不便之处，则设驻在所，以警士一人常用驻所执行职务。兹按照上列标准，划定各所管区列表，并绘图如左：（图表从略）

（三）确定长警待遇

（四）确立人事制度

子、员警任用遵照规定任用办理；

丑、员警职位，依法予以保障，并呈请定为终身制。

寅、订定办法实行储金养老（办法另订之）。

（五）充实装具及设备（从略）

（六）勤务配置纲要

子、派出所警士轮勤方法

派出所警士勤务，应按构成警力，轮任各该所管区内共同勤务，并按时分往该管警管区担任专属勤务。制定勤务基准表，适宜支配之分别规定如左:

（一）值勤警士值内勤应服左列事项：

A. 奉令执行通报周知；B. 工作记录报告；C. 案件转解处理；D. 户口表册整理；E. 电话使用和管理；F. 答复人民询问；G. 准备外勤之手续。

（二）巡逻——于联合警管区警士之管区内，设共同巡逻线，以警士轮流巡行其间，以为犯罪之防止、民众之保护、法令之执行。并周知区域之状况，其已发生之事件，当迅速加以处理，有祸患之萌而未至发生之程度者，则敏速防止之。至巡逻路线不可单定一线，必审定昼夜，务择紧要之点，而分别划定之。

（三）守望——于适当地点，有警戒之必要时设守望岗，以警士轮流担任警戒、取缔、指导行人、处理人民紧急报告事务等，举凡感觉所及之事件，均应注意而达警察上之目的。

（四）临检视察——为警察事务上之必要，警士对于管区内之各种营业，或其他场所检查，其平素是否遵守法令，并予指导纠正，使无不正当之业务上行为，以达安定社会之目的。

（五）管区查察——即警士往本管区调查、视察，应服是项勤务，包括之事项生左：

A．户口调查；B．特种营业之检察；C．施达政令；D．接受人民询问谈话及扶导社会公共事业之发展；E．其他职务上应办之事项。

二、分配原则

（一）须使各警士能有往有警管区查察之机会；

（二）各个警士“动”与“静”的工作，要均匀支配；

（三）勤务轮番必须循环衔接，勿使中断；

（四）各警劳逸平均，每日至少有八小时连续睡眠之时间；

（五）各警休假与训练时间，须有合理之规定；

（六）特别勤务之支配，必须考察应勤警士之个性与长处是否适合。

三、时间调配

（一）每日各警士担服共同勤务，“即值守巡勤务”为六小时间至八小时；

（二）按日或隔日，各警士担服管区查察勤务为二小时至四小时；

（三）各警士每日睡眠为八小时；

（四）各警士每次训练为二小时；

（五）每月各警士有休假三日；

（六）警士于休息时间，除预备特别勤务听候调遣外，则为文书整理、装械擦洗，及准备外勤事项之计划与手续，其因私事外出者，须向警长请假。

丑、驻在所警士应勤方法

驻在所警士勤务，除接受人民报告予以适当处理外，按日或隔日须往管区巡视，并抽查户口等工作。每次巡逻或公务外出时，须于出行前记载出行时刻，及所向地点，并出行事由记载于勤务簿，而归所后，亦将出行经过情形记载于工作日记循环簿，以便监督者查察、考核，其勤务时间及次数规定如左：

（一）每日工作为十小时；

（二）每日昼间巡逻二次；

（三）每周夜间巡逻三次；

（四）每月有休假三日（每逢休假日由警察所派警代理其职务）；

（五）每逢休假日须往警察所受训二小时。

寅、补助勤务之设施

一、每一警察所辖区扼要地方，或盗匪易于出没之处所，除由该管派出所联合应勤之警士轮值梭巡外，警察所之特务警士，应分班前往巡逻以期严密；

二、警察所特务警，除担任补助巡逻外，并公任警察其他一切勤务（如警卫专任交通管理看守解送人犯等）；

三、警察所各就其辖区内扼要地方，规划警备地点若干处，遇有匪警，除由就近之派出所派警临场剿捕外，并由警察所酌派特务警赴警备地点堵截（警备线另行定之）；

四、于县境外缘或大陆，素为盗匪易于出没处，所设置警备派出所或碉堡，派遣警察队驻防，协助普通派出所严密查察（警备派出所或碉堡设置另定之）；

五、于县境重要港口，派驻水警联络防范（水警派驻港口另定之）。

卯、励行勤务督察制度

各所长警执行勤务情形如何，除由该管警察所长官及专负责任之人员，按时实施督察外，总局并应指派主管科处人员，分往各警管区就主办事项，严加考核切实指导纠正之。

一、订立查勤考核规则（是项规则另定之）；

二、充实考勤设备（各项表簿册式另定之）。

辰、规定勤务执行要则

一、每年将全部实施工作分为十二个月，由总局预定工作表交令实施，并将每月实施状况具报备查；

二、执行勤务，必须依据法律所赋予之权力，同时注意到程序效果等问题；

三、执行勤务，首先须以德感化人民，并用保护指导说服等手段，取得人民信仰，不致陷入违反行为，迨感化纠正已不能防止人民踏人违反时，最后则根据法律实行制裁；

四、勤务执行须注意下列各守则：

（一）对职务上之守则

一、尽忠职守服从命令；

二、严守机密引避嫌疑；

三、保持身份慎用职权。

（二）对接物处事之守则

一、人民有所询问，要恳切指导予以更利；

二、应虚心倾听事情缘由，慎勿唐突不问事实滥行决断；

三、如自己有错误处，应坦白承认，万勿恃强傲慢；

四、如明了事实内情后，应用温容婉言分析是非，予以说服；

五、接受人民处理事项后，绝不收受人民丝毫报酬；

六、对遗失物应立刻公告招领；

七、对应扣押或违警物品，必须当时点清数量手续周到。

（三）对态度仪容之守则

一、态度要和蔼、恳切、端庄、严肃；

二、服装要整洁，注重卫生；

三、不轻佻不粗暴；

四、不嬉讽不敷衍。

（四）实行政教合一

子、利用学校教育——编就警察常识，由员警于小学、中学普遍讲述，使国民于幼年时对警察即有正确认识。

丑、利用社会教育——对未受学校教育之成年，拟利用社会教育以补助之，如刊行警察通俗壁报、公演警察戏剧、公开展览警察物品，使对警察有深刻之了解，而乐于协助警察。

寅、利用家庭教育——由警管区警士出席“户主会议”，发扬警察与民众之关系，提示警察之真正面目，使各户对警察均有所了解。

（五）实行警保联系

盖实施警管区制后，其警力可以普及各保各甲匪，但能补救保甲之弱点。且于保甲长取得切实合作与联系，可以互阻作恶，相得益彰。关于警察与保甲工作联系实施细则，当依照《警察保甲及国民兵联系办法》，详密警管区制研究规定，呈奉核准，再行实施（是项细则另定之）。兹将其组织之其关系系统列表如左：

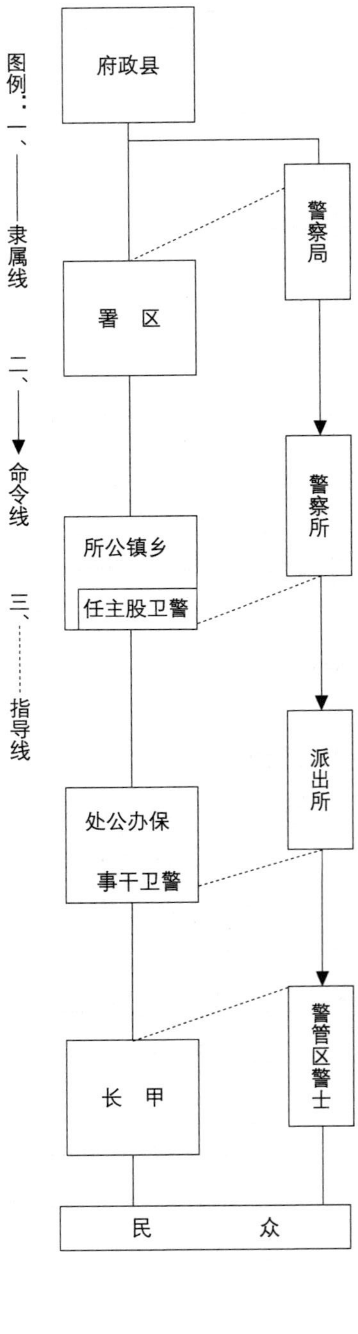

附录 14

昆山县公安局二十四年度中心工作实施大纲

甲、并于长警之训练

一、训练水巡队

水巡队因分防各地，素鲜训练，拟专订训练办法，特派巡官一员，专负训练之责。

二、训练特务队

特务队系原有警士及新近招募者混合编组而成，对于警察智识技能，参差不齐，拟严加训练。

三、训练实习学生

拟订训练计划，定期会操抽考，并不时调阅各人读书笔记。

乙、关于警政之实施

一、调查户口

依保甲户口现有的基础，着手复查，继之以不断的抽查，根据警管区制编查户口方法，限期完成，同时办理船户户口。

二、划分警管区

依警管区制原则，以户口地域划定警管区，配置警士。

三、办理人事登记

户口清查后，随时办理人事登记，以保持清查户口后永久之确实，藉明其出生死亡及婚嫁迁徙继承等人事之异动，并登记其来往人数，以便查察。

四、办理营业登记

依据营业税局之登记，先通告各商店劝导营业登记，定期办理总登记后，凡属商店开闭营业，均须照章呈报。

五、推行新生活运动

警察为民众导师，关于蒋委员长所指示新生活纲要，须广为宣传，切实指导。

以上为第一期中心工作，以三个月为期，一二两项如期完成，三四五三项，亦须在期内办有端绪。

六、厉行公共卫生

欲求民众健康，减少死亡，是在卫生行政，人民狃于习惯，不知觉悟，必须厉行公共卫生事项。

七、实行“政教合一”

依总理革命建设计划，训政时期最为重要，而训政工作，对于民众教育，尤不可稍忽，警察应切实协助“政教合一”所应办之行政事项及教导事项。

八、肃清烟赌娼

烟赌娼为社会极大之陋习，治本清源，须限期分别肃清。

以上为第二期中心工作，亦以三个月为期。

九、协助保甲

保甲为组织民众训练民众之完善制度，与警管区制有密切关系，故须协助训练，以收相辅为用之效。

十、辅导民众改良生产方法

生产方法之良否，关系生产数量之多寡，人民住住沿用旧法，不知改善，须辅导民众改善生产方法，俾得多加产量而增收益。

十一、协助民众整理水陆交通

交通之便利与否，关系文化农产商业者至钜，故必须督促并协助民众从事筑路浚河等工程。

以上为第三期中心工作，以六个月为期。

附录 15

昆山县警察局警管区工作纲要

一、基本工作

1. 推行政令
2. 预防危害
3. 调查户口
4. 生产调查
5. 查报户口异动登记
6. 编造各种记录
7. 汇制各种图表
8. 推行新生活运动

二、一般工作

1. 内外勤务之轮值及交代
2. 文书表册之处理
3. 接受人民报告及解答询问
4. 装械公物之擦洗及整理
5. 检查卫生
6. 检查行旅
7. 取缔危险物及危险建筑
8. 临场监察非常事故之发生
9. 管理特种营业及特种户口
10. 传达命令及各种情报
11. 对于现行案犯之侦查缉捕押解看管及犯罪证据之搜集并呈送

三、辅导社会工作

1. 倡率人民劳动服务及国民经济建设运动
2. 协助地方各公共事业之发展
3. 辅导农事改进
4. 促进地方自治
5. 组训民众并协助兵役宣传
6. 辅助民意机构行使四权
7. 辅导生产及合作事业之进展
8. 举行民间访问
9. 举行常识讲演
10. 提倡识字运动并厉行成年补习教育
11. 提倡正当娱乐
12. 提倡国术及组织运动团体
13. 调解民众纠纷
14. 解答民众疑难问题
15. 救急及简易治疗
16. 参加各界联合组织并协同办理一切有利民众之事业

附录 16

上海市警察局实施警员管区制纲要

一、法令根据

1. 警管区制：根据民国二十五年七月二十五日行政院公布各级警察机关

编制纲要第十一条之规定。

2. 警员制：遵奉三十五年三月行政院训令、指定京沪二地，先办警员制。

二、目的

1. 提高警察素质、及地位：人事健全化。

2. 加强警察外勤勤务：勤务合理化。

3. 加重各个警员责任：责任明确化。

三、组织

1. 警区划分。

甲、原则。

（一）人口之密度。

（二）工商业状况。

（三）社会之情况。

（四）每月案件发生之数量。

（五）建筑物情况。

（六）交通之情形。

（七）采取勤务分配方法。

（八）配合保甲组织。

乙、标准：

（一）市区：

子、户口：以户计，八十户至一百二十户，以口计，四百口至六百口为一警管区。

丑、面积：市区以户口为划区主要标准，面积次之，当以小为原则。

（二）郊区：

子、户口：以户计，一百至一百五十户。以口计，五百口至七百五十口为一警管区。

丑、面积：周为标准。四方里至九方里，即约纵横二三里，在二小时内安步巡行于管区一周为标准。

2. 联管区。

甲、合六至十一个警管区为一个联管区，于其冲要地点，设巡守亭一所。由固定之六至十一名警员，经常在此区轮流值勤担任巡逻守望，户口查察，清洁卫生等事，以期情况熟悉，责任专一。

乙、设置巡守亭，为便利巡逻，守望，调解民间争执，指导人民填报户口，择要建筑，每亭各装电话一具，由值守警员，坐值勤务。

丙、合三至七联管区，成立派出所一所，设巡官一人至二人，巡佐二至七人，负责监督执行警察业务。

四、勤务

1. 警管区警员勤务：

甲、个别勤务：即各个警员在本警管区内，应办理之勤务，每日规定二至四小时。

（一）户口调查。

（二）临检视察。

（三）推行政令。

（四）一般查察。

乙、共同勤务：即共同区勤务。

（一）勤务方法

子、六人二部制：以警员六人分为甲乙两部，每三人为一部，每日勤务之分配，以甲部三人轮流值勤，乙部二人受训，或往本管区调查户口，及其他特差，另一人为休息。

丑、七人三班四八巡守互换制：以警员七人，分为三班，每二人为一班，每班值勤四小时，每警各巡守二小时，三班轮流互换之，每日退勤，各警应受训，及往本管区调查户口，各一至二小时，另一警为休息。

寅、七人二部制：以警员七人分为甲乙两部，每三人为一部，每日值勤之分配，以甲部三人轮流值勤，乙部三人，以二人受训，或往本管区办事；及其他特差一人，备差，另一人则为休息。

卯、八人四班制：以警员八人，分为甲乙丙丁四班，每二人为一班，每日值勤之分配，以甲乙丙三班，轮流四八巡值互换勤务。每日退勤，各警应往本部管区，调查户口各一至二小时，丁班一人备差，另一人则为休息，各班依次轮流更换之。

辰、九人三部制：以警员九人分为甲乙丙三部，每部以三人组织之，每日勤务分配，则以甲部之三人轮流值勤，乙丙之三人，轮流巡守。丙部三人，一人往本管区办事，一人备差，另一人休息。退勤，各警每日均须受训，及往本管区调查户口一至二小时。

巳、十人三班四八值守巡互换勤务制：以警员十人分为甲乙丙三班，每三人为一班，每日勤务以甲班三人轮流值勤，乙班三人轮流守望，丙班三人轮流巡逻，或三人班值守互换，退勤，各警均须受训，及往本管区调查户口，各一至二小时，另一人，则为休息，逐日依次轮流更迭一人。

午、十一人三班四八巡守值互换勤务制：以警员十一人，分为甲乙丙三班，每三人为一班，每日勤务，以甲班三人轮流值勤，乙班三人轮流守望，丙班三人轮流巡逻，或三班值守巡互换。退勤，各警每日均须受训，及往本管区调查户口，各一至二小时。另二人，则以一人为备差，一人为大休息，逐日依次轮流之。

以上各种勤务制度，均有左列各项之共同规定：

A．每个警员除担任共勤区之共同勤务外，应按照实际情况，规定每日前往本管区，执行个别勤务，一至二小时。

B.在每日执行共同勤务时，得斟酌实际需要，于规定时间，改行个别勤务。

C．上下午预备警员，应各集合于分局，或派出所，实施常年教育一小时。

D．备差警员，在市区集合于分局，在郊区集合于派出所，专员特别勤务，备供临时差遣。

E．休息警员，除应以三小时在本管区内户口调查，与一般查察外，得自由休息。但出外时，须将地址报明本管长官，非有必要事故，不得远离，俾在非常事变，或有临时命令时，便于迅即召集。

（二）勤务项目

子、巡逻：依照所定路线，（包括乱线，或定线）巡回视察各般状态，及取缔一切。

丑、值勤：于巡守所坐值，接听电话，接受人民报告，及办理户口异动登配，等一切事务。

寅、守望：应于指定处所，警戒取缔一切，并任人民之报告，处置及问询事项之指导。

丙、特别勤务：集中分局，或派出所之备差，警员勤务。

（一）执行临时警戒、取缔、调查勤务。

（二）夜间，或重要地区，加班巡逻勤务。

（三）替代病事假勤务。

（四）执行操靶子勤务（即搜索勤务）。

（五）备供临时差遣，协缉盗匪等勤务。

2. 刑事警员，政治警员，交通警员，均由分局直接掌握，派遣其勤务。

五、警员资格限制

1. 积极条件：须确实具备左列各款：

甲、具有本国国籍，身家清白，未婚，年在二十岁以上，三十岁以下，曾在中学以上学校毕业者。

乙、体质强健，身长市尺五尺二寸以上，胸围等约于身长之半，体重五十五公斤以上者。

丙、仪容端正，言语明晰者。

丁、视听力锐敏，精神畅旺者。

2. 消极条件：有左列各款之一者，不得录用：

甲、曾服务本局，因故开革，或逃亡者。

乙、曾受徒刑之宣告者。

丙、身有暗疾，或特殊嗜好者。

丁、曾受破产之处分，债务尚未清偿者。

戊、性情过于暴烈，或怯懦者。

六、警员服装

警员服装，由总局统筹制发，与普通长警相同，加佩警员号码之领章。

七、警员待遇

巡佐警员均照委任低级支薪。

八、分区实施

本年六月一日起，先在常熟路分局实施警员管区制，次为静安寺分局，余视实际情形分别先后逐渐推行，预计三十六年底全部完成。

附录 17

浙江实施警管区制办法

一、目标：

甲、为加强警察机能，发挥警察功效起见，订定推行警管区方案。

乙、各县警管区制之实行，应与普设乡镇警察并行，及配合原有保甲组织实施警保联系。

二、警管区之组织系统：

甲、警区：区设警察所，照县各级组织纲要所定原则，与分区设署区域同。

乙、警段：段设分驻所或派出所，每一警区内视交通人口营业环境各种状况，划分若干警段，分设分驻所，或派出所。

丙、警管区：为警士单独执行勤务之最小单位，每一警段内得分若干警管区，以警士一人专司该管区内之一切警察事务。

三、警管区人员之配备：

甲、警管区设警士一人。

乙、派出所：合二个以上警管区成立派出所，增设警长，或组长一人，负督察勤务之责。

丙、分驻所：合二个以上派出所，成立分驻所，增设巡官一人，负责督察所属各派出所勤务之责。

丁、警察所：为全区警察之主持，及督促勤务之机关，除照编制设置所长、所员、巡官、办事员、书记外，并快酌设内勤长警等人员。

四、警管区之区域划分：

甲、城镇区域——应以一百户以上二百户以下，或二保以下为一警管区。

乙、乡村区域——应以纵横二至三里，在二小时内可以安步巡行于管区一周，或一保以上，四保以下，为一警管区。

五、警管区之联络办法：

甲、巡守区：视时地人物之需要，得合二个以上警管区，为一巡守区，轮流分任守望，巡逻勤务。

乙、联巡区：视时地人物之需要，得合二个以上巡守区，为一联巡区，实行联合巡逻（夜间减少守望）。

六、警管区警士主要勤务：

甲、守望——守望勤务之方法如下：

1. 四人勤务制：合四个警管区所设之守望所，为四人轮流应勤。

2. 三人勤务制：合三个警管区所设之守望所，为三人轮流应勤。

3. 单人勤务制：警管区警士于规定时间，在一定场所，为固定之守望勤务。

乙、巡逻——巡逻勤务之方法如下：

1. 单独巡逻——警管区警士应于其管区内定期巡视，或城镇区域每日最少一次，乡村区域隔日最少一次。

2. 二人巡逻——以两个警管区域划定联合巡逻线，分别于规定时间轮流巡逻。

3. 联合巡逻——即为合两个以上巡守区，划定联巡路线，实施联合巡逻。

丙、户口调查：经常调查或抽查其管区内之一般户口，并应特别注意特种居民。

丁、临检视察：经常管理或取缔其管区内之特种营业及特种户口。

附录 18

福州市警察局警管区实施计划

（一）警管区划分概念——警管区勤务制度为运用警察细胞，深入民间，对于人民做到管教养卫之职责，其先决条件则为警士素质问题，各分局所于此次划分警管区时，必须权衡实际，审慎办理。

（二）警管区划分标准——警管区为警察组织中之最小单位，亦为警察勤务活动之基础。其区域划分原则如下：1. 以每一保为一警管区，唯如因警力单薄，可酌量情形，以警士一名负责两个警管区。2. 两保地势须毗连，并参照当地情形与事务繁简，酌量划分。

（三）警管区勤务配置——每一警管区暂设警士一名，专负区内各项任务之执行：关于调查户口，宣达政令等工作，系个别办理外，凡属特种勤务，均由警管区警士负责办理，得免除其昼间之巡守勤务，仅服夜间一班勤务，或以分驻所为单位。联合组为巡守区，务使劳逸平均为主。

（四）警管区之任务——警管区警士除依照部颁警长警士服务规程执行各项任务外，并应特别注意下列各端：

1. 调查户口，人事登记，尤须注意敌伪第五纵队隐匿为患，暨适龄壮丁规避兵役准备。

2. 预防危害，查禁烟毒赌博娼妓，改良风俗，指导卫生，维持秩序。

3. 彻底执行各项营业取缔。

4. 防止犯罪，侦检汉奸，解答民众疑问。

5. 执行平价，侦缉奸商囤积居奇及经济反对封锁事项。

6. 编训义勇警察与义务警察，并随时注意调查义警行为。

7. 辅助自治事务及协助保甲长训练民众。

8. 推行新生活运动。

9. 实施精神总动员，召开国民月会。

10. 其他指定应办及交办事项。

（五）警管区实务查考与指导事项——警管区警士离开长官独立执行职务之机会甚多，且其工作多含有积极性，除警管区开始实行后，各分局所长官随时分赴查考与督导外，目下进行步骤如下：

1. 根据各分驻所划分警管区数，重新分配警额，调整人事。

2. 警管区划分其地域分配，应与三月五日办理竣事。

3. 警管区划分竣事后，决定警士人选，自三月六日起至十四日止各分局应于每日上午八时至十时召集各分局警管区警士由分局长，局员户籍员等轮流讲解办理业务手续与责任，使能明了本身职责和处事方法，三月十五日起开始实行。

4. 警管区警士对于该管区之保甲户数，及街巷门牌，起讫号数，必须背诵纯熟。

5. 警管区内之大小地名，应详查列表登记于手册内，并层报本局汇制总表。

6. 警管区制开始实行后，督察处及各分局所应加派督勤人员，从事辅导工作，使长警提高其自动自发之服务精神，并与保甲自治人员义勇警察保持密切联系，使三位融为一体。

（六）警管区其他注意及改进事项，随时以命令行之。

（七）警管区办事细则另定之。

（八）本计划呈经过局长核准后施行，并呈报主管机关备查。

福州警察局区分局警管区划分及警士姓名一览

镇所别	警管区保别	警士姓名	等级	年龄	籍贯	出身
备考						
保						
保						
保						
保						
保						
保						
保						
保						

附注：一、此表应填二份送总局

二、此表概用十行格纸填写

三、此表应于三月十日以前呈送

附录 19

福州市警察局警管区派驻警士规则

第一条　福州市警察局（以下简称本局）为严密组织警察起见，特就各分驻所辖境内依保甲区域划分为若干警管区，其区域范围暂与辖境同。

第二条　警管区为警察勤务之基本单位，由分驻所派遣警士一人驻在，暂设驻在所于保办公处内，定名为“福州市警察局〇〇分局〇〇所〇〇（用保之地名）区驻在所”。

前项派驻警士因警力不敷，得以一人监管两区，但以地境毗连者为限，依第二项管规定之警区，其驻在所联合设立于一处，并于街名上标明之。例如，“福州警察局〇〇分局〇〇所忠义，保德区驻在所”保办公处有数保甲合一处办公致某一或二警管区均无保办公处不能依第一项设置驻在所时，仍应于该管警管区内原定相当公共处所（如同业公会收条大会义警区部学校合作社等）附设驻在所，以便人民报告倘并此为不能时由该管分驻所，立案报候本局参酌实况令变更之。

第三条　警管区警士驻在所应有左列之设备：

甲、簿册：

一、接受案件报告登记。

二、居民临时来往寄居登记簿。

三、户口手册。

四、警察手册。

五、命令记录簿。

六、出勤签到簿。

七、工作日记簿。

乙、器具：

一、办公桌椅及文具。

二、公文柜。

前项设备除由局统发者外，并尽可能先与保长办公处合用。

驻在所并须委托附近装有自动电话之用户一家，允许代为传呼，以备联络。

第四条　警管区驻在警士之任务如左：

甲、辖区内户口之查察人事异动之转报事项。

乙、上级命令专饬调查事项。

丙、辖区内可疑场所事物人之监视事项。

丁、辖区内环境卫生事项。

戊、辖区内违警违禁案件依法取缔事项。

己、辖区内户长会议居民会议之举行（依照军事委员长会冬电）事项。

庚、上级命令指定办理或应行协助事项。

在三十一年度试办期内警管区警士之任务暂以甲乙丙丁四项为限。

第五条　警管区驻在警士于违警无即决权。

第六条　警管区驻在警士之勤务分配依左列原则行之：

甲、每日须有三个小时以上之时间驻区服务（三小时中以一小时为处理公文及户籍登记以二小时为巡察辖区及抽查户口之用）。

乙、每人每日之工作时间不得逾九小时。

丙、以四个警管区（一人兼管两区者例外）负担，一个守望岗为配置标准。

丁、巡逻各就该管区内不定时行之。前项原则之实施另以勤务表定之。

第七条　警管区驻在警士日常应处理事务如左：

甲、内勤：

一、接受人民报告案件之登记，询问，及依规定处理。

二、接受户口异动报告之转报，及登记。

三、根据调查所得材料记入户口手册警察手册。

四、阅读上级命令及法规。

五、制作应行报告上级之文书。

乙、外勤：

一、抽查户口。

二、巡察辖区内各街巷有无异状。

三、检查或监视辖区内各公共场所有无异状。

四、依照轮值时间出班守望或巡逻。

五、调查辖境内特种户口有无异状。

六、调查并取缔辖境内应行取缔之事物。

七、整理辖境内清洁卫生事项。

丙、补习：

一、依规定时间至指定地点接受操课。

二、利用晚间自习周课。

前项处理案件手续另以办案手续须知规定之。

第八条　警管区驻在警士勤务情形之考查依左列方法行之：

甲、签信。

驻在所应设置考勤箱，警士于出勤前向警长或巡官索取出勤签带至驻在所，于退勤时投入箱内，考勤箱第三日由警长开取一次，验明签号，计其签数，记录于考勤表上。

乙、考询：有考勤责任之人员应逐日至驻在所向驻在警士施行左列之考询。

一、索阅户口手册，令其默诵某户之家庭状况验其是否熟习，并得招引辖内住民令其辨认。

二、索阅各项登记簿查其记载是否翔实。

三、索阅警察手册，视其有无价值之记载，并提出记载事项令其叙述最近处理之情形。

前项考询所得情形由考询者详定上中下三等第及大要情形记入手册之特定页上。

丙、考成：凡有考勤责任之员逐日应轮流至各警管区辖内巡视左列事项。

一、街道是否整齐清洁有无污秽堆积。

二、抽查户口是否确实。

三、有无违警违禁事件未予取缔。

前项考成所得情形应随时将发现事实记入警管管区警士手册之特定页上。

第九条　派驻警管区警士其膳食住宿仍须集中分驻所以便管理。

第十条　派驻警管区警士请假仍依一般规定，其勤务并须由分驻所所长或巡官派人接收。

编辑说明

为彰显改革开放以来公安理论创新和学术研究方面的成就，全面展示公安院校广大教师在公安学术研究、公安实践及公安改革方面的新理论、新经验、新成果，提升理论水平，推进成果转化，鼓励学术繁荣，发现优秀人才，我们于 2017 年面向全国公安院校征集公安学理论研究优秀作品。此举在全国公安院校中产生了很大反响，公安院校教师踊跃投稿。为保证首批推出的作品充分展示学术作品的经典特色，充分体现专业特点，充分关注热点问题，我们邀请了长期从事公安学术研究、在公安系统具有较高声望的专家学者对作品进行审定，遴选出各 9 部作品入选《公安院校知名教授学术文库》《公安院校青年学者学术文库》第一辑，将于 2018 年 6 月正式出版。

《文库》的作品充分体现了“经典、精品、创新”的特点。入选《公安院校知名教授学术文库》的作者均为长期从事公安理论研究、在全国公安院校乃至全国公安系统具有较高声望的知名学者，入选的作品也是这些学者在相关领域多年潜心研究的代表性成果。例如，《英美警察科学》《公安经济学》《警管区制研究》《社会转型与秩序重建》等，都是近年来在公安学领域产生较大影响的原创性学术著作。而入选《公安院校青年学者学术文库》的作者目前均活跃在公安教学科研的第一线，他们才华出众，思想敏锐，观点新颖，入选的作品如《袭警行为的预防与处置》《新型合成毒品滥用监测与控制实证研究》《弱势群体权利保障中的国家反拐行动研究》等，直面当前执法热点，深入剖析，探索新理论、新措施。

服务公安中心工作，服务公安队伍建设，服务公安教学科研，充分展示作品的社会价值和学术价值是我们推出两个《文库》的初衷。相信随着第一辑作品的出版，必将推动在公安院校中形成深入公安学理论研究，活跃公安学术创新的良好氛围。这是我们的追求，也是各位作者的期待。

《文库》的出版是一项长期工程，我们力争通过几年时间，出版 100 部学术专著，使两个《文库》成为新中国公安教育史上具有里程碑意义的首部公安理论名家学术作品大系，使之成为面向全社会展示改革开放以来公安学理论研究成果的最佳平台。

公安院校知名教授学术文库
公安院校青年学者学术文库
编辑委员会
2018 年 6 月

图书在版编目（CIP）数据

警管区制研究 / 汪勇著 . — 北京：中国人民公安大学出版社，2018.3
（公安院校知名教授学术文库 / 总主编：樊京玉　闫继忠）
ISBN 978-7-5653-3192-3
Ⅰ．①警… Ⅱ．①汪… Ⅲ．①警察－制度－研究－中国－现代 Ⅳ．① D631.12

中国版本图书馆 CIP 数据核字 (2018) 第 047461 号

警管区制研究

汪勇　著

出版发行：中国人民公安大学出版社
地　　址：北京市西城区木樨地南里
邮政编码：100038
经　　销：新华书店
印　　刷：天津盛辉印刷有限公司

版　　次：2018 年 6 月第 1 版
印　　次：2018 年 6 月第 1 次
印　　张：22.25
开　　本：787 毫米 × 1092 毫米　1/16
字　　数：336 千字

书　　号：ISBN 978-7-5653-3192-3
定　　价：66.00 元

网　　址：www.cppsup.com.cn　www.porclub.com.cn
电子邮箱：zbs@cppsup.com　zbs@cppsu.edu.cn

营销中心电话：010-83903254
读者服务部电话（门市）：010-83903257
警官读者俱乐部电话（网购、邮购）：010-83903253
教材分社电话：010-83903259